URBAN RAIL TRANSIT

城市轨道交通PPP项目
组织与实施

上海交通大学政府和社会资本合作（PPP）研究中心
成都汇辙科技有限公司
上海交通大学设计研究总院有限公司
— 著 —

上海交通大学出版社
SHANGHAI JIAO TONG UNIVERSITY PRESS

内容提要

本书共分十个章节。第一章系统总结了国内城市轨道交通 PPP 项目的发展及现状。第二章至第七章围绕城市轨道交通 PPP 项目组织与实施的全过程,分别介绍了项目的准备、采购、建设与运营管理、绩效管理和风险管理、移交等项目全生命周期的关键环节的实施流程并提出可操作性建议。其中,第三章专门针对城市轨道交通行业特点,具体介绍了城市轨道交通 PPP 项目收入、成本及税费。第八章是对我国城市轨道交通 PPP 项目的发展展望。第九章为专题研究,专题一首次提出了针对城市轨道交通行业特点的业务分离的政府可行性补贴模式;专题二为 PPP 项目运营期的资产证券化研究;专题三为城市轨道交通 PPP 项目动态风险评价,对执行阶段的 PPP 项目的风险评估和风险化解提出了切实有效的解决办法。第十章引入了一个具体的城市轨道交通 PPP 项目案例,模拟了项目组织与实施的实务操作过程。本书呈现了作者最新的学术研究成果和实践经验汇总,力求做到理论与实践有机结合。

本书读者对象为:PPP 行业从业人员、教学科研人员、相关专业学生、城市轨道交通行业规划设计、建设、研究人员,城市规划设计人员,以及金融机构从业人员。

图书在版编目(CIP)数据

城市轨道交通 PPP 项目组织与实施 / 上海交通大学政府和社会资本合作(PPP)研究中心,成都汇辙科技有限公司,上海交通大学设计研究总院有限公司著. —上海:
上海交通大学出版社,2020
ISBN 978－7－313－23184－0

Ⅰ.①城… Ⅱ.①上… ②成… ③上… Ⅲ.①政府投资－合作－社会资本－应用－城市铁路－轨道交通－研究
Ⅳ.①U239.5

中国版本图书馆 CIP 数据核字(2020)第 068514 号

城市轨道交通 PPP 项目组织与实施
CHENGSHI GUIDAO JIAOTONG PPP XIANGMU ZUZHI YU SHISHI

著　　者:上海交通大学政府和社会资本合作(PPP)研究中心
　　　　　成都汇辙科技有限公司
　　　　　上海交通大学设计研究总院有限公司

出版发行:上海交通大学出版社		地　　址:上海市番禺路 951 号
邮政编码:200030		电　　话:021-64071208
印　　制:上海万卷印刷有限公司		经　　销:全国新华书店
开　　本:710 mm×1000 mm　1/16		印　　张:16.5
字　　数:265 千字		
版　　次:2020 年 5 月第 1 版		印　　次:2020 年 5 月第 1 次印刷
书　　号:ISBN 978-7-313-23184-0		
定　　价:88.00 元		

本书编委会

主　　编　胡　昊

执行主编　章　扬　赵国华

主　　审　张家春

编　　委　（按姓氏拼音排序）

　　　　　陈　琳　黄煜傑　李　颖　刘云溥　梅文兰

　　　　　王骏祺　王　文　王　妍　枉　璐　吴善金

主要编撰者简介

胡昊（主编） 上海交通大学交通运输工程系责任教授，上海交通大学政府和社会资本合作（PPP）研究中心主任。英国土木工程师学会资深会员 FICE，担任教育部高等学校交通运输教学指导委员会水路运输与工程专业教学指导分委员会委员、中国航海学会常务理事、上海市楼宇科技研究会副理事长等学术兼职，多次担任国际会议主席、组委会主席。自加入上海交大后，主持国家自然科学基金、国家社会科学基金等纵向课题 50 多项，发表期刊和国际会议论文 200 多篇，其中 50 多篇被 SCI/SSCI 收录。获得多项省部级科研和教学奖。

章扬（执行主编） 成都汇辙科技有限公司党支部书记、总经理，在城市轨道交通机电系统建设、运营筹备、综合联调、行车及客运组织、应急管理、PPP 模式应用、运营管理智能化等方面均具有长期丰富的实践经验，参与了城市轨道交通行业多个国家标准的编写和审查工作。2017 年在城市轨道交通行业率先开展"互联网＋"创新应用，将移动互联网、物联网、大数据等新技术与轨道交通运营管理实践相结合，通过技术和管理创新，在确保安全的基础上大幅提升了地铁运营管理效率及乘客和员工的满意度。

赵国华（执行主编） 上海交通大学设计研究总院有限公司副总裁、上海交通大学政府和社会资本合作（PPP）研究中心咨询部主任，兼任上海交通大学设计研究总院城市开发综合设计研究院院长、基建投资与产城融合研究中心主任、国家发改委 PPP 专家库专家成员、中国技术经济学会投融资分会理事、上海市工程技术评标专家、上海交通大学设计学院建筑系教师（特聘）。在国土空间规划、建筑设计、项目投资管理、片区综合开发及高等院校教学与干部培训方面均有卓越建树。

序

    PPP改革作为落实党的十八届三中全会全面深化改革、推进国家治理现代化的具体举措,是一项全面系统的公共服务供给市场化社会化改革,旨在转变政府职能,放宽市场准入,鼓励竞争创新,通过全生命周期管理、风险分担、按效付费等管理工具,统筹政府和市场两种资源,充分发挥市场在资源配置中的决定性作用,更好地发挥政府的作用,深化供给侧结构性改革,推动经济发展质量变革、效率变革、动力变革,丰富基础设施和公共服务供给渠道,提高供给质量,满足人们对美好生活的需求。

    经过六年多的探索实践,我国逐步构建了"法律、政策、指南、合同、标准"五位一体制度体系,初步建立了统一、规范、透明、高效的PPP市场,PPP改革促改革、稳增长、补短板、惠民生的效益逐渐显现。截至2019年底,全国共有PPP项目9 440个,总投资14.4万亿元,其中落地签约6 330个,总投资9.9万亿元,开工建设3 708个,总投资5.6万亿元。分行业领域来看,交通运输PPP项目投资额4.6万亿元,位居行业第一。

    为了不断推动PPP事业高质量发展,加强项目科学规范化管理,上海交通大学政府和社会资本合作(PPP)研究中心主持编写了《城市轨道交通PPP项目组织与实施》。该书针对城市轨道交通的行业特征,围绕城市轨道交通PPP项目实施的全过程,从政府、社会资本方、项目公司及金融机构等多个主体的视角出发,对项目组织与实施原则、方法和过程进行了系统性阐述,涵盖了项目全生命周期的关键节点。这些探索和总结,对轨道交通领域PPP项目的规范健康发展起到了积极推进作用,对其他行业也具有借鉴意义。

    中国PPP改革事业任重道远,需要各方共同努力,特别是在项目管理上,需要抓细抓实做强,夯实发展基础。衷心期望,各方机构和专家实事求是,以问题为导向,以结果为导向,加强调查研究,分享智慧,服务改革实践,为推动 PPP 事业的高质量发展作出更多、更大的贡献。

焦小平

财政部政府和社会资本合作中心党委书记、主任

2020 年 3 月

前　　言

城市轨道交通行业被公认为在 PPP（public-private partnership）模式下，项目实施及运营管理难度最大的行业。城市轨道交通行业具有投资金额大、建设工程安全风险大、运营管理业务复杂的特点，目前全国已有 40 个城市的 70 多个城市轨道交通项目采用了 PPP 模式，总投资近万亿元，绝大多数项目均进入了项目执行阶段。随着国家交通强国战略的实施和城镇化进程的不断推进，以及地方政府 PPP 模式向重大投资项目集中，城市轨道交通行业将进一步成为 PPP 模式应用的重点领域。

城市轨道交通 PPP 项目从组织形式看，参与方众多，不仅涉及政府、社会资本方、城市轨道交通运营公司，还包括轨道交通产业链上游大型装备制造企业、建筑施工企业、专业化的第三方社会服务单位、金融投资服务公司、各环节咨询服务机构等。在项目的全生命周期实施过程中，参与各方均需要从合作模式、合法性、投资收益、风险管控等方面对项目进行评估设计。因不同的参与方对国家政策的解读不同，各地的地方管控政策、社会资本方内部的管理规定存在差异，伴随着外部条件的变化，在项目实施的全过程中，极易出现各种问题，影响项目效率，甚至违背项目以 PPP 方式实施的初衷，导致项目的合规性及可持续性出现偏差；同时，经过对国内城市轨道交通 PPP 项目的常见实施模式、政府可行性缺口补助方式、运营期管理模式、社会资本方组成的调研和分析，我们发现在 PPP 项目实施的各个阶段存在着一些共性问题，值得相关各方予以高度重视。

在此背景下，为响应国家政策导向，进一步在城市轨道交通项目中推广应用 PPP 模式，协助城市轨道交通 PPP 项目参与各方尽可能地规避风险，实现共赢，最终实现 PPP 项目的成功，我们撰写了这本《城市轨道交通 PPP 项目组织与实施》。

本书针对城市轨道交通的行业特征，围绕城市轨道交通 PPP 项目实施的全过程，从政府、社会资本方及 SPV 项目公司等多个维度对项目实施的原则、方法和过程进行了系统性阐述，并首次提出了针对城市轨道交通行业特点的业务分离的政府可行性补助模式和城市轨道交通 PPP 项目动态风险评估，对 PPP 项目执行过程中常见的一些问题进行了深入分析并提出了具操作性的解决办法。

本书按照城市轨道交通 PPP 项目的实施流程进行编排，结合国家政策和实际案例，深入浅出地阐述了创作团队的科研成果。全书共分为 10 章。

第一章，介绍当前国内城市轨道交通 PPP 项目的发展情况，包括 PPP 项目的发展历程、早期案例，对当前国内城市轨道交通 PPP 项目的整体基本情况和 PPP 项目实施过程中的主要问题进行了分析。

第二章，围绕城市轨道交通 PPP 项目的准备及"两评一案"展开，详细阐述了采用 PPP 模式的必要性和可行性、合作方式与基本流程、物有所值评价体系、财政承受能力论证、风险分担，最后对 PPP 项目实施方案的编制框架进行了介绍。

第三章，对城市轨道交通 PPP 项目的收入结构、建设期和运营期成本组成、税费进行了分析，结合城轨 PPP 项目周期长的特点，对项目在特许经营期内的可用性服务费及运营成本调整机制进行了说明。

第四章，介绍城市轨道交通 PPP 项目的采购流程、合同体系、特许经营协议、股东协议、PPP 项目招标文件及评标办法，对社会资本方参与 PPP 项目的投标决策和投标过程进行了说明。

第五章，聚焦城市轨道交通 PPP 项目的建设与运营管理。在工程建设阶段，针对 PPP 模式相对于传统建设方式建设管理的重点及相关注意事项进行了说明。在运营管理阶段，列举了完全自主运营、业务集中分包、专业化分包、成立合资公司运营等多种运营管理模式并加以比较，对项目公司在运营管理阶段可能遇到的重难点问题进行了分析。

第六章，介绍了城市轨道交通 PPP 项目的绩效管理和风险管理。围绕绩效管理对项目中的政府监管提出了建议，详细分解了绩效监管的流程，对绩效评价的主要方法进行了说明并给出了打分建议，就绩效评价结果的应用进行了阐述。在风险动态管理部分，就项目实施过程中的风险分类、识别、评估、分担、防控等方面，提出了建议。

第七章，介绍项目合作期限结束或者项目合同提前终止后，项目公司与政府之间的移交情形、项目移交的基本条件、项目移交的程序及重难点、特许经营期满后的财务处理及 SPV 公司清算方式。

第八章,立足于行业现状,结合国家近期 PPP 项目实施领域和城市轨道交通建设规划及运营管理方面的最新政策,对国内城市轨道交通 PPP 项目的发展趋势进行了展望。PPP 方式作为城市轨道交通行业管理模式创新的重要手段,必将得到进一步规范化发展。

第九章,系专题研究章节,也是本书的重点。第一节提出了业务分离的政府可行性补贴模式,该补贴模式大大消除了城市轨道交通 PPP 项目在长期的建设及运营过程中各种不确定性可能对项目造成的风险,降低了项目的整体风险,同时,在方案实施的源头确保了项目的物有所值,并有助于更多的社会资本方参与城市轨道交通 PPP 项目。第二节对资产证券化相关政策和现有案例进行分析,并对我国现阶段 PPP 资产证券化的困难和挑战进行了思考。第三节围绕项目动态风险评估就现有评估方法的短板进行了分析,并提出了动态评估体系,按照阶段性与突发状况两种模式进行风险评估,对流程和方法的细化进行说明。

第十章,选取某典型城市轨道交通 PPP 项目作为案例,根据该项目的基本情况模拟了城市轨道交通 PPP 项目的组织与实施过程,对项目进行了识别和可行性评估,建立了项目财务模型,分析了项目存在的问题并给予建议,务实性地给出了操作实际案例。

本书由上海交通大学政府和社会合作(PPP)研究中心、成都汇辙科技有限公司、上海交通大学设计研究总院有限公司三方合作编写,旨在将三方共同研究的学术成果向社会进行普遍推广,促进城市轨道交通行业的健康发展。作者单位基本情况如下:

上海交通大学政府和社会资本合作(PPP)研究中心是上海交通大学下属的学术研究型平台机构,具有学术交流、科学研究、人才培养、智库资政等主要功能,通过工程、管理、法律、金融等跨学科交叉合作,力求推动产学研合作和研究成果转化,致力于为 PPP 行业搭建立体性、全方位的综合服务平台,即为行业搭建信息交流与对接的平台,为地方政府、企事业单位提供优质咨询和培训的平台。中心是首批财政部 PPP 项目库咨询机构成员,是财政部 PPP 中心六大合作高校研究机构,是政府和社会资本方首选的思想智库和高端战略合作伙伴。

成都汇辙科技有限公司植根于轨道交通行业,在提供全生命周期、全方位专业化咨询服务的基础上,将移动互联网、物联网、大数据、人工智能等新技术与轨道交通产业链各环节进行融合,为轨道交通行业的投资方、建设方、运营方、装备制造企业提供原创性的解决方案、产品和服务。目前,汇辙科技已为多家政府、社会资本方在城市轨道交通 PPP 项目投资、建设、运营环节提供咨询服务和产品解决方案。

上海交通大学设计研究总院有限公司成立于 1985 年,是上海交通大学优秀科技产业之一,拥有国家建筑行业(建筑工程)甲级设计资质、城乡规划编制甲级资质、土地规划乙级资质、风景园林乙级设计资质、文物保护工程勘察设计乙级资质。其直属的核心经营部门城市开发综合设计研究院(简称城开院)基于对行业及市场的洞悉和预判,通过对业务构架的优化和完善,强化了总院的业务模块,并最终形成集"策划咨询、规划设计、城市综合运营、资源+资本对接"于一体的全产业链服务模式,为政府和企、事业单位提供专业化、系统化的全程解决方案。

本书就国内轨道交通 PPP 项目的组织和实施呈现了作者最新的学术研究成果和经验汇总,在行业内属于首次,书中提出的一些意见和建议,难免有舛误之处,敬请读者批评指正。

《城市轨道交通 PPP 项目组织与实施》编委会

2019 年 12 月

目　　录

第一章
国内城市轨道交通 PPP 项目的发展及现状

建设交通强国是以习近平同志为核心的党中央立足国情、着眼全局、面向未来作出的重大战略决策,是建设现代化经济体系的先行领域,是全面建成社会主义现代化强国的重要支撑,是新时代做好交通工作的总抓手。2019 年 9 月,中共中央、国务院印发《交通强国建设纲要》(以下简称《纲要》)。《纲要》以习近平新时代中国特色社会主义思想为指导,提出了从 2021 年到 21 世纪中叶,分两个阶段推进交通强国建设的发展目标;明确指出"建设城市群一体化交通网,推进干线铁路、城际铁路、市域(郊)铁路、城市轨道交通融合发展""建立健全中央和地方各级财政投入保障制度,鼓励采用多元化市场融资方式拓宽融资渠道,积极引导社会资本参与交通强国建设",为我国城市轨道交通行业的中长期健康发展和 PPP 模式的应用进一步指明了方向。

第一节　发　展　历　程

随着我国经济的快速发展和城市化进程的加快,城市轨道交通以其快捷、高效、环保等特点,成为国内各大城市解决交通问题、促进城市经济发展的重要措施。城市轨道交通作为大中型城市的骨干公共交通方式,通常采用的制式有地铁、轻轨、跨坐式单轨、市域铁路、现代有轨电车、磁浮交通、自动旅客捷运系统(APM)。城市轨道交通区别于国家铁路最大的特征在于城市轨道交通项目的资金来源通常为地方政府财政资金,因此,通过地方财政出资的市域铁路也属于城市轨道交通的范围。

城市轨道交通建设投资大,而运营期票价采用政府定价,导致票价水平低,需要长期依靠财政补贴维持运营,给地方政府财政造成了一定的压力。近年来,国内外相继出现了公共事业社会化的趋势,通过运用 PPP 模式来提高公共产品的供给能力与服务水平。新《预算法》自 2015 年起施行以来,在新的预算体制和国家财政政策的引导下,PPP 模式已成为国内城市轨道交通多元化融资中最重要的手段,PPP 模式在未来仍将继续发挥其重要的融资功能,并逐步推动城市轨道交通行业的市场化。

一、国内早期城市轨道交通 PPP 项目典型案例

北京地铁 4 号线 PPP 项目是国内第一个城市轨道交通 PPP 项目,该项目顺应当时国家投融资体制改革方向,在我国城市轨道交通领域首次探索 PPP 融资模式,有效缓解了北京市财政投资压力,实现了轨道交通行业投资和运营市场主体多元化的突破,在北京市形成了同业竞争的格局,促进了新技术的应用和管理服务水平的提升,具有显著的代表性和示范性,对后续全国各地采用 PPP 模式开展城市轨道交通项目起到了积极的推动作用。

(一)项目背景

随着北京申办 2008 年奥运会的成功,北京城市轨道交通迎来了前所未有的发展机遇。根据《北京轨道交通建设规划(2004—2015)》,将建设约 260 公里的市内轨道交通,总投资达 1 000 亿元。当时北京地铁在传统运营管理模式下亏损较大,如何创新融资与运营模式,改变单一依靠财政补贴补亏的现状,创出一条经营体制的新路,成为当时北京市亟待解决的一个重要问题。2003 年底,北京市政府转发北京市发改委《关于本市深化城市基础设施投融资体制改革的实施意见》,明确了轨道交通项目可以按照政府和社会资本方共同投资的方式,积极吸收社会投资者参与建设运营。

(二)项目概况

北京地铁 4 号线是北京市轨道交通线网中的主干线之一,南起丰台区南四环公益西桥,途经西城区,北至海淀区安河桥北,线路全长 28.2 公里,车站总数 24 座。工程概算总投资 153 亿元,于 2004 年 8 月正式开工,2009 年 9 月 28 日通车试运营,通过 PPP 模式引入了香港地铁先进的运营管理方式,开通以来保持了高水平的运营服务,客流持续增长,目前日均客流量已超过 100 万人次,高峰期最短行车间隔已缩短至 1 分 43 秒,是国内开通运营线路中列车发车间隔最

短的线路。

（三）项目实施

北京地铁 4 号线 PPP 项目由北京市发改委主导实施方案编制和审批,北京市交通委主导投资人竞争性谈判比选,经市政府批准,北京市交通委与北京京港地铁有限公司(简称"京港地铁")于 2006 年 4 月 12 日正式签署了《特许经营协议》。

北京地铁 4 号线工程投资建设分为 A、B 两个相对独立的部分,A 部分为洞体、车站等土建工程,投资额约为 107 亿元,约占项目总投资的 70%,由北京市政府国有独资企业北京市基础设施投资有限公司(以下简称"京投公司")成立的全资子公司北京地铁四号线投资有限责任公司(以下简称"四号线公司")负责;B 部分为车辆、信号等设备部分,投资额约为 46 亿元,约占项目总投资的 30%,由 PPP 项目公司京港地铁负责。由于受当时国家政策的限制,外资比例不能超过 50%,京港地铁最终由京投公司、香港地铁有限公司(以下简称"香港地铁")和北京首都创业集团有限公司(以下简称"首创集团")按 2∶49∶49 的出资比例组建,香港地铁作为项目的社会资本方投资比例未超过 50%,北京地铁 4 号线 PPP 模式如图 1-1 所示。

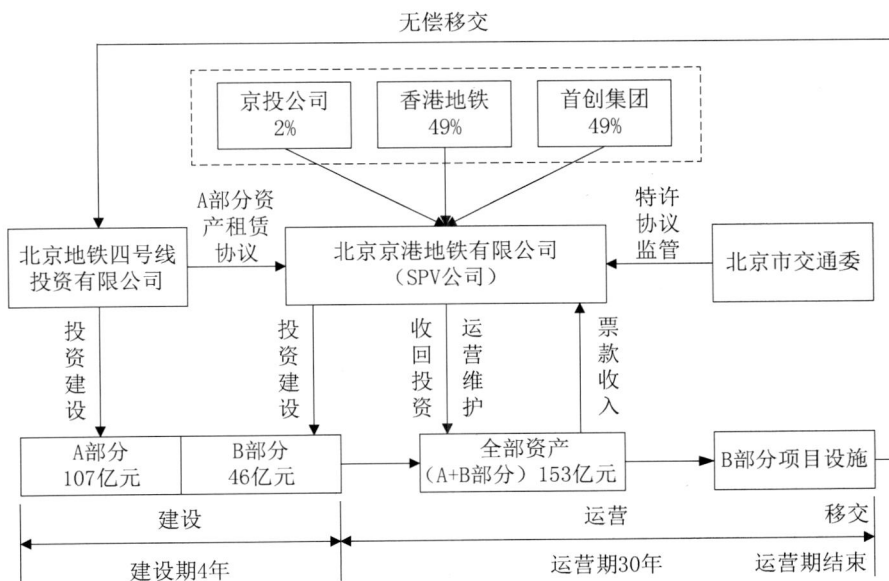

图 1-1　北京地铁 4 号线的 PPP 模式

北京地铁 4 号线项目竣工验收后,京港地铁通过租赁方式取得了四号线公司 A 部分资产的使用权。京港地铁负责 4 号线的运营管理、全部设施(包括 A 和 B 两部分)的维护和除洞体外的资产更新以及站内的商业经营,通过地铁票务收入及站内商业经营收入回收投资并获得合理收益。由于当时北京地铁采用了 2 元一票制的计价方式,因此,本项目对票务收入采用影子票价机制,约定了政府与京港地铁之间的结算票价,初期约定的结算票价为每人次 3.34 元,4 号线运营初期实际清分获得的票务收入为每人次 1 元左右,实际票价与结算票价的差额由政府财政给予京港地铁补贴。30 年特许经营期结束后,京港地铁将 B 部分项目设施完好、无偿地移交给北京市政府指定部门,将 A 部分项目设施归还给四号线公司。

北京地铁 4 号线 PPP 项目的特许经营协议由主协议、多个附件协议和后续的补充协议共同构成,涵盖了投资、建设、试运营、运营、移交各个阶段,形成了一个完整的合同体系,项目合同结构如图 1-2 所示。

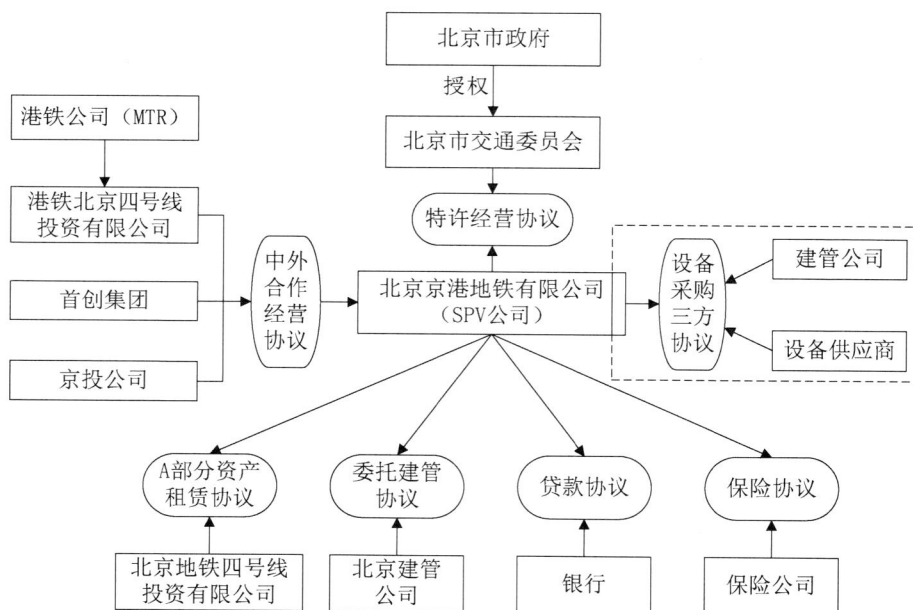

图 1-2 北京地铁 4 号线 PPP 项目合同结构图

北京市政府及其职能部门在建设阶段负责项目 A 部分的建设和 B 部分质量的监管;在运营阶段负责对全项目进行监管;此外,因政府要求或法律变更导致京港地铁建设或运营成本增加时,政府方负责给予合理补偿。

京港地铁公司作为项目 B 部分的投资建设责任主体,负责项目资金筹措、建设管理和运营。为方便 A、B 两部分的施工衔接,协议要求京港地铁将 B 部分的建设管理任务委托给 A 部分的建设管理单位。运营阶段,京港地铁在特许经营期内利用 4 号线项目设施自主经营,提供客运服务并获得票务收入。在遵守相关法律法规,特别是运营安全规定的前提下,京港地铁公司可以利用项目设施从事广告、通信等商业经营并取得相关非票务收入。

(四)经验总结

北京地铁 4 号线作为国内第一个采用 PPP 模式的城市轨道交通项目,形成了政府、社会资本方及一般公众共赢的局面。政府对于 4 号线的运营补贴较既有地铁线路明显减少;4 号线不断增长的客流也让京港地铁获得了良好的收益,根据香港地铁公司的年报显示,其作为投资方对京港地铁的每年资本金回报率长期在 10% 以上;京港地铁的成立在北京地铁运营领域引入了竞争机制,促进了既有国有运营公司运营效率和服务水平的提高,从而提升了北京地铁整个线网的运营管理水平。这个项目的成功主要得益于以下三个方面的经验:

(1)有力的政策保障体系。在整个项目实施过程中,政府由以往的指挥者转变成了全程参与者和全力保障者,并为项目配套出台了《关于本市深化城市基础设施投融资体制改革的实施意见》等相关政策。为了推动项目的有效实施,政府成立了由市政府副秘书长牵头的招商领导小组,发改委主导完成了北京地铁 4 号线 PPP 项目实施方案,交通委主导谈判,京投公司在这一过程中负责具体操作,北京地铁 4 号线 PPP 项目招商组织架构如图 1-3 所示。

(2)合理的收益分配及风险分担机制。项目通过票价机制和客流机制的合理设计,在社会资本方经济利益和政府方公共利益之间找到了有效平衡点,在为社会资本方带来合理预期收益的同时,提高了北京市轨道交通领域的管理效率和服务水平。运营票价实行政府定价,采用"测算票价"作为确定投资方运营收入的依据,同时建立了测算票价的调整机制。客流机制实行共担客流风险、共享客流收益,当客流量连续 3 年低于预测客流的 80% 时,特许经营公司可申请补偿,或者放弃项目;当客流量超过预测客流时,政府分享超出预测客流量 10% 以内的票务收入的 50%、超出客流量 10% 以上的票务收入的 60%。北京地铁 4 号线采用的这套机制也成为后续国内城市轨道交通 PPP 项目影子票价补贴模式

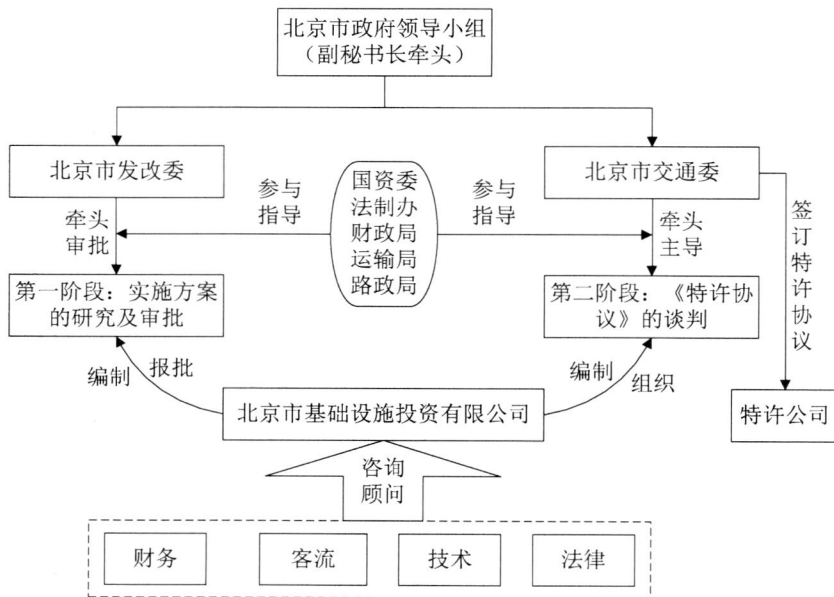

图 1‐3　北京地铁 4 号线 PPP 项目招商组织架构

的参考原型。

（3）完备的 PPP 项目监管体系。明确政府与市场的边界,详细设计相应的监管机制是 PPP 模式下做好政府监管工作的关键。政府的监督主要体现在三个方面:政策、计划、申请的审批,建设、试运营的验收、备案,以及运营过程和服务质量的监督检查。监管体系在监管范围上,包括投资、建设、运营的全过程;在监督时序上,包括事前监管、事中监管和事后监管;在监管标准上,结合具体内容,遵守了能量化的尽量量化、不能量化的尽量细化的原则,具体监管体系如图 1‐4 所示。

二、近期国家示范 PPP 项目典型案例

（一）郑州市轨道交通 3 号线一期工程 PPP 项目

郑州市轨道交通 3 号线一期工程 PPP 项目包括机电部分投资建设和全项目运营,政府可行性缺口补助采用影子票价模式,是财政部第二批次示范项目。从 2014 年 9 月可研批复到 2018 年 9 月与社会资本方正式签约,历时 4 年。

郑州市轨道交通 3 号线一期工程全长 25.488 公里,全部为地下线,共设车

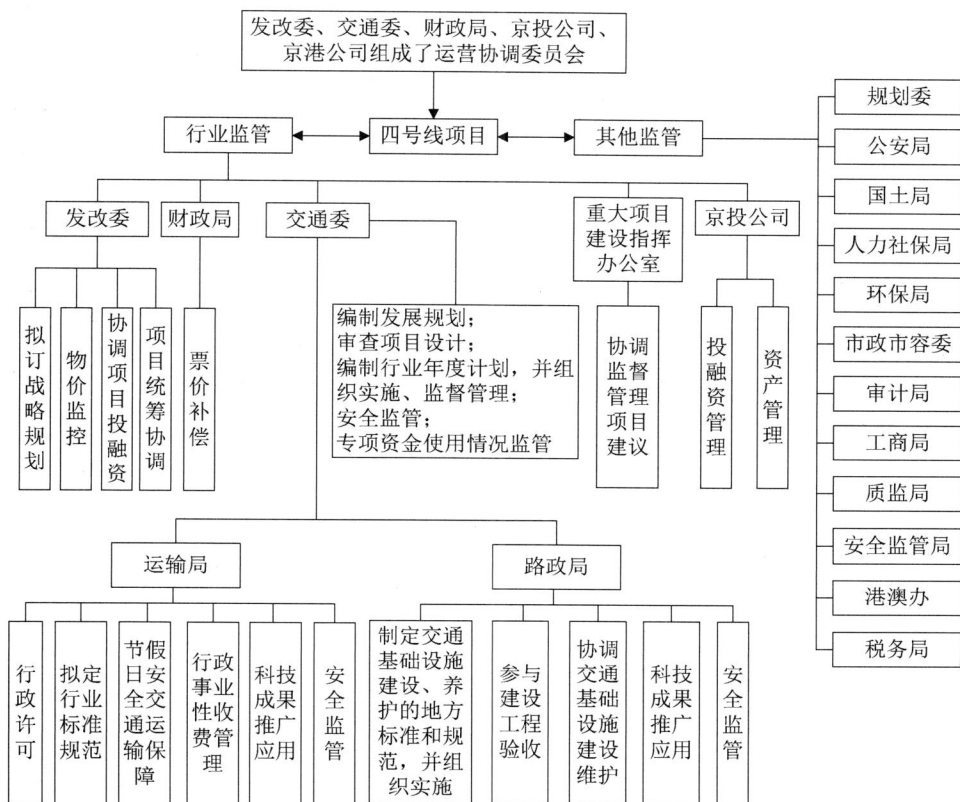

图 1-4　北京地铁 4 号线 PPP 项目监管体系

站 21 座,总投资为 206.08 亿元。郑州地铁 3 号线一期工程全部建设内容分为
A、B 两部分:A 部分主要为土建及铺轨工程部分,静态总投资为 136.29 亿元;
B 部分主要包括车辆、信号、自动售检票系统等机电设备,总投资约为 58.88 亿
元,资本金比例为 42%。

　郑州市政府授权郑州市轨道交通建设管理办公室作为项目实施机构,负责
项目准备、采购、监管和移交等工作。郑州市轨道交通 3 号线一期工程 PPP 项
目正式启动后,政府层面就该项目成立了领导小组,领导小组组长为常务副市
长,副组长为轨道办公室主任,成员为投委会办公室、轨道办公室等相关单位。

　郑州地铁 3 号线 PPP 项目最终由中国建筑股份有限公司、深圳市地铁集团有
限公司和深圳前海基础设施投资基金管理有限公司联合体作为社会资本方中标。
其 A2 施工总承包部分报价为 48.76 亿元(A 部分分为 2 个部分,利用世界银行贷

款投资部分为 A1,其余由 PPP 项目承担部分为 A2);B 部分 PPP 项目概算下浮率报价为 18.08%;PPP 项目初始运营年约定平均人次票价报价为 2.25 元。

中标社会资本方负责 A 部分施工总承包,中标社会资本方与郑州市轨道交通有限公司成立项目公司郑州中建深铁轨道交通有限公司,由项目公司负责 B 部分 PPP 项目的投融资、建设。项目建成后,项目公司通过租赁方式取得 A 部分项目设施的使用权。运营期内,项目公司负责全部项目设施的运营维护和除洞体外的资产更新,并取得票务收入和非票务收入。合作期限届满,项目公司将 B 部分项目设施完好无偿地移交给项目实施机构或市政府指定的其他机构,并终止 A 部分项目设施的租赁,将 A 部分项目设施归还给项目实施机构或市政府指定的其他机构。

郑州地铁 3 号线项目沿用了北京地铁 4 号线模式,将建设工程部分中与项目全生命周期建设、运营、维护关系较小的部分土建工程划出 PPP 项目范围,减少了 PPP 项目投资范围和金额,有利于降低项目融资风险,同时减少全生命周期的财政支出。

(二)北京轨道交通新机场线引入社会资本方项目

北京轨道交通新机场线 PPP 项目是财政部第三批次国家示范项目,该项目采用建设—运营—移交(BOT)的运作方式,政府按照车公里模式进行可行性缺口补助。特许建设期约 35 个月,特许经营期自全线贯通试运营之日起,期限为 30 年。

北京轨道交通新机场线正式命名为北京大兴国际机场线,简称大兴机场线。位于北京南部三环以外区域,北起丰台草桥,南至北京大兴国际机场,途经丰台区、大兴区。其中一期工程全长 41.36 公里,地下线和 U 型槽线路 23.65 公里,地面和高架线路 17.71 公里。列车采用 8 辆编组,并于 2019 年 9 月与大兴国际机场投运同步开通试运营。该项目的草桥站把地铁站功能和机场值机功能结合起来,让乘客在地铁站内就能实现国内国际值机,办理行李安检和托运,实现了城市交通同机场交通的无缝衔接,极大地便利了广大乘客。

项目工程按照建设内容划分为 A 和 B 两个部分:A 部分主要包括新机场线前期工程、站前广场和新机场航站楼相关工程,约占项目总投资的 30%,由京投公司设立的全资子公司新机场线公司负责投资建设;B 部分主要包括新机场线的前期专项工程、土建工程、设备设施,约占项目总投资的 70%,由特许公司负责投资建设。北京市政府选择社会资本方通过 PPP 模式参与新机场线的投资、建设、运营工作。特许公司与北京市交通委和新机场线公司等项目相关主体签署特许协议等相关法律文件,负责新机场线 B 部分的投资、建设和管理,并获得新机场线全线的特许经营权。特许经营期结束后,项目公司应将项目资产无偿移交给京投公司或市政府指定机构。

该项目由北京市轨道交通建设管理有限公司(以下简称"北京轨建")牵头的 8 家单位共同组成的联合体中标,项目投资额约 149.94 亿元,中标基准年车公里服务费为 68.15 元/车公里。项目资本金按照总投资的 35％设置,其中,京投公司作为政府出资人代表出资 2％,中国铁建股份有限公司及子公司(以下简称"中国铁建")、北京市政路桥股份有限公司(以下简称"北京路桥")及北京城建集团有限责任公司(以下简称"北京城建")各持股 28％,北京轨建持股 14％。按照协议,联合体与政府出资人代表北京市基础设施投资有限公司共同出资成立的北京城市铁建轨道交通投资发展有限公司负责新机场线投资,北京轨建负责建设期建设管理工作,北京城建、北京路桥、中国铁建等单位负责总包施工,北京市轨道交通运营管理有限公司负责运营管理。

此前,北京地铁 4 号线、14 号线、16 号线都采用了 PPP 模式引入香港地铁作为社会资本方,但与香港地铁的合作范围仅限于"设备＋运营"。大兴机场线项目在原有模式的基础上,从土建环节就引入社会资本方,有效解决了土建与设备、建设与运营的衔接问题,这不仅有利于形成多元化、可持续的资金投入机制,使政府的财政支出更少,企业的投资风险更小,更是推动落实国务院深化经济体制改革、创新融资方式、拓宽融资渠道、促进经济结构调整和转型升级的生动实践。

(三)辽宁省大连市快轨 3 号线工程 PPP 项目

辽宁省大连市快轨 3 号线工程 PPP 项目采用转让—运营—移交(TOT)的运作方式,特许经营期为 25 年,是国家发改委存量资产典型 PPP 项目案例,该项目也是国内城市轨道交通领域第一个存量 PPP 项目。

1. 项目概况

大连市快轨 3 号线线路全长约 63.45 公里,其中主线长 49.15 公里,支线长 14.3 公里,起点坐落在大连火车站,主线终点至金石滩,支线终点为九里。全线规划设 20 座车站,其中主线地面站 6 座,高架站 8 座,支线高架站 6 座,设有海湾车辆段和泉水控制中心各 1 个。主线于 2002 年开通试运营,支线于 2008 年年底开通试运营。

大连市国资委将快轨 3 号线工程动产及不动产划转至大连市建设投资集团有限公司（简称建投集团），并根据项目总投资 46.48 亿元（依据项目概算及清产核资审计报告）成立项目公司大连市金石快轨管理有限公司。项目公司注册资本金为项目总投资的 20%，其中，建投集团拥有 49% 的股权，社会资本方拥有51% 的股权。该项目的社会资本方包括金融方投资人和运营方投资人，考虑到该项目为存量项目，不含工程建设的特点，为降低运营方投资人的投资压力，设定运营方投资人持股比例为 5%。

2. 项目实施

在项目实施过程中，市政府授权建投集团作为该 PPP 项目的实施机构和政府出资代表，负责项目转型 PPP 模式运作的实施、招募社会资本、组建项目公司等工作；市交通局代表市政府授予项目公司特许经营权，负责行业管理；项目公司在经营期内承担项目的融资、资产管理及运营责任。

按照政府采购程序，采用竞争性磋商方式公开招募具有投融资、运营、管理能力的社会资本方。最终，华信信托股份有限公司作为金融方投资人，大连广盛元实业有限公司作为运营方投资人，与建投集团共同重组项目公司大连市金石快轨管理有限公司，重组后的公司为 PPP 项目的项目公司。

2017 年 5 月 27 日，正式签署项目特许经营协议，项目合计实现存量资产置换 41.92 亿元。其中，以股权方式置换资金 4.74 亿元，以债权方式置换资金37.18 亿元。

项目采用可行性缺口补助回报模式，由项目公司负责该条线路的运营管理。由于政府对公共交通项目设置票价限价机制，当使用者付费不足以满足项目公司成本回收和合理回报时，由政府以财政补贴形式对项目公司进行可行性缺口补助。考虑到该项目采用 TOT 方式的特殊性，项目设定了过渡运营期，即在特许经营期的前 3 年，由项目公司委托现运营单位继续负责项目运营，同时完成资产盘点及相关功能认定。

3. 经验总结

大连市快轨 3 号线项目明确了管理、价格、责任等机制，引入适当的竞争机制，规范管理与服务，可提升公共服务质量和水平，促进行业发展。对于项目原有的运营补贴通过可行性缺口补助的形式予以支付，并未增加政府实际支出责任。实现了存量资产变现,回收资金可继续用于基础设施建设。项目通过招标引入了运营意愿强烈的社会资本方,改变了多数 PPP 项目均采用转委托本地政府管理运营机构运营的模式,真正意义上实现了 PPP 风险共担、利益共享的原则,促进了城市轨道交通运营市场化的进程。

三、PPP 项目当前发展规模

自北京地铁 4 号线采用 PPP 模式以来,在国家不断推进公共基础设施投融资模式创新的政策环境下,国内越来越多的城市轨道交通项目开始采用 PPP 模式。截至 2019 年 6 月 30 日,全国已有 40 个城市的 70 多个城市轨道交通项目采用了 PPP 模式,项目金额共计 9 573.64 亿元,项目平均投资达到 136.77 亿元,绝大多数项目均进入了项目执行阶段。

财政部入库项目 63 个,采用整体 BOT 模式的有 56 个,采用 A+B 资产包模式的有 12 个,采用 TOT 模式的有 2 个。已入库的城市轨道交通 PPP 项目数据见表 1-1,已实施但由于时间和政策原因未入库的部分城市轨道交通 PPP 项目情况见表 1-2。

表 1-1　已入库城市轨道交通 PPP 项目数据

项目类别	项目数（个）	共计投资金额（亿元）	项目平均投资（亿元）	项目实施进度(各阶段项目个数)		
				准备	采购	执行
地铁	43	7 883.31	183.33	1	9	33
轻轨	1	146.33	146.33	0	0	1
市域铁路	3	334.65	111.55	1	1	1
有轨电车	16	407.51	25.47	1	3	12

表 1-2　部分已实施未入库城市轨道交通 PPP 项目

项目名称	项目投资（亿元）	实施范围
北京市轨道交通 4 号线	46.00	B 部分投资、建设+AB 部分的运营
深圳地铁 4 号线二期工程	59.00	B 部分投资、建设、A+B 部分的运营（含一期运营）
杭州地铁 1 号线一期工程	82.90	B 部分投资、建设+AB 部分的运营

（续表）

项 目 名 称	项目投资(亿元)	实 施 范 围
大连市快轨 3 号线工程	46.48	全项目的运营(转让—运营—移交)
南京地铁 5 号线	219.48	全项目的投资、建设、运营 5 年后政府回购
重庆轨道交通 9 号线	201.00	全项目的投资、建设、运营 5 年后政府回购
无锡至江阴城际轨道交通工程	146.97	全项目的投资、建设、运营

第二节　当前国内城市轨道交通 PPP 项目的基本情况

一、PPP 项目采用的模式

根据城市轨道交通项目的行业特点,目前国内城市轨道交通 PPP 项目采用的模式主要有 A+B 资产包、整体 BOT、整体 TOT 这 3 种模式。

（一）A+B 资产包模式

该模式将项目工程分成 A、B 两部分,A 部分通常为土建工程类的投资,由政府方负责投资建设;B 部分通常为车辆及机电系统设备类的投资,由 PPP 项目公司负责。PPP 项目公司获得授权经营 A+B 项目资产(其中,A 部分向政府租赁使用,租金可调节,租期与特许经营期同步),特许期满后由 PPP 项目公司将 B 部分资产(设施)全部无偿移交给政府,A 部分租赁协议期满终止。北京市轨道交通 16 号线、杭州地铁 1 号线一期工程等项目采用了该模式。采用该模式的项目可以在选择社会资本方之前开工建设,满足部分地区对工期进度的要求。通过对建设内容的拆分,一方面使得社会资本方更加专注于机电系统设备的选型和运营工作,吸引一些专业的运营商参与项目的竞争,扩大了政府的可选择面;另一方面也增大了 A、B 两部分之间工作衔接的难度,A 部分资产移交暂无标准,执行的过程也存在较多的困难。

（二）整体 BOT 模式

"建设—运营—移交"的整体 BOT 模式,即由社会资本方与政府方出资代表共同出资组建 PPP 项目公司,地方政府授予 PPP 项目公司一定年限的特许经营权,PPP 项目公司负责整体的融资、建设、运营工作,特许期满后将项目设施无偿移交给政府指定的接收单位。目前国内超过 70% 的城市轨道交通 PPP 项目采用了整体 BOT 模式。在该模式下,项目公司作为 PPP 项目全生命周期的建设运营主体,由政府授予项目公司特许经营权,项目公司对政府负责,双方的权利和义务基本能够实现统一,便于实际操作。但将所有工作交由社会资本方,在融资、建设、运营等任一环节出现问题,都会影响项目整体,项目风险较大,对社会资本方融资和综合能力要求高。

（三）整体 TOT 模式

"转让—运营—移交"的整体 TOT 模式,即政府部门将存量资产所有权有偿转让给社会资本方或项目公司,并由其负责运营、维护和用户服务,合同期满后资产及其所有权等移交给政府的项目运作方式。国内大连市快轨 3 号线工程、温州市域铁路 S1 线一期工程等项目采用了该模式。该模式由项目公司负责该条线路的运营管理,盘活城市基础设施存量资产,增加了社会投资总量,引入了城市轨道交通运营市场竞争机制,促进了社会资源的合理配置,提高了资源使用效率。但该模式在转让价格、维修改造、移交资产状态等方面难以合理确定,存在国有资产流失的风险,同时,该模式对于社会资本方的资金要求高,以运营管理为主要业务的社会资本方基本都不具有强大的资金实力。因此,部分 TOT 模式采用了经营权和收益权转让的方式,不再进行资产所有权转让,从而降低了对社会资本方资本金投入的要求,天津地铁 2、3 号线存量 PPP 项目就采用了这种方式。

另外,前期部分城市轨道交通 PPP 项目采用"建设—运营—回购"模式,社会资本方带资完成工程建设后将其持有的项目公司股权转让给地方融资平台或政府指定的运营单位,从而收回建设成本并取得收益。在国办发〔2015〕42 号文、财金〔2015〕57 号文明令禁止政府回购社会资本方的投资本金后,该模式已不具合规性。

二、PPP 项目采用的政府可行性缺口补助方式

从 PPP 付费机制分类看,城市轨道交通 PPP 项目投资回报收入主要源于

3 个方面：一是票务收入；二是非票务收入，包括广告、通信、商业、土地等资源性经营收入；三是政府可行性缺口补助。目前，城市轨道交通项目依靠票务收入和非票务收入，难以收回建设投资和运营成本费用，更不可能达到社会资本方可接受的最低投资回报率。为了保证 PPP 项目的可持续性，政府必须给予补贴。国内轨道交通 PPP 项目的一般补贴模式主要有协议票价补贴、车公里服务费补贴、财金〔2015〕21 号文可行性缺口补助 3 种方式（第三章第一节将对此进行详细介绍）。

协议票价法又称影子票价法，是基于客流为计量基础的"客流补贴模式"，最早是由香港地铁公司通过北京 4 号线 PPP 项目引入内地的，国内不少项目采用了这种补贴模式。典型应用项目如北京地铁 14 号线、北京地铁 16 号线、杭州地铁 5 号线等。这种补贴模式的优势是浅显易懂、便于操作，在国内城市轨道交通 PPP 项目的应用较早，对社会资本提供了充分的激励机制。最大的不足是政府补贴额与项目实际资金需求相脱节，项目招商和谈判成本较高。

车公里补贴法也称车公里成本法或车公里运营服务费法，是基于政府向 PPP 项目公司购买公共服务的理念，以列车运营里程为基础指标计算的补贴模式，即根据"跑了多少趟车"来计算补贴。这种补贴模式最早于 2016 年应用于乌鲁木齐市地铁 2 号线一期工程，目前国内多数 PPP 项目采用了车公里模式。车公里服务费补贴方式能够体现政府购买服务的理念，可有效化解客流预测的风险。在该补贴方式下，政府的可行性缺口补助与运营里程（车公里）挂钩，所以相对比较直观，容易接受，并且有利于企业提高运能。但城市轨道交通项目具有长期性复杂性和多样性，采用车公里服务费补贴方式依然存在一定的局限性。

财政部《政府和社会资本合作项目财政承受能力论证指引》（财金〔2015〕21 号）提出了政府补贴计算公式。呼和浩特轨道交通 1 号线 PPP 项目中第一次应用该模式，其特点是随着经营年限的延展，年补贴额呈现"前少后多"的分布态势，其好处是在运营初期政府财政能力不太充足的情况下，可以在一定程度上降低政府方的财政支出责任，有利于缓解政府方的财政支出压力。但该补贴计算公式将财政补贴与运营成本直接挂钩，运营成本越高将导致补贴越多，不利于社会资本方节约运营成本费用。目前还有部分 PPP 项目在确定可行性缺口补助时，在财金〔2015〕21 号文补贴模式的基础上形成了基于等额本息法的"可用性服务费＋运营绩效补助"方式。与财金〔2015〕21 号文补贴模式相同的是，基于等额本息法的"可用性服务费＋运营绩效补助"补贴方式也是分别针对建设投资以及运营成本进行补贴,只是在确定可用性服务费时,主要是以总投资的认定方式和社会资本方要求的投资回报率作为计算基数,同时该补贴模式下的可用性服务费在运营期内各年均等,有利于均衡政府方的财政支出责任。

三、PPP 项目采用的运营管理模式

财办金〔2017〕92 号文明确强调 PPP 项目必须含有运营环节,以运营为核心,以绩效为导向,推动 PPP 项目由"重建设"向"重运营"转变。PPP 项目运营方可通过中标前运营方作为联合体成员参与投标和运营后项目公司重新选择运营单位等多种方式确定。根据目前国内城市轨道交通 PPP 项目实施情况,运营模式基本分为完全自主运营、专业分包运营、业务集中分包运营这 3 种模式(将在第五章第二节进行详细介绍)。

(一)完全自主经营

完全自主运营模式下,项目公司作为 PPP 项目运营生产和管理的责任主体及实施主体,自行组建项目的运营生产与管理团队,直接负责项目运营、更新改造、追加投资、非客运业务经营开发等业务的实施与管理。目前国内部分城市轨道交通 PPP 项目采用该模式,如北京地铁 4 号线、杭州地铁 5 号线、郑州地铁 3 号线等项目,主要参与社会资本方有香港铁路公司、深圳地铁集团有限公司等运营企业。

(二)专业分包经营

专业分包运营模式下,项目公司可根据运营管理的主要工作内容对运营业务模块进行分解,采用专业化分包方式,充分利用股东方、工程设备和零部件制造单位、金融投资服务公司及专业化的社会第三方服务单位的资源优势。目前国内项目逐步开始采用该模式,如大连快轨 3 号线、大连地铁 5 号线等项目拟采用该模式。

(三)业务集中分包经营

业务集中分包运营模式下,项目公司通常将运营管理业务集中分包给项目所在地既有的城市轨道交通运营单位,利用其丰富的运营管理经验,充分保障项目的运营安全,并为乘客提供良好的运营服务。在这种模式下,运营管理主体责任仍在项目公司,项目公司需建立与集中分包运营模式相适应的组织管理架构

和规章制度,包括安全管理和应急管理的机制及办法。目前国内大部分城市轨道交通 PPP 项目采用该模式,如呼和浩特市轨道交通 1 号线一期、成都市轨道交通 18 号线一期等项目拟采用该模式。

四、城市轨道交通 PPP 项目社会资本方的情况

根据财政部 PPP 项目管理库执行阶段轨道交通类 PPP 项目中标社会资本方信息显示,现阶段参与城市轨道交通 PPP 项目的社会资本主要有建筑施工类央企、机电设备集成系统企业、轨道交通运营企业、金融企业、项目所在地国企 5 种类型。近年来,随着轨道交通市场化程度的提高,一些民营企业及外资企业也逐步参与城市轨道交通 PPP 项目。

(一)建筑施工类央企

对于施工企业来说,投标竞争城市轨道交通 PPP 项目,实际上成为获取工程的一种变相竞争手段,其参与项目投标更多看中的是通过 PPP 方式承揽项目的施工任务。通过公布的项目中标信息可以发现,建筑施工类央企或其牵头的联合体明显占据了城市轨道交通 PPP 项目的较大市场份额,其中主要的企业有:中国中铁股份有限公司、中国铁建股份有限公司、中国建筑集团有限公司、中国交通建设集团有限公司、中国电力建设集团有限公司等。

(二)机电设备集成系统企业

机电设备集成系统企业投标竞争城市轨道交通 PPP 项目,可以发挥其在设备供货、系统集成、设备维修、后期机电设备及系统升级改造等方面的优势,从而获取相应的收益。这类企业主要有:中国中车股份有限公司、中国铁路通信信号股份有限公司、中国电子科技集团公司第十四研究所等。

(三)轨道交通运营企业

在我国,除了城市轨道交通建设及运营起步较早的北京、上海、广州、深圳等城市外,不少新建城市轨道交通项目的城市均缺乏运营管理经验。同时,轨道交通运营企业普遍长期依靠政府财政补贴,投资能力受限,因此,目前参与 PPP 项目的轨道交通运营企业相对较少,只有北京、香港、广州、深圳、南京等地的少数几家轨道交通运营企业。目前,部分民营企业也正通过资本金门槛较低的 TOT 方式积极参与城市轨道交通 PPP 项目。

（四）金融企业

城市轨道交通 PPP 项目的投资方可获得长期稳定的回报,对于具有雄厚的资金实力和抗风险能力的保险及信托公司来说,不失为一种较理想的资产配置方式。目前不少 PPP 项目的社会资本方中都出现了金融企业的身影。

（五）地方国企

《关于在公共服务领域推广政府和社会资本合作模式的指导意见》(国办发〔2015〕42 号)指出,已经建立现代企业制度、实现市场化运营,并明确今后不再承担地方政府举债融资职能的地方融资平台公司,可作为社会资本方参与当地的 PPP 项目。北京、广东、江苏、浙江的一些 PPP 项目就出现了地方国企作为社会资本方的情况。

虽然城市轨道交通 PPP 项目社会资本方的类型较为丰富,但是从落地的项目来看,目前主要还是集中于建筑施工类央企。这主要是因为城市轨道交通项目总投资规模、施工难度较大,需要社会资本方拥有很强的投融资与建设能力,因此,无论是从资产规模、专业人员(建设施工领域),还是从资质技术来看,央企都有着一般社会资本所不具备的优势。但是建筑施工类央企在城市轨道交通 PPP 领域一枝独秀的局面也造成其他社会资本进入较为困难,不利于激发民间投资活力。

第三节　目前城市轨道交通 PPP 项目实施过程中的主要问题分析

截至 2019 年 6 月底,全国已有近 70 个城市轨道交通 PPP 项目进入实施阶段,特别是 2015—2016 年招标的 PPP 项目经过 4～5 年的建设期,即将进入运营期。由于城市轨道交通项目建设及运营的复杂性,加上外部条件的变化,在 PPP 项目实施过程中难免会出现一些问题。通过对多个实际项目的分析研究,在 PPP 项目实施的各个阶段都存在一些共通性问题值得相关各方予以高度重视。

一、项目识别及准备阶段存在的问题

在项目识别及准备阶段主要是进行"两评一案"的编制及评审工作,为后续项目进入采购阶段打好基础。在这个阶段主要存在以下问题。

（一）物有所值评价流于形式

城市轨道交通 PPP 项目的物有所值评价通常都需要进行定性及定量评价，但大多数项目在定性评价过程中简单参照《PPP 物有所值评价指引（试行）》（财金〔2015〕167 号）及《政府和社会资本合作物有所值评价指引（修订版征求意见稿）》，定性评价指标体系不完善，没有结合城市轨道交通的行业特点和项目规划、建设及运营的实际来进行定性评价指标体系的设计；同时，在定性评价的评审过程中，邀请的专家通常以财税方面的专家为主，对城市轨道交通的业务特别是运营业务缺乏了解，定性分析评价通常都以高评价分通过评价。

在定量评价的过程中，由于缺乏对现有城市轨道交通传统运营管理模式的了解，在 PSC 值的计算过程中，初始 PSC 值因缺乏对实际运营成本的调研分析，造成计算成本和实际成本存在较大差异，PSC 值较实际明显偏低。因此，尽管定量评价的结论说明项目适宜采用 PPP 模式，但是由于 PSC 值失真，定量评价也就失去了参考价值。

物有所值评价的作用通常是对 PPP 项目初步实施方案进行评估，通过评估结果对实施方案进行调整和完善，使得实施方案更加合理。但对于目前已实施的城市轨道交通 PPP 项目，项目的物有所值评价基本为一次性通过，未见调整实施方案后重新评价的案例。

（二）成本测算不准确

城市轨道交通 PPP 项目的成本通常由建设期成本及运营期成本两部分组成。由于城市轨道交通 PPP 项目的运营周期较长，且在运营期内还需要进行追加投资以及对已达到设计使用年限的机电系统进行更新改造，因此，PPP 项目的运营期费用通常大于建设期费用。由于缺乏对城市轨道交通运营业务的深入了解，造成 PPP 实施方案中设定的运营成本与实际存在较大差异。造成差异的主要原因有：实施方案采用的人工单价和当前实际的城市轨道交通行业人工单价存在较大差异；地铁车辆的架修及大修费用估算不足；运营期必须发生的如安检费等相关大额费用没有开项；包括政府可行性缺口补助在内，运营期相关收入及支出的税费计算存在一定的疏漏。

（三）实施方案中政府可行性缺口补助及调价机制存在较大的不确定性风险

目前国内城市轨道交通 PPP 项目多数采用了影子票价及车公里服务费这

2 种政府可行性缺口补助方式。

在影子票价补贴方式下，由于在设计阶段地铁线路的客流预测通常存在较大的不确定性，特别是在 PPP 项目数十年的运营期内，城市轨道交通线网的变化及调整会对 PPP 项目对应线路的客流产生较大的影响，因此会对政府和投资方都造成不确定风险；同时，由于地铁实际票价与客流存在一定的负相关，政府方希望票价适当提高从而减少影子票价和实际票价之前的差额，而社会资本方希望票价始终处于较低水平以充分吸引客流。此外，在轨道交通项目运营的初期和近期，客流相对不足，在影子票价补贴模式下，项目公司在运营初期现金流持续为负，不利于项目公司自身的可持续性发展，项目的客流情况及对应的票务收入与项目公司自身的服务水平关联性不强，因此，影子票价模式不能很好地解决 PPP 模式下政府、社会资本方及一般公众等各参与方之间的利益平衡问题。

在车公里服务费补贴方式下，政府补贴仅与运营里程数相关，即使没有实际的出行需求，社会资本方也会为获得车公里补贴而提供无效运能，造成社会资源的浪费，也不利于节能减排。同时，由于车公里数在项目的特许经营期内通常呈逐年增长的态势，因此，调价公式应同时考虑成本构成因素及收入构成因素的变化。当前的车公里服务费补贴方式所采用的调价公式通常没有考虑到车公里的持续增长，因此，在运营成本构成因素如人工、CPI 等持续增长的情况下，会进一步增大政府方在整个 PPP 项目期的可行性缺口补助的金额，对于初级和远期约定车公里数差异较大的项目，不仅不能够实现物有所值，甚至可能会出现政府方的巨额补贴。此外，由于项目的建设、运营及运营期更新改造等不同业务均与车公里服务费关联，造成不同阶段不同业务风险的扩大化，因此，车公里服务费模式需要在项目实施过程中根据社会发展及项目运营的实际情况进行合理的动态调整，才能解决在 PPP 项目的合作期内各方利益受外界因素影响可能发生较大变化的问题。

二、项目建设期存在的问题

城市轨道交通 PPP 项目的建设期通常为 4～5 年，近 10 多年来，随着国内城市轨道交通行业的快速发展，国内已有超过 40 座城市正在进行城市轨道交通项目的建设，轨道交通项目建设期的相关规范、标准及管理办法也形成了完善的体系，因此，对于 PPP 项目而言，建设期存在的问题通常不在于工程建设本身，而是 PPP 模式下,投建运一体化带来的对后期运营考虑不足的问题,主要体现在以下方面。

（一）缺乏 PPP 项目全生命周期成本的意识

社会资本方普遍缺乏 PPP 项目全生命周期成本的意识,仅仅追求建设期成本最优化,而没有全面考虑相关机电系统及设备在使用过程中及后期更新改造的成本,由此可能会造成运营期成本的大幅增加,不利于项目资本金收益率的提升。

（二）建设初期未充分考虑后期运营相关问题

社会资本方在项目建设期,特别是项目建设初期没有设立专门的运营管理部门,因此,在项目前期设计及施工过程中需要解决的涉及后期运营的相关功能及使用的一些关键问题,通常没有得到足够的重视,造成后期产生不必要的工程变更,增大工程建设成本或给后期的运营管理带来诸多不便。

（三）对项目的运营筹备工作重视程度不够

城市轨道交通项目的运营筹备是一个系统工程,因此需要提早准备,而由于社会资本方通常缺乏运营管理经验,对筹备工作不重视,在运营筹备过程中,往往会出现运营人员招聘及培训滞后、规章制度和实际脱节、综合联调质量不高等问题,对项目的按期开通和后期的安全运营优质服务埋下了隐患。

三、项目运营期存在的问题

除早期由香港地铁公司作为社会资本方参与的 PPP 项目外,目前国内绝大多数城市轨道交通 PPP 项目尚未进入运营阶段,因此,PPP 项目运营阶段实际将会发生的问题尚不得而知。但是,从目前各项目拟采用的运营管理模式和运营期绩效考核来看,可能存在以下主要问题。

（一）运营效率得不到明显提升

在城市轨道交通行业采用 PPP 模式的初衷之一就在于利用社会资本方的管理经验和项目公司灵活的管理体制,使项目公司可以采用更加科学、高效的管理方式,优化运营成本,提升服务水平,从而促进城市轨道交通行业运营管理水平的提升和市场化进程。但是,在 PPP 项目实际落地的过程中,除了社会资本方主观上直接进行运营管理的意愿不强外,大多数 PPP 项目还受制于各种外部条件的影响,最终在运营管理模式上采用了业务集中分包的方式,和传统方式相比,运营人员的劳动生产率和运营成本没有明显变化。而且由于税费因素及受托方对于风险的考虑,造成 PPP 项目的实际运营费用比传统方式更高,与 PPP 项目物有所值的基本要求相悖,造成社会资本方的资本金收益率进一步下降,这也是城市轨道交通 PPP 项目民营资本参与程度低的主要原因之一。

(二)运营期绩效考核不全面

从目前即将进入运营阶段的城市轨道交通 PPP 项目来看,目前运营期的绩效考核指标体系仍然以运行图兑现率、准点率、设备故障率、乘客评价等与运营服务直接相关的指标为主,较少考虑政府临时性指令和公益性任务的完成情况,在指标数值的选取上也没有根据项目的实际情况对相关指标进行有针对性的设定,部分项目的绩效考核指标直接引用国家相关规范,与项目所在地地方交通主管部门对运营管理的实际要求存在较大差异。在进入实际运营阶段后,一方面,需要对照《PPP 项目绩效管理操作指引(征求意见稿)》(财办金〔2019〕39 号文)对运营期的绩效考核体系进行完善;另一方面,也需要根据运营线路的实际情况对运营产出的相关指标进行有针对性的确定,避免指标过于宽泛,不利于项目公司通过自身管理提升运营服务水平。

第二章
城市轨道交通 PPP 项目的准备

城市轨道交通项目在通过建设规划和项目审批后,通常可以采用的投融资模式有:政府投资及运营、政府投资下的市场化运营、项目特许经营等几种方式,PPP 模式是项目特许经营的主要形式之一。由于城市轨道交通项目的投资大、审批流程复杂和实施周期长,地方政府在项目获批前应根据地方财政的实际情况和市场环境进行深入研究分析,采用最有利于项目建设的投融资方式,确保项目资本金到位和项目的顺利进行。

第一节　采用 PPP 模式的必要性和可行性

一、采用 PPP 模式的必要性

（一）有利于政府职能转变

在城市轨道交通项目中推广采用 PPP 模式,对于加快政府机构的职能转变,破解当前在城市轨道交通行业中存在的政府与企业责任边界不清、刚性约束机制不全、有效激励措施不足等问题具有极大的正向作用。政府角色逐步向"公共交通服务的购买者"转变,从"公共交通服务提供与监管双重角色"逐步向"公共交通提供及全过程服务的监管者"转变,实现现代市场服务型政府。

另外,城市轨道交通项目建设难度大,运营管理专业化要求高,更适合引入专业化的社会资本来负责项目的设计、建设和运营维护。政府和社会资本通过PPP 模式进行合作,双方发挥各自优势,通过让专业的人做专业的事,提升效率、缩减成本,从而实现政府对财政投入的效益最大化。

（二）有利于缓解政府财政压力

由于城市轨道交通项目投资大，在传统建设模式下，地方政府需在较短的建设期内承担项目的全部资本金，政府短期财政压力大。同时，由于国内城市轨道交通的票价采用政府定价，票价定位于准公益性事业收费，因此，票价收入处于较低水平，即使加上广告、商业等非票务收入在内也不足以覆盖日常运营成本，政府在项目进入运营期后仍将承担较大的运营补亏压力。通过 PPP 模式引入社会资本，能够大幅降低政府在项目建设期的资本金投入，在不新增政府债务的情况下，保障项目的顺利开展，有利于政府统筹安排中长期的财政支出计划，减轻政府短期债务偿还压力，提高财政资金运用的灵活度、合理性。

（三）有利于提高工程建设与运营管理水平

城市轨道交通 PPP 项目范围主要为工程建设和运营管理。城市轨道交通项目作为一个复杂的系统工程，建设期对建设单位的施工技术和组织管理能力要求高，运营期对运营单位的运营管理和成本管控能力要求高。采用 PPP 模式引入社会资本方，有助于充分发挥社会资本方在工程建设、运营管理等方面的优势，在传统的较为封闭的轨道交通建设及运营管理市场中引入竞争机制，促进既有市场主体管理效率和服务水平的提高，从而提升城市轨道交通项目的整体建设管理及运营管理水平。

二、采用 PPP 模式的可行性

（一）符合国家政策条件

2016 年 8 月，在国家发展改革委发布的《关于切实做好传统基础设施领域政府和社会资本合作有关工作的通知》（发改投资〔2016〕1744 号）中，就进一步做好传统基础设施领域政府和社会资本合作（PPP）相关工作、积极鼓励和引导民间投资提出明确要求："重点鼓励社会资本投资建设和运营城际铁路、市域（郊）铁路、资源开发性铁路以及支线铁路，鼓励社会资本参与投资铁路客货运输服务业务和铁路'走出去'项目。道路运输类：公路建设、养护、运营和管理项目。城市地铁、轻轨、有轨电车等城市轨道交通项目。"

加强基础设施建设已成为新时期国家调结构、促转型、稳增长的重要措施之一。随着国内城市发展达到一定程度，改善城市交通状况，倡导智慧交通、绿色出行，打造城市轨道交通为主的现代公共交通体系成为城市发展的方向，为城市轨道交通基础设施相关业务提供了巨大的市场空间和发展机遇。由于城市轨道交通项目具有政府负有提供义务、适宜由社会资本承担、投资规模较大、社会需求稳定、项目产出明确、建设运营标准高等适合采用 PPP 模式的显著特征,各地方政府为了有效解决项目建设及运营过程中存在的资金需求大、工程建设进度滞后、运营管理人才与技术缺失、效率低、成本高等突出问题,对城市轨道交通项目通过 PPP 模式引入社会资本均持有较为积极的态度。

(二)市场基础条件好

目前国内城市轨道交通 PPP 领域规范的市场秩序已初步建立,参与城市轨道交通 PPP 项目的社会资本众多且实践经验日益丰富。城市轨道交通工程建设单位、设备制造及系统集成单位、运营管理单位等社会资本方均通过实践项目积累了一定的经验,各参与方在规范的市场内能够进行充分竞争,有利于后续城市轨道交通 PPP 项目的顺利推进和整个轨道交通领域的可持续发展。

(三)项目质量优良

城市轨道交通项目通常是一个城市最重要的城市基础设施之一,无论是其建设还是运营,都受到地方政府和广大市民的高度关注。城市轨道交通作为城市的骨干公共交通方式,具有客流量大的显著特点,即使在政府定价下票价水平较低,城市轨道交通项目也会有长期稳定的票务收入。同时,城市轨道交通项目各车站由于客流量大,车站附属商铺租金及广告价值均较高,可为项目带来一定的非票务收入。且从长期来看,城市轨道交通票价处于一个上涨通道之中,未来存在票价上涨的空间,这会进一步减少政府可行性缺口补助的金额,从而增强社会资本方对政府持续进行可行性缺口补助的信心,更好地吸引社会资本方积极参与项目。

第二节　合作方式及基本流程

一、运作模式

根据财政部《政府和社会资本合作模式操作指南(修订稿)》,PPP 项目运作方式主要包括建设—运营—移交、转让—运营—移交、改建—运营—移交、建设—拥有—运营、租赁—运营—移交和委托运营等。具体运作方式的选择主要由收费定价机制、项目投资收益水平、风险分配基本框架、融资需求、改扩建需求和期满处置等因素决定。运作方式可单一或组合使用。目前国内新建城市轨道交通 PPP 项目基本采用建设—运营—移交(BOT)模式。

二、合作范围及期限

在 BOT 模式下,社会资本方出资的项目公司负责工程项目的投融资、建设、运营管理、设备维护以及授权范围内的非票务业务经营,并通过票务收入、非票务收入和政府可行性缺口补助收回投资并获得合理回报。

按《基础设施和公用事业特许经营管理办法》的要求,"基础设施和公用事业特许经营期限应当根据行业特点、所提供公共产品或服务需求、项目生命周期、投资回收期等综合因素确定,最长不超过 30 年。对于投资规模大、回报周期长的基础设施和公用事业特许经营项目(以下简称特许经营项目)可以由政府或者其授权部门与特许经营者根据项目实际情况,约定超过前款规定的特许经营期限",轨道交通 PPP 项目的运营期限一般不超过 30 年,也可以根据项目的实际情况论证更长特许经营期限的可能性。

三、项目流程

(一)项目全流程

城市轨道交通 PPP 项目由地方人民政府发起,通常情况下项目全流程可以分为项目识别、项目准备、项目采购、项目执行、项目移交 5 个阶段,如图 2-1 所示。

(二)项目行政审批

城市轨道交通 PPP 项目投资较大,行政审批环节繁多,涉及财政、发改、国土、规划、税务等多个部门,项目的主要行政审批清单见表 2-1。在项目实施过程中,为加快行政审批程序,建议在政府层面建立项目实施领导小组,由政府主要领导担任组长,通过领导小组定期沟通机制,政府相关部门实现有效联动,高效推进项目实施。

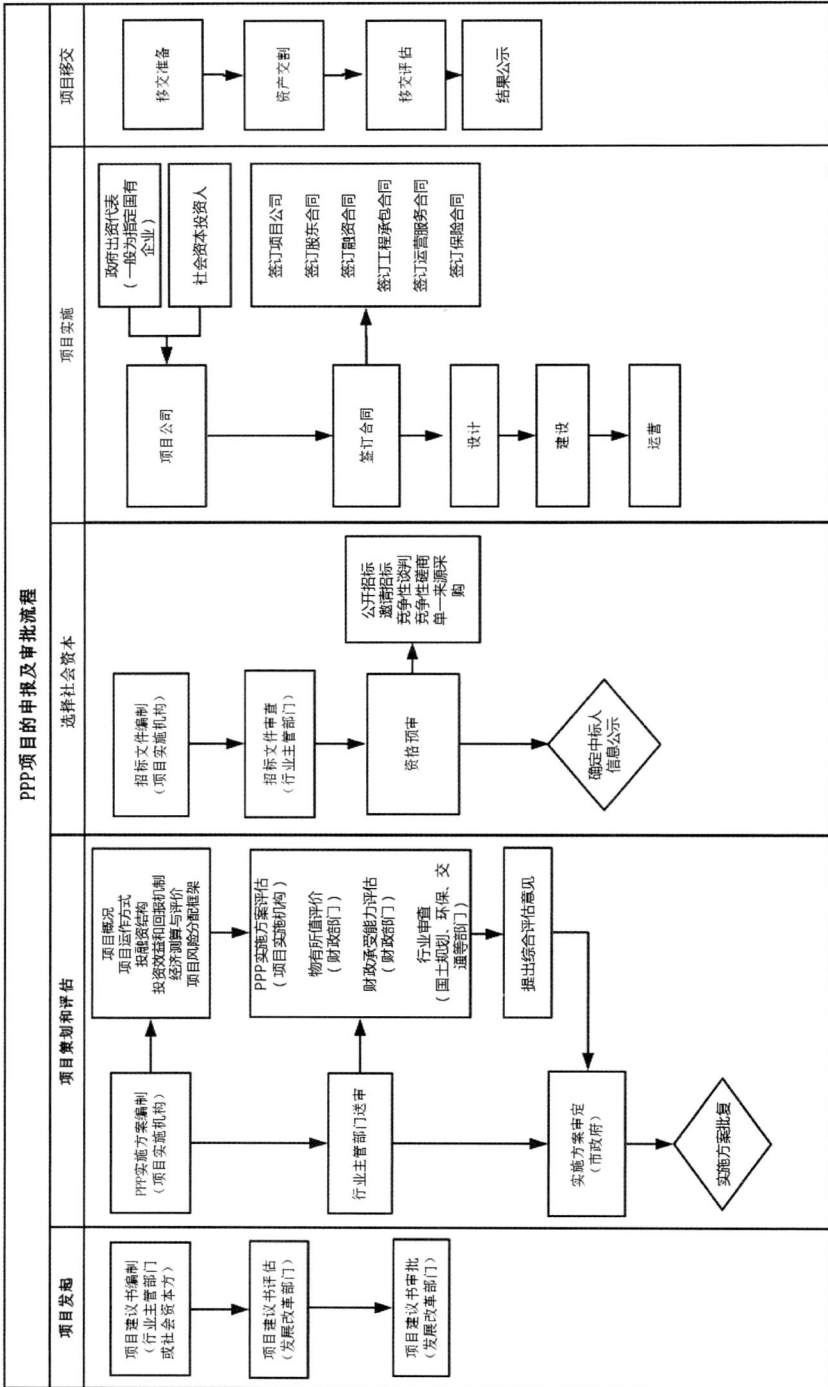

图 2 - 1　PPP 项目各阶段主要操作流程

表 2-1 城市轨道交通 PPP 项目主要行政审批清单

序号	名 称	制作部门	主要定义/内容/作用
1	项目建议书	建设单位	主要内容包括项目必要性、方案、拟建规模、地理位置、投资估算、资金筹措、进度安排、经济效益、社会效益等
2	项目建议书的批复	发改部门	—
3	可行性研究报告	咨询公司等中介机构	主要包括项目概况、项目必要性、建设主要内容和目标、总投资、资金来源、实施进度、经济效益和社会效益、政策等
4	可行性研究报告的批复	发改部门	—
5	环境影响报告	建设单位	—
6	环境影响报告的批复	环保部门	—
7	节能评估报告	建设单位	—
8	节能评估报告的批复	发改部门	—
9	风险评估报告	建设单位	—
10	风险评估报告的批复	发改部门	—
11	选址意见书	规划部门	—
12	农用地转用、征收审批单	国土部门	—
13	建设用地规划许可证	规划部门	—
14	国有土地出让合同	国土部门	主要包括出让土地的交付与出让金的缴纳,土地开发建设与利用,土地使用权转让、出租、抵押、违约责任等条款
15	建设工程规划许可证	规划部门	是确认有关建设工程符合城市规划要求的法律凭证
16	实施机构授权书	政府	实施机构在授权范围内负责 PPP 项目的前期评估论证、实施方案编制、合作伙伴选择、项目合同签订、项目组织实施以及合作期满移交等工作
17	初步实施方案	实施机构(必要情况下聘请专业咨询机构)	主要包括项目概况、风险分配基本框架、项目运作方式、交易结构、合同体系、监管架构、采购方式选择等内容

序号	名　　称	制作部门	主要定义/内容/作用
18	项目产出说明	实施机构（必要情况下聘请专业咨询机构）	是指项目建成后所应达到的经济、技术标准以及各个产品和服务的交付范围、标准、绩效水平等
19	物有所值（VFM）评价报告	实施机构（必要情况下聘请专业咨询机构）	包括定量分析和定性分析，定量分析包括 PSC 值和 PPP 值的比较，PSC 值是以下 3 项成本的全生命周期现值之和：参照项目的建设和运营维护净成本、竞争性中立调整值、项目全部风险成本
20	物有所值（VFM）评价报告的批复	政府	—
21	财政承受能力专项论证报告	实施机构（必要情况下聘请专业咨询机构）	包括定量分析和定性分析，定量分析包括对项目的股权投资、运营补贴、风险承担、配套投入等支出责任进行测算
22	财政承受能力专项论证报告的批复	政府	—
23	实施方案	实施机构（必要情况下聘请专业咨询机构）	主要包括项目概况、风险分配基本框架、项目运作方式、交易结构、合同体系、监管架构、绩效考核、采购方式选择、财务测算等内容
24	实施方案的批复	政府	—
25	资格预审公告	政府指定的媒体、招标代理机构	
26	资格预审文件	社会资本方	主要包括资格预审申请函、授权委托书、申请人基本情况、财务状况报告、联合体协议、无重大违法声明等内容
27	采购公告	政府指定的媒体	—
28	采购文件（以公开招标为例）	招标代理机构	主要包括投标人须知、评标方法及标准、PPP 项目合同草案、合同附件、投标文件组成、招标文件前附表、投标邀请、采购需求等内容

（续表）

序号	名　　称	制作部门	主要定义/内容/作用
29	响应文件（以公开招标为例）	社会资本方	主要包括投标函、开标一览表、商务条款响应/偏离表、投标保证金、投标人具备投标资格的证明文件等内容
30	谈判备忘录	政府、社会资本方	就合同中可变的细节问题进行合同签署前的确认谈判，不得涉及合同中不可谈判的核心条款
31	中标通知书	采购人、采购代理机构等部门和单位	—
32	PPP 协议	实施机构、社会资本方	主要包括项目合同概述、引言、定义、解释、项目的范围和期限、前提条件、项目的融资、项目用地、项目的建设、项目的运营、项目的维护、股权变更限制、付费机制、履约担保、政府承诺、保险、守法义务及法律变更、不可抗力、政府方的监督和介入、违约、提前终止及终止后的处理机制、项目的移交、适用法律及争议解决等条款
33	特许经营协议	政府	项目建设及运营期的特许经营协议，轨道交通项目的产权、经营权及收费权
34	股东协议	政府指定的出资代表、社会资本方	主要包括出资方式以及比例、股东的权利和义务、股东会、董事会、监事制度、总经理、公司增资以及增加股东、劳动用工制度、解散和清算、争议解决等条款
35	公司章程	股东	主要包括总则、公司名称和住所、公司经营范围、公司注册资本、公司股东名称、股东的权利和义务、股东的出资方式和出资额、股东转让出资的条件、公司的机构及其产生办法、职权、议事规则、公司的法定代表人、公司的解散事由和清算办法、公司财务和会计等条款
36	建设工程施工许可证	规划部门	—
37	票价批复	发改部门	关于项目的票价及相关优惠措施
38	项目试运营批复	政府	—

第三节　物有所值评价

物有所值(value for money，VFM)评价是 PPP 项目决策中的必需步骤。物有所值实质上是一种采购原则，综合考虑了节约、效率和效果 3 个方面。城市轨道交通 PPP 项目，应建立起与行业及项目的特点相适应的完整的项目 VFM 评价体系。

一、物有所值评价指标体系

VFM 定性评价以指标、权重和评分标准为基础得出评价结果，作为决策的重要依据。城市轨道交通项目通常具有以下特点：

（1）投资金额大。城市轨道交通项目投资数额较大，项目平均投资金额近百亿元，大的项目投资金额甚至达到数百亿元。因此，在传统建设模式下，项目资本金到位缓慢，政府财政压力大，这也是城市轨道交通项目大量采用 PPP 模式建设的重要原因之一。

（2）运营收入低。城市轨道交通项目运营收入的主要来源为票务收入，由于城市轨道交通属于城市公共交通的一部分，票价由政府根据乘客的可承受能力通过票价听证程序制定，通常票价水平较低，同时票务收入还受到客运量、竞争交通工具等多方面的影响，因此，票务收入通常不能维持正常运营的需要，需要政府予以补贴，是典型的准公益类基础设施项目。

（3）技术要求高。城市轨道交通项目的建设和运营都需要很强的管理和技术能力，否则在项目建设、运营及更新改造过程中各种问题会层出不穷。

（4）社会效益大。城市轨道交通与传统公共交通方式相比，出行效率更高，其大运量的特点可以有效缓解城市路面交通拥堵的问题。同时，城市轨道交通项目的建设会促进站点周边及沿线的经济发展，带来更大的社会效益。

根据财政部《PPP 物有所值评价指引（试行）》并结合城市轨道交通行业特点，城市轨道交通 PPP 项目 VFM 定性评价指标建议的基本指标和补充指标见表 2-2。

表 2‐2　城市轨道交通 PPP 项目 VFM 定性评价建议指标

名　　称		内　　容
基本指标	全生命周期整合程度	建设模式下全生命周期各阶段在合同中的整合和管理
	风险识别与分配	普遍风险及行业风险的识别及风险分配的合理性
	绩效导向与鼓励创新	绩效标准及评价机制的设置和项目各方面的创新程度
	潜在竞争程度	项目吸引社会资本参与竞争的程度
	政府机构能力	政府转变职能、优化服务、依法履约、行政监管和项目执行管理等能力
	可融资性	项目对金融机构的吸引力
补充指标	项目规模大小	项目的总投资额大小
	预期使用寿命长短	预期使用寿命或寿命期满足公众需求及盈利的程度
	全生命周期成本测算准确性	对项目成本各组成部分的理解及准确估算的可能性
	客流增长潜力	对项目客流量及未来发展情况的预测
	非票务收入增长潜力	对项目非票务收入及未来发展情况的预测
	可行性补助波动大小	政府可行性补助受外部条件影响的程度
	行业示范性	在行业中的示范指导作用,包括特色、创新性等
	社会效益	项目对站点周边及沿途地区经济发展的促进程度

　　按照《PPP 物有所值评价指引(试行)》中"基本指标总权重 80%,单项权重不超过 20%;补充指标总权重 20%,单项权重不超过 10%"的规定,城市轨道交通 PPP 项目 VFM 定性指标的建议权重见表 2‐3。

表 2‐3　城市轨道交通 PPP 项目 VFM 定性评价指标建议权重

基　本　指　标	权重(%)	补　充　指　标	权重(%)
全生命周期整合程度	15	项目规模大小	3
风险识别与分配	20	预期使用寿命长短	2
绩效导向与鼓励创新	10	全生命周期成本测算准确性	5
潜在竞争程度	15	客流增长潜力	2
政府机构能力	10	非票务收入增长潜力	2

（续表）

基 本 指 标	权重(%)	补 充 指 标	权重(%)
可融资性	10	可行性补助波动大小	2
		行业示范性	1
		社会效益	3
总计	80		20

在建议指标中,风险识别与分配、全生命周期整合程度、潜在竞争程度 3 项指标权重最高,对定性评价结果有着较大影响;在针对实际城市轨道交通项目进行定性评价时,可根据项目特点对补充指标以及权重进行有针对性的调整,确保各项指标都能在 VFM 定性评价中体现与具体项目的关联性和适应性。

二、物有所值的定性评价

《PPP 物有所值评价指引(试行)》将评分标准分为 5 级,对应分值分别为 81～100、61～80、41～60、21～40、0～20。结合城市轨道交通行业特点,城市轨道交通项目 VFM 定性指标的建议评价标准如下。

（一）基本指标评价标准

基本指标所占权重较大,在 VFM 定性评价中发挥了重要作用,其评价标准对评价结果有很大影响。这 6 项指标的评分标准基本涵盖了影响项目实施的重要因素,具体如下。

（1）全生命周期整合程度:项目建设模式下,全生命周期内应完成的各阶段内容整合到同一合同中的百分比(0～20%、20%～40%、40%～60%、60%～80%、80%～100%),分别对应 5 个等级,且考虑各项目阶段在同一合同中能否实现全面的规定和管理。

（2）风险识别与分配:对项目普遍风险和行业风险的识别程度(例如客运量、票价、融资、其他交通方式竞争等行业风险),及已识别出的风险可以实现合理分配的程度。

（3）绩效导向与鼓励创新:绩效标准是否符合项目情况并且合理清晰,易于评判;绩效评价机制是否完善清晰,是否针对城市轨道交通 PPP 项目特点实现合理的绩效评估;项目的技术、建设模式及管理措施等的创新程度。

（4）潜在竞争程度：预计参与项目的社会资本或已在联系的社会资本数量，社会资本之间竞争的程度；是否有民营或者外资资本参与项目；后续是否有吸引更多社会资本参与的可能性。

（5）政府机构能力：政府机构的转变职能、优化服务、依法履约的情况及后续提高的可能性，能否在项目实施过程中实现全面、合理有效的监督管理；是否参与过类似的 PPP 项目并具有相关项目经验。

（6）可融资性：对金融机构的吸引力，是否有金融机构愿意提供融资，是否通过后续进一步准备来提高可融资能力。

（二）补充指标评价标准

（1）项目规模大小：新建城市轨道交通项目投资额，建议可按照 300 亿元以上、100 亿～300 亿元、50 亿～100 亿元、小于 50 亿元，分为 4 个等级。

（2）预期使用寿命长短：建议可按照项目预期使用寿命长短，按照大于 100 年、50～100 年、30～50 年、小于 30 年，分为 4 个等级。

（3）全生命周期成本测算准确性：对全生命周期成本各组成部分的理解程度，成本被准确预估的程度和可能性，相关数据资料是否齐全，能否提供成本估算的有效依据。

（4）客流增长潜力：项目客流增长的可能性，包括预测客流量和相应的票价调整建议。

（5）非票务收入增长潜力：项目非票务收入增长的可能性，包括预测非票务收入，分析项目非票务收入的来源和变化趋势。

（6）可行性补助波动大小：项目政府可行性补助受外界条件变化的影响是否会产生较大波动，对政府或社会资本方造成明显的不公平性。

（7）行业示范性：行业特色、技术性和创新性，在城市轨道交通行业内是否具有较为明显的示范和指导作用。

（8）社会效益：项目在多大程度上能满足公众需求及利益；项目建成后对线路站点周边及沿线地区经济发展的促进作用和整体社会效益，以及后续继续提高的潜力。

上述 8 个补充指标内容均较为简单，在实际操作过程中应尽量以可量化的数据作为评价标准，并划分明确的层次，使评价结果更加科学合理。在实际操作中，评分标准可以根据项目的具体情况和特点进行相应调整，从而更有针对性地进行评价。

三、物有所值的定量评价

（一）城市轨道交通 PPP 项目 VFM 定量评价的定义及假设

城市轨道交通 PPP 项目采用折现现金流模型来测算项目实施周期内政府传统采购模式下及 PPP 模式下政府部门发生的净成本。PPP 项目的 VFM 定量评价应在项目招投标之前的前期决策阶段进行；当进入招投标阶段时，可以根据参与竞争的社会资本方对 PPP 项目的实际投标报价来进行 VFM 定量评价的验证。

城市轨道交通 PPP 项目 VFM 定量评价定义为：将项目实施周期内传统建设及运营模式下政府的成本支出净现值（政府所属企业项目建设及运营成本比较值，PSC）与测算的 PPP 模式下政府部门成本支出净现值进行比较，计算出一个确定的 VFM 值，从而判断采用 PPP 模式后的城市轨道交通项目对于政府方而言是否物有所值。

以可行性缺口补助方式为例的城市轨道交通 PPP 项目 VFM 定量评价的框架及流程如图 2-2 所示。

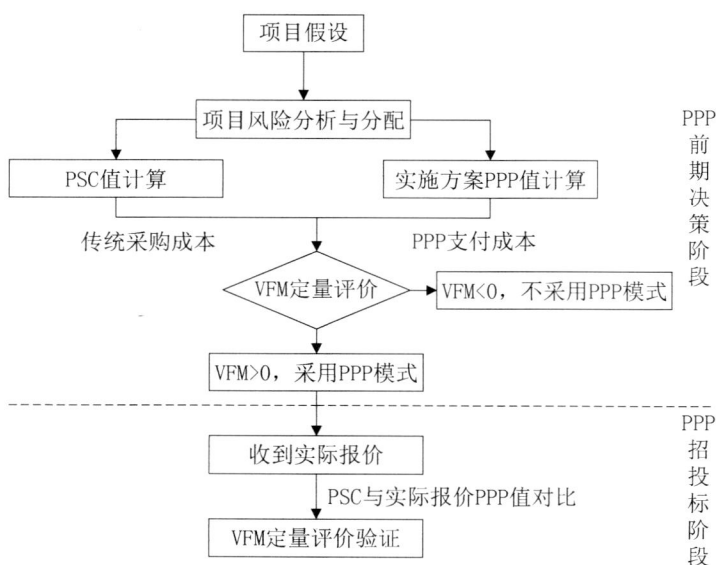

图 2-2　城市轨道交通 PPP 项目 VFM 定量评价框架流程

在城市轨道交通 PPP 项目 VFM 定量评价及验证过程中，需要测算 PSC 值及 2 个 PPP 值（实施方案 PPP 值和实际报价 PPP 值）。为了保持两者的可比性，需对项目做如下假设：

（1）相同的项目产出绩效。

（2）相同的项目实施周期（合同特许期：投资建设期＋特许经营期）。

（3）相同的折现率。

（4）相同的基准日期。

（二）项目前期决策阶段（招投标前）的 VFM 定量评价

在政府决定采用 PPP 模式开展城市轨道交通项目的前期论证阶段，需要对拟建的城市轨道交通项目进行 VFM 定量评价。在 VFM 定量评价中，需要通过测算的 PSC 值与实施方案 PPP 值（PPP_{sb}）计算出 VFM 量值。

$$VFM = PSC - PPP_{sb} \qquad (2-1)$$

按照财政部印发的《PPP 物有所值评价指引（试行）》（财金〔2015〕167 号），PSC 值是以下 3 项成本在 PPP 项目全周期现值之和：

（1）参照项目的建设和运营成本。

（2）竞争性中立调整值。

（3）项目全部风险成本。

竞争性中立调整值，是指采用政府传统投资模式比采用 PPP 模式实施项目少支出的费用，主要指由于政府的特殊身份而产生的业务竞争优势的价值，例如政府投资行为享有的部分税收减免、政府通过土地划拨减少支出的土地费用、政府较社会资本少支出的行政审批费用等。

项目全部风险成本包括可转移给社会资本的风险承担成本和政府自留风险的承担成本，可参照财政部印发的《政府和社会资本合作项目财政承受能力论证指引》（财金〔2015〕21 号）及有关规定测算。

实施方案 PPP 值（PPP_{sb}）是以下 3 项成本在 PPP 项目全周期现值之和：

（1）按照 PPP 实施方案测算的可行性缺口补助（按照实施方案中政府控制的社会资本最高报价计算）。

（2）项目公司股权投资成本。

（3）PPP 项目全生命周期风险成本。

PSC 值中的政府自留风险承担成本等同于 PPP 值中的全生命周期风险承担支出责任，两者在 PSC 值与 PPP 值比较时可对等扣除。

PPP 项目 VFM 定量评价示意图如图 2-3 所示。

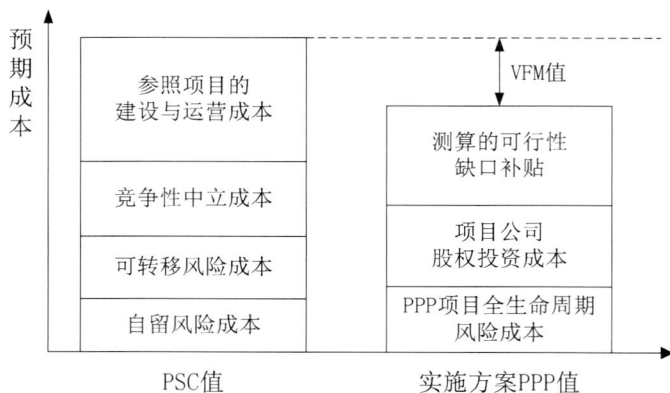

图 2-3 城市轨道交通 PPP 项目 VFM 定量评价示意图

当 VFM<0 时，说明与政府传统采购模式相比，PPP 模式的成本更高，在政府无资金预算约束的情况下，宜采用政府传统采购模式；当 VFM>0 时，说明 PPP 模式与政府传统采购模式相比能够体现物有所值，宜采用 PPP 模式。

（三）招投标阶段的 VFM 定量评价检验

当项目进入招投标阶段，可以根据社会资本方对于 PPP 项目的实际投标报价计算项目的实际报价 PPP 值（PPP_{ab}），实际报价 PPP 值与实施方案 PPP 值的差别仅在于将投标人的实际报价用于计算。可以通过 PSC 值与实际报价 PPP 值的比较计算 VFM 量值，从而进行 VFM 定量评价的检验。PPP 项目 VFM 定量评价检验如图 2-4 所示。

$$VFM = PSC - PPP_{ab} \qquad (2-2)$$

若 VFM<0，说明采用 PPP 模式实施项目不能够实现物有所值，应放弃采用 PPP 模式，改为通过政府传统建设及运营模式实施项目；若 VFM>0，说明选择 PPP 模式进行项目实施物有所值，在政府通过公开招标程序选取社会资本方的过程中，原则上应当选择 VFM 值最大的投标人作为项目中标候选人。

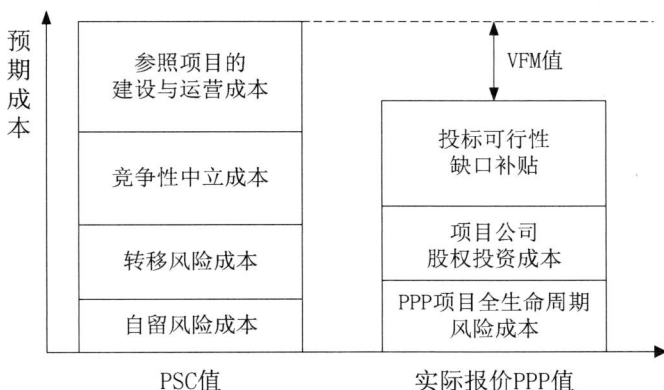

图 2-4　城市轨道交通 PPP 项目 VFM 定量评价的检验

（四）物有所值评价及评价报告的编制

应根据《关于印发〈PPP 物有所值评价指引（试行）〉的通知》（财金〔2015〕167 号）的相关要求，开展城市轨道交通 PPP 项目物有所值评价及评价报告的编制工作，并重点注意以下 4 个方面。

1. 实施主体要合规

财金〔2015〕167 号第 7 条："财政部门（或 PPP 中心）应会同行业主管部门共同做好物有所值评价工作，并积极利用第三方专业机构和专家力量。"第 10 条："开展物有所值定量评价时，项目本级财政部门（或 PPP 中心）应会同行业主管部门，明确定量评价内容、测算指标和方法，以及定量评价结论是否作为采用 PPP 模式的决策依据。"也就是说，物有所值评价的实施主体是财政部门或其委托的第三方专业机构。

2. 开展时间要准确

物有所值评价应该在 PPP 项目的识别阶段开展，而不应该在 PPP 实施方案编制或审批阶段开展，更不能在 PPP 项目合同签订后才开展。财金〔2015〕167 号第 6 条："应统筹定性评价和定量评价结论，做出物有所值评价结论。"物有所值评价结论分为"通过"和"未通过"。"通过"的项目，可进行财政承受能力论证；"未通过"的项目，可在调整实施方案后重新评价，仍未通过的不宜采用 PPP 模式。因此，PPP 项目的物有所值评价时间，是在 PPP 项目立项完成之后，财政承受能力论证之前。

3. 评价报告内容要规范

PPP 项目物有所值评价报告必须是一份单独的报告,而不是其他某些文件的组成部分。报告内容应满足以下 4 个要求:

(1) PPP 项目物有所值评价报告应包含项目基础信息。项目的基础信息主要包括项目概况、项目产出说明和绩效标准、PPP 运作方式、风险分配框架和付费机制等。

(2) PPP 项目物有所值评价报告应包含评价方法。评价方法主要包括定性评价程序、指标及权重、评分标准、评分结果、专家组意见,以及定量评价数值的测算依据、测算过程和结果等。

(3) PPP 项目物有所值评价报告应包含评价结论。经过物有所值评价后,该 PPP 项目是否通过物有所值评价,具体表述为:"通过"或"未通过"。

(4) PPP 项目物有所值评价报告应包含附件。这些附件包括 PPP 项目初步实施方案、项目产出说明、可行性研究报告、存量公共资产的历史资料等。

4. 评价报告备案与披露要及时

财金〔2015〕167 号第 34 条:"项目本级财政部门(或 PPP 中心)会同行业主管部门,在物有所值评价结论形成后,完成物有所值评价报告编制工作,报省级财政部门备案,并将报告电子版上传 PPP 综合信息平台。"第 36 条:"项目本级财政部门(或 PPP 中心)应在物有所值评价报告编制完成之日起 5 个工作日内,将报告的主要信息通过 PPP 综合信息平台等渠道向社会公开披露,但涉及国家秘密和商业秘密的信息除外。"项目本级财政部门要按照相关政策要求及时更新完善财政部政府和社会资本合作中心全国 PPP 综合信息平台项目管理库中的相关项目信息。

第四节　财政承受能力论证

根据财金〔2015〕21 号文《政府和社会资本合作项目财政承受能力论证指引》第 2 条,财政承受能力论证是指对 PPP 项目全生命周期的各项财政支出责任进行科学的识别和测量,从而量化项目建设产生的影响,由此进一步为 PPP 项目的财政投资管理提供参考。轨道交通 PPP 项目全生命周期过程中政府的财政支出责任主要包括股权投资、运营补贴、风险承担、配套投入等。

　　在实际的项目财政承受能力测算中,常用的评价方法是:每一年度全部 PPP 项目需要从预算中安排的支出责任,占本级政府一般公共预算支出比例不超过 10%,则视为财政承受能力评估合格。

一、财政承受能力论证工作的必要性

　　财政部印发的《政府和社会资本合作项目财政承受能力论证指引》(财金〔2015〕21 号)明确 PPP 项目的财政承受能力论证是指识别、测算 PPP 项目的各项财政支出责任,科学评估项目实施对当前及今后年度财政支出的影响,为 PPP 项目财政管理提供依据。

　　(一)支出测算

　　PPP 项目全生命周期过程的财政支出责任,主要包括股权投资、运营补贴、风险承担、配套投入等。财政部门(或 PPP 中心)应当综合考虑各类支出责任的特点、情景和发生概率等因素,对项目开展 PPP 项目财政承受能力论证的合规性主体分为两类:PPP 项目本级财政部门会同行业主管部门或政府设立有 PPP 中心,以上两个主体都可以聘请专业咨询机构协助开展论证工作。其他主体开展 PPP 项目的财政承受能力论证工作,合规性有重大问题。

　　(二)能力评估

　　财政部门(或 PPP 中心)识别和测算单个项目的财政支出责任后,汇总年度全部已实施和拟实施的 PPP 项目,进行财政承受能力评估。财政承受能力评估包括财政支出能力评估以及行业和领域平衡性评估。财政支出能力评估,是根据 PPP 项目预算支出责任,评估 PPP 项目实施对当前及今后年度财政支出的影响;行业和领域均衡性评估,是根据 PPP 模式适用的行业和领域范围,以及经济社会发展需要和公众对公共服务的需求,平衡不同行业和领域的 PPP 项目,防止某一行业和领域 PPP 项目过于集中。

二、财政承受能力论证工作流程

　　财政承受能力论证程序根据财政部近日印发的《政府和社会资本合作项目财政承受能力论证指引》,并结合轨道交通 PPP 项目财政承受能力论证的特定要求拟定。具体流程可以参考图 2-5 所示的财政承受能力论证流程图。

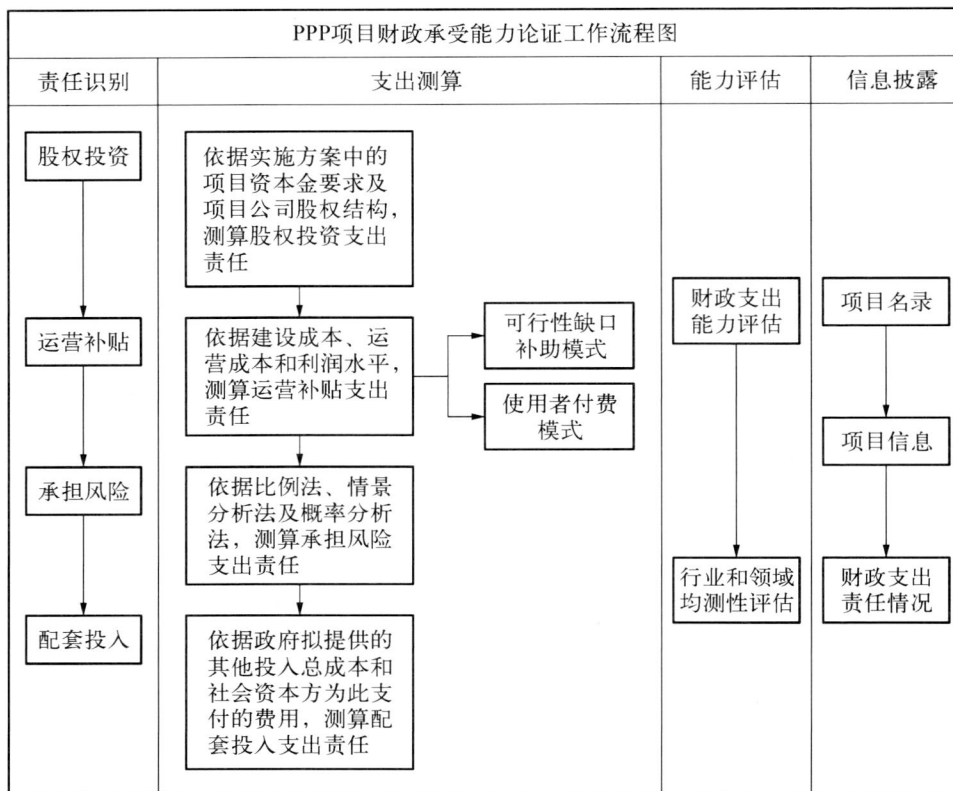

图 2－5　财政承受能力论证流程图

第五节　风险分担

　　传统模式下的城市轨道交通项目包括投资、建设、运营全过程由政府主导，项目全过程中的风险均由政府承担。在 PPP 模式下，项目的风险分担机制得以改变，由政府独自承担变为政府与社会资本方合理分配、共同分担风险，这是 PPP 模式对比传统政府开发模式的一个显著价值。

　　合理的风险分担绝不能理解为风险转移，这是 PPP 模式的一大特性。PPP 中的第三个"P"(partnership)指"合作关系"，在风险体系设计上应体现风险的共担与共治原则。在 PPP 模式下，政府与社会资本方各自发挥自身优势，政府发挥其职能优势,为项目建立各项完善的制度并进行有效的监管,而社会资本凭借雄厚的资金实力、专业的工程技术与先进的管理经验确保项目的顺利实施。风险分担同样也能够促进双方明确分工、相互协作、共同进退,通过共享与共担化解城市轨道交通项目建设和运营过程中存在的多种风险,提升项目整体抗风险能力。

一、风险分担主体

(一)政府部门

通常情况下,政府部门是城市轨道交通项目的发起人,对项目具有监管权,政府部门应对项目立项的必要性与采用 PPP 模式的必要性做深入的研究。在特许经营协议中,政府应当承担与其能力相符的风险,并且在项目实施过程中为项目的顺利开展提供一定的制度与法律保障。

对政府部门来说,通过 PPP 模式引入社会资本,能够有效缓解地方政府的财政压力,并且能让资本流入具有较高公益性和社会效益的项目,在引入社会资本的同时也引入了先进的工程技术与管理经验,能够有效降低项目建设运营的成本,缩短工期,提高城市轨道交通项目运营期的安全水平和服务质量。

(二)社会资本

社会资本方作为投资方要参与项目的全过程,包括前期融资、建设和后期运营等。除了单一的社会资本外,城市轨道交通行业的施工方、设计方、装备制造商、运营商等与项目建设及运营业务相关的多个社会资本通常会组成联合体参与 PPP 项目。由于城市轨道交通项目投入资金巨大、合作周期长、风险因素多,要求参与 PPP 项目的社会资本方必须具有良好的资信与资金实力。

在特许经营协议中,应对社会资本的权利与义务做明确界定,同时政府部门要保证社会资本在 PPP 项目全生命周期中的权益。

(三)金融机构

由于城市轨道交通项目资本金占比通常不高,资本金比例最低可以为 20%,项目建设的大部分资金来源于金融机构,包括商业银行、非商业性金融机构、信托及基金机构等。通常金融机构在贷款时会衡量项目的风险大小,当项目所需资金额度高时,多家银行会以银团形式来进行项目贷款,降低金融机构自身的风险。

二、风险识别

风险识别，是风险分担和管理的前提。城市轨道交通领域 PPP 项目涉及面广，风险因素较多且复杂。在风险识别过程中，首先，要科学地对项目全生命周期的风险因素进行统计；其次，针对不同的风险因素预测未来的风险事件，并进一步测算项目由此导致的直接损失和间接损失，综合分析风险所导致的结果；最后，针对相对应的风险因素进行研判，即识别风险阶段、风险级别、风险种类等风险特征，如图 2-6 所示。

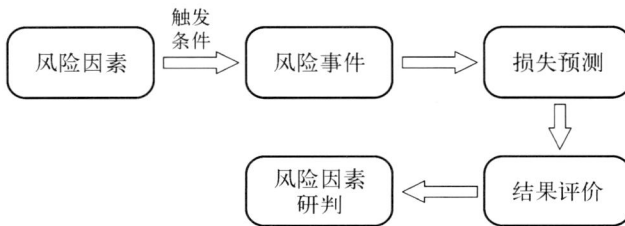

图 2-6 风险识别流程图

三、风险分配

（一）风险分担策略

首先，风险分担要与奖惩制度相结合。引入风险分担的激励与惩罚措施的目的是避免任何有能力承担风险的一方在应对风险时采取消极态度与不作为。当相应的风险承担方对风险采取消极态度与措施时，由于其行为会对项目公司乃至其他利益相关者造成损失，因此，对其实施相应的惩罚措施以补偿其他方的损失。当相应的风险承担方积极应对风险并尽力止损时，也应给予相应的奖励。奖惩措施是对风险分担实施结果的监督与管理的重要手段，促使相应的风险承担方努力降低风险，保护其他项目利益相关者的权益。

其次，建立项目动态风险评价机制。由于城市轨道交通 PPP 项目特许经营期长，在项目实施的过程中，风险因素与风险大小会不断发生变化，同时，项目参与方对于风险承受的能力也在不断变化，因此，需要定期进行项目动态风险评价并建立风险分担的动态调整机制来适应风险的变化。城市轨道交通 PPP 项目动态风险评价机制将在本书第九章第三节中进行详细说明。

（二）风险分配原则

PPP 项目的风险分担应以合同体系为依托，因此，需要项目参与者在项目准备阶段即对项目全生命周期的风险与各参与方对各类风险的承担能力有全方位的、准确的预判。风险分担机制的设置需要遵循以下原则：

（1）让风险承受能力更强的一方承担这类风险。

（2）承担的风险大小应该与获得的利益多少相关。

（3）一方应当承担的风险不应转移给其他方。

总目标是风险最小化，风险承受能力最大化，为化解风险付出的成本最小化。

（三）风险分配框架

通过对城市轨道交通建设、运营管理和已有城市轨道交通 PPP 案例的分析，根据风险的来源，将城市轨道交通项目风险划分为政治风险、法律风险、金融风险、建设风险、运营风险、移交风险、信用风险和自然风险八大类。

1. 政府方承担的风险

（1）地方政府可控的政策、法律法规相关的风险。项目合作期间，因发生地方政府可控的法律、政策变更导致项目发生额外费用或工期延误的或导致项目公司运营成本费用增加的，社会资本方有权向政府方索赔额外费用或申请延长项目特许经营期限；因发生政府方可控的法律、政策变更导致合同无法继续履行的，则构成"政府违约事件"，社会资本方可以通过违约条款及提前终止机制等进行救济。超出政府方可控范围的法律、政策变更风险，视为不可抗力，按照不可抗力条款处理。

（2）审批延误导致的风险。因地方政府监管体系不完善等非项目公司原因，造成现行审批、监管程序无法适应 PPP 模式，导致本项目前期手续办理时间过长，延误开工时间或竣工时间的，风险由政府方承担，社会资本方有权向政府方要求顺延工期和特许经营期。

（3）涉及廉政风险。因政府方派驻项目公司人员廉政行为受到调查处理的，风险由政府方承担。社会资本方有权要求撤换政府方代表，并要求索赔因廉政问题造成的经济损失。

（4）涉及投资规模、范围、标准变化风险。在本项目 PPP 招标开标后，因国家或地方标准发生变化，导致项目建设、维护成本增加的，由政府方承担相应风险。社会资本方有权向政府方索赔因此导致的资金增加或申请延长特许经营期。在本项目 PPP 招标开标后,因政府方原因扩大工程规模、工程建设范围或投资范围的,由政府方承担相应风险。社会资本方有权向政府方索赔因此导致的资金增加或申请延长特许经营期。

除以上原因造成工程变更、工程规模、建设范围或投资范围扩大的,由社会资本方承担相应风险。

(5)征地拆迁的风险。由于非项目公司原因造成征地拆迁周期过长,导致工程开工时间延后或工期延误,由政府方承担相应风险,社会资本方有权向政府方要求顺延工期和特许经营期。

(6)政府定价及客流量风险。因政府规定的票价过低导致收益不足或票价过高导致客流量骤减,由此带来的风险,由政府方承担,按照客流不足补偿机制进行调整。

(7)人工成本增加的风险。人工成本增加的风险即因国家或地方法律、法规或标准的变化引起的人工数量的增加和工资水平的增长而导致的人工变动成本的增加,经审定后,在不超过一定范围的情况下由政府方承担。

2. 社会资本方承担的风险

(1)总投资变化的风险。项目公司应严格控制总投资,由于非政府方的原因导致总投资增加带来的风险由社会资本方承担。因政府方要求建设内容变化的,且变化的建设内容纳入本 PPP 项目范围及概算的,通过概算总投资调整的调价机制来调整每年的可行性缺口补助。因政府方要求建设内容变化的,但变化的建设内容不纳入本 PPP 项目范围及概算的,按政府投资项目审核程序审定投资金额后,在竣工验收后、决算办理前支付给项目公司。

(2)社会资本方及项目公司信用风险。长期契约当中,由于社会资本方利用自身的专业优势和信息不对称,降低产品标准或服务质量,减少相应投资,要求增加财务补贴,这类风险由社会资本方承担。在特许经营协议中,应明确社会资本方对各项条款的违约责任。

(3)环境保护风险。项目公司在项目的建设、运营和维护中因环保不达标所产生的费用、损失由社会资本方和项目公司承担。

(4)融资风险。融资风险主要来自两个方面:一方面,是融资方案的不稳定性;另一方面,是资金到位情况的不确定性。融资方案的不稳定性主要是由于项目可研阶段融资方案往往只是一个意向,如国内外贷款比例、贷款条件及采用什么样的贷款、贷款使用计划等都没有确定,只是考虑一个比较可能的方案及估计的贷款条件来做项目评价,这就给项目的评价结论带来了不确定性。资金到位情况受融资方案不稳定的影响。轨道交通 PPP 项目资本金数额巨大,各投资方能否按时拨款有一定的不确定性。资金的到位情况直接对工程的建设工期产生影响,从而可能造成投资膨胀及项目经济效益降低,使项目达不到预期的内部收益率。

社会资本方应制订详细合理的资金计划,优化融资结构,综合考虑资金在项目上的使用情况以及各类资本的融资成本、资金到位的时间、投资额、特许经营期、利益分配制度、折现率、运营收入、运管维护费等与项目资金流相关的因素。所导致的融资可行性风险和融资结构合理性风险由社会资本方承担。

(5)设计风险。项目公司成立后,初步设计需经项目公司验收,验收后,所有的设计风险由项目公司承担。但由于政府方提出的设计变更和地质水文灾害等非乙方原因导致的与初步设计方案不同引起的投资变化风险,以及不可抗力导致的风险,由政府方承担;由于社会资本方提出的设计变更导致的风险由社会资本方承担。

(6)回报机制风险。在项目前期准备工作中,社会资本方应深入了解回报机制,合理测算自身收益,报出合理价格。由于报价不合理所导致的损失由社会资本方自行承担。

(7)技术风险、质量、安全风险。因项目技术选型或设计要求过高,社会资本方不具备相应技术和条件等导致项目不能按期完工、成本超支或出现质量安全问题的,或因社会资本方提供的设备或者安装技术不成熟、项目管控能力弱等所导致的项目质量和安全问题,风险由社会资本方承担,并承担相应的费用超支或工期延误等损失。

(8)安装、调试风险及运维风险。社会资本方对设备的安装及设备的调试应制定详细合理的实施办法。由于设备采购、安装不当、调试出现问题所导致的风险由社会资本方承担。当项目公司自行运营或委托成熟的、有经验的运营单位经营时,由于运营管理不善造成的运营成本超支、运营效率低、安全管理缺失等问题,由社会资本方承担风险。

(9)股权变更。社会资本方应深入了解股权变更协议,明确股权变更的内容、条件、方式等,确保股权变更不影响项目的运行。由于社会资本方引起的股权变更所导致的风险由社会资本方承担。

（10）移交风险。在特许经营协议中应明确规定项目的移交条件、移交范围、验收程序,以及项目不满足移交条件时的处理方案和处理措施。由于社会资本方项目移交时功能、性能达不到规定要求,移交组织管理不善等原因,所引发的移交风险由社会资本方承担,并承担相应的费用超支或工期延误等损失。

3. 政府方和社会资本方共同承担的风险

（1）利率变动和通货膨胀风险。利率的变动和运营期通货膨胀会直接影响项目的现金流量值,政府方和社会资本方通过设置动态调整机制,对利率变化和物价变化加以调整,相应风险由双方共同承担。

（2）不可抗力。因自然不可抗力(包含超出政府方可控范围的法律、政策变更风险,视为不可抗力,按照不可抗力条款进行处理)导致施工工期延长、费用增加时,相应的风险按合同约定由双方共同承担。

第六节　实施方案的编制

一、实施方案的主要内容

（一）项目概况

项目概况主要包括基本情况、经济技术指标和授权安排等。

基本情况主要明确项目发起的背景情况、经济社会发展的需要、前期工作进展、项目公共产品和服务的内容、项目运作的目标和意义。

经济技术指标主要明确项目区位、占地面积、建设内容或资产范围、投资规模或资产价值、主要产出说明等。

授权安排主要明确政府对专门协调机制、政府方出资代表等的授权。

（二）风险分配框架

按照风险分配优化、风险收益对等和风险可控等原则,充分识别项目风险,综合考虑政府和市场的风险管理能力,在政府和社会资本间合理分配项目风险,并明确相应的风险管控措施。

原则上,项目设计、投资、融资、建造、运营、维护等风险主要由社会资本承担,法律变更、政策变化和最低需求等风险主要由政府承担,不可抗力等风险由各方合理分担,双方可根据项目具体情况协商一致达成合理的风险分配框架。

（三）运作方式

项目运作方式主要包括建设—运营—移交、转让—运营—移交、改建—运营—移交、建设—拥有—运营、租赁—运营—移交和委托运营等。

具体运作方式的选择主要由收费定价机制、项目投资收益水平、风险分配框架、融资需求、改扩建需求和期满处置等因素决定,运作方式可单一或组合使用。

（四）交易结构

交易结构主要包括项目投融资结构、回报机制和相关配套安排。

项目投融资结构主要明确项目资金的来源、性质和用途,项目资产或权益的形成和转移,是否设立项目公司以及项目公司的股权结构（如适用）等。

项目回报机制主要说明社会资本取得投资运营回报的资金来源及支付方式,包括使用者付费、可行性缺口补助和政府付费。

相关配套安排主要说明政府为保障项目顺利实施所提供的土地、水、电、气和道路等配套设施和项目所需的上下游服务。

（五）合同体系

合同体系主要包括 PPP 项目合同、股东协议（如适用）,以及项目公司（未设立项目公司时为社会资本）为完成 PPP 项目合同约定的产出目标等而与各有关主体签署的设计合同、融资协议及担保合同、工程承包合同、保险合同、运营服务合同、原材料供应合同、产品和服务采购合同等。PPP 项目合同是其中最核心的法律文件。

（六）边界条件

边界条件主要包括权利义务、交易条件、履约保障和调整衔接等。

权利义务主要明确合作内容与范围、政府与社会资本的分工、政府支付安排、项目资产权属、土地取得及相应的使用方式等。

交易条件主要明确项目合作期限、定价及调整机制、最低需求风险分担安排等。

履约保障主要明确强制保险方案,由投资竞争担保、投资履约保函、建设履约保函、运营维护保函和移交维修保函等组成履约保函体系。

调整衔接主要明确应急处置、临时接管和提前终止、合同变更、合同期限、项目新增改扩建需求等应对措施。

（七）监督管理架构

监督管理架构主要包括基于 PPP 项目合同约定开展的履约管理，以及行政监管、公众监督等。履约管理应重点关注项目绩效管理及按效付费机制、中期评估机制等。

（八）项目采购

项目采购主要包括采购方式选择、采购主要程序、资格审查条件、采购时间计划、竞争标的等，并明确是否允许在组建项目公司前增加、变更或在存在两名（含）以上财务投资人的情况下减少财务投资人。

（九）财务测算

财务测算主要包括基本假设、测算过程、测算结果、关键测算指标等。

基本假设应明确项目投资额、项目合作期、资本金比例、股权结构、融资安排、折旧摊销机制、运营维护成本、更新改造和追加投资、收入预测、税收政策等。

测算过程应包括但不限于流动资金估算表、投资使用计划与资金筹措表、折旧摊销及重置更新表、借款还本付息计划表、公共产品或服务量预测表、成本费用测算表、收入测算表、税金及附加估算表。

测算结果应包括但不限于利润与利润分配表、资金来源与运用表、资产负债表、项目投资现金流量表、项目资本金现金流量表、投资各方现金流量表、情景分析和敏感性分析。测算指标应包括但不限于项目公司（如适用）每年累计盈余资金、资产负债率、偿债备付率、融资前税前财务内部收益率、融资后税后财务内部收益率、社会资本方税前财务内部收益率等财务指标。

在实施方案的编制过程中，应结合项目的实际情况编制相关条款，必要时应增加相关条款，确保实施方案的完整性和合理性。

二、实施方案中的关键条款

对于城市轨道交通 PPP 项目，针对城市轨道交通项目的行业特点，实施方案中应包括以下关键条款：

（1）融资方案、投融资期限和方式。

（2）项目前期工作及前期工作的移交。

（3）项目用地及征地拆迁。

（4）项目设计优化及变更。

（5）项目票务及非票务收入。

（6）政府可行性缺口补助及其调整机制。

（7）项目建设标准及相关要求。

（8）项目运营管理和服务质量标准。

（9）项目的追加投资及更新改造。

（10）建设期及运营期的绩效评价。

三、实施方案编制建议

（一）每个项目的 PPP 实施方案都需要量身定制

编制 PPP 实施方案不仅需要借鉴同类项目的经验，更加需要结合当时、当地、特定项目、特定主体的实际情况。城市轨道交通项目涉及很多重要的专业性工作，诸如：确定项目工程边界条件与运营服务的具体要求；项目全生命周期的风险识别和量度；评估潜在项目参与方的资源与能力，进而评估其履行具体职能与管控相关风险的比较优势及相关成本；进行合适的风险分配，必要时还需要引入新的参与方构建风险分配结构；构建项目交易结构（包括治理结构和激励机制等）；明确项目的合同体系构成（包括 PPP 合同及其相关附件，还有其他如股东出资合同、融资合同、工程承包合同、运营管理合同、重要原材料供应合同、保险合同等）和主要内容；明确竞争性程序相关内容；等等。

（二）权利义务边界要清晰

在关注项目回报机制、交易结构、财务测算、采购方式等内容的同时，一定不要忽视对边界条件尤其是"权利义务边界"的约定。如果双方发生了纠纷和矛盾，这是界定各方"责、权、利"的最重要的依据，也是保护自身权利、督促对方履行义务的最好"利器"。所以，关于权利和义务的界定一定要具体明确，只有这样才能做到未雨绸缪，防患于未然。

（三）PPP 实施方案必须与项目前期工作紧密结合

必要时，PPP 项目前期工作要达到项目初步设计深度。待社会资本方确定后,可以利用社会资本方的专业经验和先进技术对初步设计进行优化调整,最终进行初步设计的报批。相关前期准备工作也要尽可能达到初步设计所需要的配套要求。在实施竞争性选择程序时,将政府方准备的待批初步设计资料和有关前期工作材料一并向潜在社会资本方开放,作为社会资本方编制响应性文件的技术基础。

（四）应当用好用足公共资源

应当与有关政府部门充分沟通,用好用足有关政策性资源和公共资源,充分挖掘、积聚、整合、培育和实现各方面的潜在可用公共资源,主要包括政府信用、财政资源、土地资源和国有资产,为项目构建较好的实施条件。还要取得上级政府部门的政策支持,争取各种来源的低成本资金支持。

（五）要实现项目融资基础上的可融资性

构建可预期、可控制、可持续的项目收入回报机制,是项目融资方案可执行性的关键。由此,在编制方案时,需要及时与相关金融机构进行充分沟通,了解其愿意提供资金的条件,并将这些条件在 PPP 实施方案中落实。对此,《国家发展改革委关于切实做好传统基础设施领域政府和社会资本合作有关工作的通知》(发改投资〔2016〕1744 号)第八条中明确要求"发挥各类金融机构专业优势,鼓励金融机构向政府提供规划咨询、融资顾问、财务顾问等服务,提前介入并帮助各地做好 PPP 项目策划、融资方案设计、融资风险控制、社会资本引荐等工作,切实提高 PPP 项目融资效率"。

（六）要与符合项目需要的潜在社会资本方进行充分沟通

根据项目的实际情况,找到与项目条件相匹配的合适的潜在社会资本方,并与其进行充分沟通,就基本合作边界条件达成一致,将这些条件在 PPP 实施方案中予以落实,这样能够实现同一层次、同等规模的社会投资者之间的有效竞争。在确保项目物有所值和通过招投标方式确定社会资本方的情况下,政府不要过分追求投资竞争人的数量,过多社会投资者参与 PPP 项目投标容易造成不必要的混乱。

第三章
城市轨道交通 PPP 项目的收入、成本及税费

本章专门针对城市轨道交通行业的特点,具体介绍了城市轨道交通 PPP 项目的收入结构、建设期和运营期成本组成及税费,结合项目周期长的特点,对项目在特许经营期内的可用性服务费及运营成本调整机制进行了说明。

第一节 项目的收入

《国家发展改革委关于开展政府和社会资本合作的指导意见》(发改投资〔2014〕2724 号),根据项目是否有收益及收益能否覆盖项目投资成本,将 PPP 项目分为经营性项目、准经营性项目和非经营性项目三大类。

城市轨道交通项目作为政府主导的准公共产品具有较强的公益性,采用 PPP 模式实施后的城市轨道交通项目仍然保留了这一特点,主要表现在票价并不是由企业根据实际发生的成本加上合理利润的方式来设计制定计价标准,而是由政府根据大多数乘客能接受的价格作为计价基础,通过票价听证程序制定票价。由此,导致使用者付费部分的收入无法实现项目投资成本回收及合理回报,需要政府通过适当的财政补贴方式满足社会资本方对于投资成本回收及投资回报的诉求。故城市轨道交通 PPP 项目的收入一般由项目本身的使用者付费收入和政府的可行性缺口补助两部分组成:

$$项目公司收入＝使用者付费＋可行性缺口补助 \qquad (3-1)$$

一、项目的使用者付费

城市轨道交通 PPP 项目的使用者付费主要包括票务收入和非票务收入两部分:

$$使用者付费＝票务收入＋非票务收入 \qquad (3-2)$$

由于 PPP 项目"两评一案"设计评估期间无法获取项目实际票务收入及非票务收入数据，为确保财务模型测算的完整性，通常在前期编制的 PPP 实施方案中会约定基准票务收入及基准非票务收入，配合实际收入与基准收入差额风险分配机制，解决使用者付费的测算问题。

（一）票务收入

票务收入主要指城市轨道交通项目在从事乘客运输服务的过程中，按政府制定的票价及相应的清分规则向乘客收取的票款的总和，票务收入主要参数为项目的客运量与票价。

1. 基准票务收入

基准票务收入计算公式：

$$基准票务收入＝约定客运量×约定平均票价 \qquad (3-3)$$

其中，年度约定客运量一般为项目可行性研究阶段预测的客运量；约定平均票价一般为实际平均票价，在通过财务模型进行收入测算时，通常可采用项目可行性研究阶段客流预测的平均票价进行票务收入测算。

2. 实际票务收入

实际票务收入计算公式：

$$实际票务收入＝实际客运量×实际平均票价 \qquad (3-4)$$

$$实际平均票价＝实际票务收入/实际客运量 \qquad (3-5)$$

其中，实际票务收入指线网清分系统清分至项目上的所有票务收入，实际客运量指线网清分系统清分至项目上的客流量。

3. 票务收入风险及注意事项

根据 PPP 项目"风险共担、利益共享"的原则，考虑预测客运量与实际客运量的偏差，在城市轨道交通 PPP 项目"两评一案"设计阶段，通常将明确实施方关于约定客运量兜底比例，即当实际客运量低于约定的实施方兜底客运量时，实际客运量至兜底客运量间的差额由实施单位承担，社会资本方应充分评估项目客流风险及财务模型对票务收入损失的承受能力。

目前国内城市轨道交通 PPP 项目票价均由地方政府制定并颁布实施，政府为票价主导及决策方,故在城市轨道交通 PPP 项目财务模型设计及风险分配模型下,项目公司不承担票价变化的风险。但是票价的变化会对客流以及票务收入造成影响,因此,社会资本方应充分评估票价变化对票务收入可能造成的影响,并在政府进行票价制定和调整的过程中与政府相关部门进行充分沟通,以保障社会资本方的合理利益。

(二)非票务收入

城市轨道交通 PPP 项目非票务收入主要指运营单位利用项目范围内的非票务资源从事经营活动所获得的所有收入,非票务资源主要有车站内的广告、商铺、通信资源租赁及其他文化创意产品经营。对于国内大多数城市轨道交通线路,广告资源是非票务收入的主要来源,通常占全部非票务收入的 90% 以上。

城市轨道交通 PPP 项目的基准非票务收入一般按照实际票务收入的一定比例系数进行估算,基准非票务收入计算公式:

$$基准非票务收入=实际票务收入×非票务收入系数 \qquad (3-6)$$

其中,根据项目功能定位、沿线发展规划及客流情况的不同,非票务收入系数取值区间通常为 4%~15%。

1. 实际非票务收入

实际非票务收入计算公式:

$$实际非票务收入=广告经营收入+商铺租赁收入+通信资源租赁收入$$
$$+其他资源经营收入 \qquad (3-7)$$

其中,其他资源经营收入主要指项目允许范围内除广告经营、商铺租赁、通信资源租赁等收入以外的如文化产品、商品零售等资源开发经营所得的收入。

2. 非票务收入风险及注意事项

不同城市轨道交通项目由于线路途经站点、区域的不同,实际非票务收入的差异非常明显,社会资本方应对项目的实际情况进行充分调研分析,正确评估非票务收入风险。同时,目前大多数 PPP 项目基准非票务收入与实际票务收入成正比,但事实上与非票务收入成正比的并不是票务收入,而是客流量。从长期来看,国内城市轨道交通的票价会处于一个上涨通道,因此,一旦发生票价向上调整的情况,客流不仅不会增加,反而可能出现下降,实际非票务收入与基准非票务收入的差额会发生较大变化,这将直接影响项目公司的收益。项目实际非票务收入风险一般全部由项目公司承担,社会资本方应充分评估项目非票务收入风险及其自身对非票务收入损失的承受能力。

二、项目的政府可行性缺口补助

目前城市轨道交通 PPP 项目政府可行性缺口补助方式主要有财金〔2015〕21 号文补贴、影子票价补贴、车公里服务费补贴 3 种方式。

（一）财金〔2015〕21 号文补贴模式

为有效防范和控制 PPP 项目财政风险,保障 PPP 项目的健康有序发展,财政部于 2015 年发布实施的《政府和社会资本合作项目财政承受能力论证指引》（财金〔2015〕21 号）给出了可行性缺口补助项目运营期间的补贴公式:

$$\text{当年运营补贴支出} = \frac{\text{项目全部建设成本} \times (1 + \text{合理利润率}) \times (1 + \text{年度折现率})n}{\text{财政运营补贴周期（年）}}$$

$$+ \text{年度运营成本} \times (1 + \text{合理利润率}) - \text{当年使用者付费数额}$$

（3－8）

其中,n 代表折现年数。

由公式（3－8）的结构可知,这种补贴模式在操作中可以理解为"建设期投资补贴＋运营期缺口补贴"的形式,政府方对项目公司的可行性缺口补助根据项目实施阶段,分别对建设阶段的投资及利润、运营成本投入及利润进行补贴,可以合理地将项目实际运作过程中的建设任务和运营任务区分开来,有利于充分评估项目建设阶段及运营阶段的收益风险。

建设期的投资补贴是针对项目建设阶段的总投资成本,在考虑投资的时间价值的基础上,在运营期内分期补贴给项目公司。由公式（3－8）可知,每年的建设期投资补贴金额对年度折现率较为敏感,年度折现率将直接影响项目建设阶段资金投入产出比,故社会资本方在确定年度折现率时,除考虑投资的时间价值外,还应考虑项目建设及运营过程中所承担的各类风险及其他代价,项目年度折现率的确定较为困难。

另外,这种补贴模式的特点是随着运营期的延展,年补贴额呈现"前少后多"的分布态势,在运营初期地方财政能力不太充足的情况下,一定程度上缓解了政府方的财政支出压力。但对于项目公司来说,运营初期可能会出现现金流量不足的情况,导致项目公司初期经营困难,不利于调动社会资本方的积极性及 PPP 项目的可持续发展。

(二)影子票价补贴模式

影子票价补贴模式是国内城市轨道交通 PPP 项目应用较早的补贴模式,该补贴模式的优势是浅显易懂且便于操作,国内首个城市轨道交通 PPP 项目北京地铁 4 号线即采用了影子票价补贴模式。影子票价补贴模式一般是根据项目财务净现值,为满足社会资本方最低投资回报率的要求,模拟计算出的影子票价,一般比实际票价高,实际票价与影子票价之间的差额由政府进行补贴,计算公式为:

$$政府缺口补贴=年度客运量×(影子票价-实际票价)$$
$$-当年使用者付费数额 \qquad (3-9)$$

根据公式(3-9)可知,政府缺口补贴与项目客运量紧密相关,受项目前期客流预测数据准确性的限制,为了合理分担实际客流偏小的风险,政府方往往按各年预期客流的一定百分比,作为保底客流量,以保证项目公司的最低收入。

该种补贴模式主要存在两个方面的问题。一是项目运营期间的客流与城轨线网规划、线路走向及站点设置、沿线规划与发展、票价制定、公共交通接驳等相关,但上述因素均由政府主导控制,导致项目客流情况和票务收入与项目公司的直接关联性不强。二是城市轨道交通项目运营初期处于客流培育阶段,客流量相对不足,从而导致项目公司整体收入相对较少,初期现金流量不足,经营困难;但在项目运营远期客流培育成熟后,如项目客流持续增长,在项目公司实际票务收入增长的同时,政府缺口补贴也将随着客流量的增长而增加,可能会出现政府过度补贴的情况。

(三)车公里服务费补贴模式

车公里服务费补贴模式是基于城市轨道交通项目运营车公里数进行补贴的方式,将政府的可行性缺口补助与运营车公里数进行直接关联。项目公司按照约定的车公里数提供运营服务,政府按照约定的车公里数支付缺口补贴,一般约定的车公里服务价格包括建设期投资及合理利润、运营期各项成本支出及合理利润。车公里服务费补贴模式下的政府缺口补贴计算公式如下:

$$政府缺口补贴=约定车公里数×约定车公里服务价格$$
$$-年度基准票务收入-年度基准非票务收入 \qquad (3-10)$$

　　"车公里数"是城市轨道交通运营工作量的一个计量单位,指每辆车运营的里程,与项目运营期间的运营线路、行车计划、行车间隔、线路规模等运输关键因素息息相关。运营期间,政府可通过约定的车公里数来保障项目运营质量及服务水平,同时避免运能及资源的浪费;社会资本方通过提高运营管理效能、控制运营成本来保障项目收益。这种补贴模式充分体现了政府购买服务的理念,比较直观,容易被接受。

　　由于车公里服务单价是根据建设期投资、运营期成本,在考虑合理的回报率的基础上,根据项目年度车公里数计算得出,车公里服务费单价难以统一,类似项目参考价值较低。同时,车公里服务费受运营期的日常运营成本、设备设施更新改造及追加投资费用测算的准确性影响较大,由于影响运营期成本支出的因素较多,政府和社会资本方均存在一些不确定性的风险。另外,车公里服务费补贴模式的调价机制不合理,导致在项目实际执行过程中,政府支付的缺口补贴通常远大于实际调价所需补偿的金额。

　　(四)业务分离的政府可行性补助模式

　　针对前面 3 种政府可行性缺口补助模式在城市轨道交通 PPP 项目实际实施的过程中出现的问题,在财金〔2015〕21 号文补贴模式的基础上,本书结合城市轨道交通建设及运营的行业特点,提出了城市轨道交通业务分离的政府可行性补助模式。业务分离,指特许经营期内城市轨道交通项目的建设、日常运营及运营期更新改造三大业务分离,同时针对城市轨道交通运营业务复杂的特点,又将日常运营管理分离为车辆业务、车站业务及线路业务 3 个部分。业务分离后,政府可根据不同业务的成本要素构成、外部条件变化并结合绩效考核分别进行可行性补助(该模式将在本书第九章第一节详细说明)。

第二节　项目的建设期成本

一、建设期成本结构

　　城市轨道交通 PPP 项目建设期的成本主要指按照项目批复的规模及设计方案,完成项目工程建设并达到运营开通条件所需投入的总费用,包括工程造价、资金筹措费、铺底流动资金和相关税费(如图 3-1 所示):

建设项目总投资
- 1. 工程造价
  - 1. 工程费用
    - 1. 建筑工程费
      - 1. 直接费
        - 1. 人工费
        - 2. 材料费
        - 3. 施工机具使用费
        - 4. 其他直接使用费
          - 1. 夜间施工增加费
          - 2. 冬夏季施工增加费
          - 3. 检验试验费
          - 4. 工程定位复测费
          - 5. 二次搬运费
          - 6. 工程点交费
          - 7. 特殊地区施工增加费
          - 8. 文明(绿色)施工费
          - 9. 施工现场环境保护费
          - 10. 场地清理费
          - 11. 工地转移费
          - 12. 临时设施费
          - 13. 安全生产费
          - 14. 已完工程及设备保护费
      - 2. 间接费
      - 3. 利润
    - 2. 安装工程费
    - 3. 设备购置费
  - 2. 工程建设其他费用
    - 1. 土地使用和其他补偿费
    - 2. 建设管理费
    - 3. 专项评价费
    - 4. 可行性研究费
    - 5. 勘察设计费
    - 6. 研究试验费
    - 7. 场地准备及建设单位临时设施费
    - 8. 引进技术和引进设备其他费
    - 9. 市政公用配套设施费
    - 10. 特殊设备安全监督检验费
    - 11. 联合试运转费
    - 12. 工程保险费
    - 13. 生产准备及开办费
    - 14. 专利及专有技术使用费
    - 15. 其他
  - 3. 预备费
  - 4. 专项费
- 2. 资金筹措费
- 3. 增值税(包括工程费、工程建设其他费和预备的增值税)
- 4. 铺底流动资金

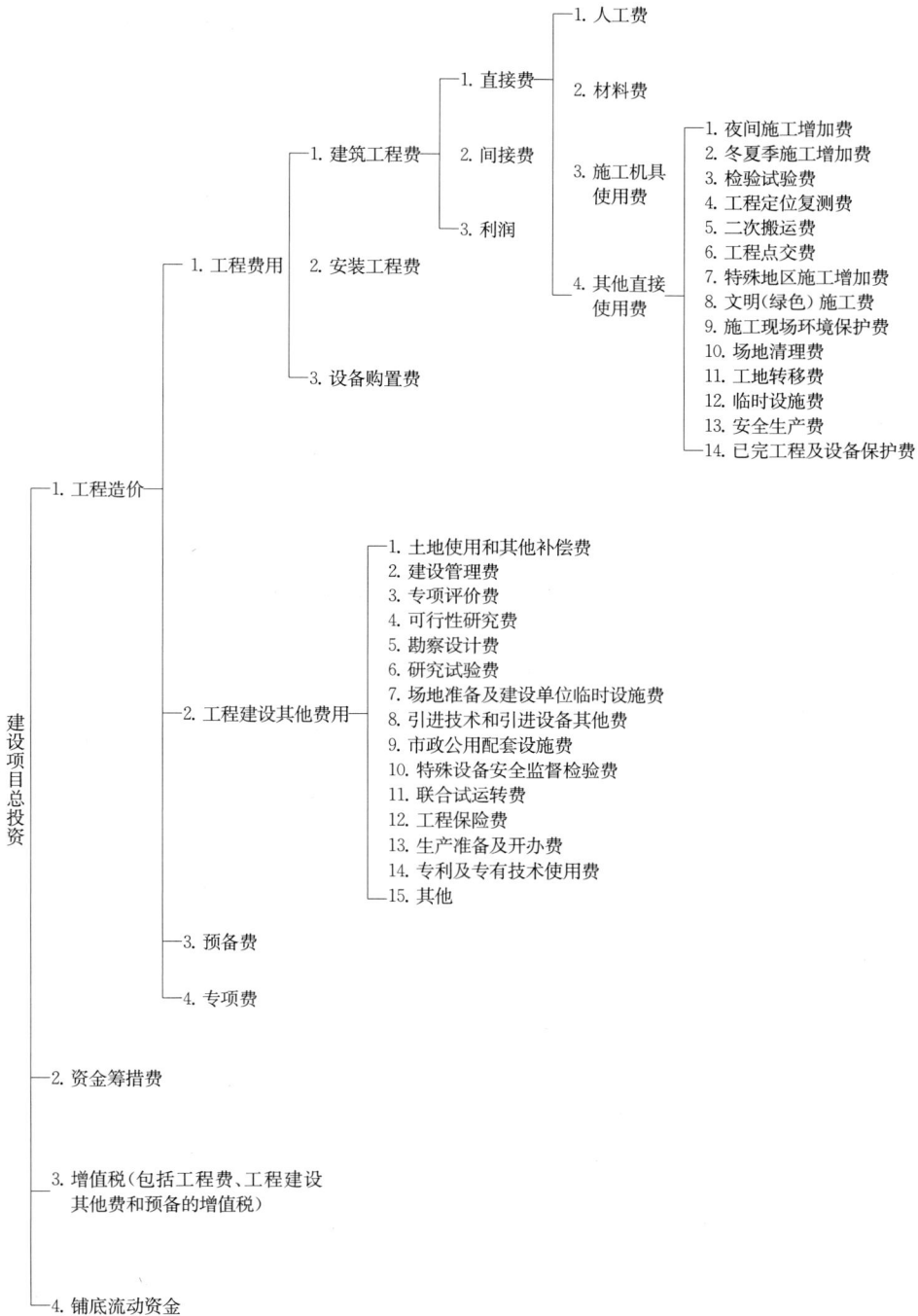

图 3-1　城市轨道交通项目建设期的成本结构及组成

$$建设期成本＝工程建设成本＋资金筹措费＋铺底流动资金 \quad (3-11)$$

其中,工程建设成本包含工程造价及增值税,主要是指工程项目在建设期预计或实际支出的建设费用及应计入建设期成本的增值税额;资金筹措费是指在建设期内应计的利息和在建设期内为筹集项目资金所发生的费用,包括各类借款利息、债券利息、贷款评估费、国外借款手续费及承诺费、汇兑损益、债券发行费用及其他债务利息支出或融资费用;铺底流动资金是指为保证项目建成后开展试运营所必需的流动资金。城市轨道交通 PPP 项目与其他基础设施类的 PPP 项目相比,具有投资金额大、建设时间长的显著特征。

二、工程建设成本

工程建设成本一般分为工程费用、工程建设其他费用、预备费及专项费 4 个部分:

$$工程建设成本＝工程费用＋工程建设其他费用$$
$$＋预备费＋专项费(车辆购置费) \quad (3-12)$$

（一）工程费用

工程费用是指建设期内直接用于工程建造、设备购置及其安装的费用,包括建筑工程费、安装工程费和设备购置费。

（二）工程建设其他费用

工程建设其他费用是指从工程筹建到工程竣工验收、交付使用的整个建设期间,除工程费用以外的,为保证工程建设顺利完成和交付使用后能够正常发挥效用而发生的各项费用。城市轨道交通 PPP 项目经常发生的工程建设其他费用主要有场地准备及建设单位临时设施费、建设管理费、前期工作费、研究试验费、勘察设计费、咨询费、引进技术和引进设备其他费、综合联调及试运行费、生产准备及开办费、工程保险费、特殊设备安全监督检验费、既有建(构)筑物加固费用、第三方监测费、专利及专有技术使用费、配合辅助工程费等。

（三）预备费

预备费主要是指针对项目实施过程中可能发生难以预料的支出而事先预留的费用,又称工程建设不可预见费,主要指设计变更及施工过程中可能增加工程量的费用。

（四）专项费

工程建设成本中的专项费主要指运营初期所需列车的车辆购置费。

目前城市轨道交通 PPP 项目建设成本结构及计价模型较为成熟,社会资本方在进行建设成本测算时,应明确工程范围、各子系统工程量、运营使用需求匹配及风险等条件,根据社会资本方自身条件准确评估测算工程建设成本。

三、资金筹措费

资金筹措费指社会资本方为项目建设投资产生的建设期贷款利息及融资所产生的费用。建设期贷款利息根据项目建设期间的资金使用计划,按照约定的贷款利率计算。

四、铺底流动资金

对于城市轨道交通 PPP 项目来说,社会资本方除了完成建设任务以外,还需保障项目安全、有序、高效的运营,故社会资本方在测算建设成本时应考虑供项目正常有序运转所需占用的资金成本,主要用于项目运营筹备及运营初期购买原材料、燃料、动力、支付职工工资和其他有关费用。

第三节　项目的运营期成本

城市轨道交通项目全生命周期内的运营期成本主要包含三个部分:日常运营成本、运营期增加投资费用和系统更新改造成本。

一、日常运营成本

城市轨道交通项目日常运营成本主要由人工成本、电力成本、设备维保费、安保费、运营费、管理费及保险费等费用组成。城市轨道交通日常运营成本结构如图 3-2 所示。

（一）人工成本

人工成本是指项目公司在运营期间使用劳动力而发生的各项直接和间接费用的总和,主要包括职工工资、奖金、津贴和补贴、职工福利费、社会保险费、住房

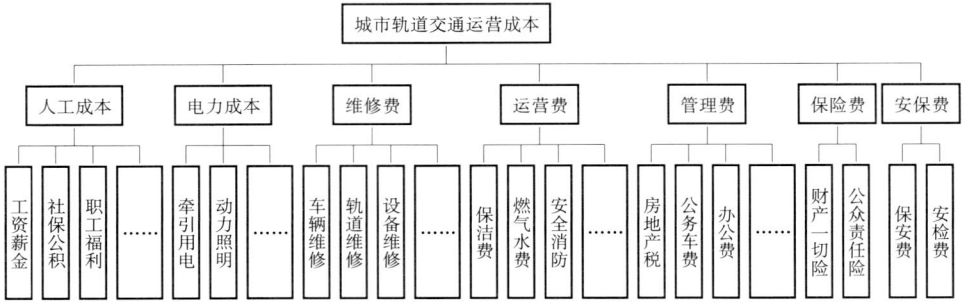

图 3-2　城市轨道交通日常运营成本结构

公积金、工会经费和职工教育经费、非货币性福利、企业年金等费用。

$$人工成本＝人工成本单价×人员编制数量 \tag{3-13}$$

影响人工成本的因素主要为人员配置数量及人工成本单价，在项目规模（运营车站数、运营里程、配车数、场段数）不发生变化的情况下，人员配置数量一般不会发生变化；人工单价则与同行业薪酬水平及附加费比例有关，应根据同行业平均人工成本进行取值。

（二）电力成本

电力成本是指项目正常投入运营后的电力消耗，主要包含两个方面：一是车辆运行产生的牵引能耗；二是车站、场段、控制中心等生产场所产生的动力照明及其他用电量。

$$电力成本＝牵引能耗电费＋动力照明电费 \tag{3-14}$$

$$牵引能耗电费＝单位牵引能耗×年度运营车公里数×电费单价 \tag{3-15}$$

$$动力照明电费＝（单位车站动力照明电耗量×车站数$$
$$＋场段动力照明电耗量×场段数量）×电费单价 \tag{3-16}$$

其中，单位牵引能耗与项目配车的车型、最高运行速度等因素有关，可根据参照项目的实际牵引能耗进行取值；年度运营车公里数与项目运营方案及服务水平相关，可根据政府方拟定初步行车计划和服务水平进行估算；动力照明电费主要与车站及场段规模、项目所在地空调季节长短相关，可根据参照项目的实际动力照明能耗进行取值。

城市轨道交通项目的用电分类一般纳入大工业类型，电力成本中的电费单价为该项目在实际用电过程中考虑容量电价、电度电价和力调电价后的综合电价,建议电费单价应参照项目所在地城市电网销售电价表和用电收费政策结合项目供电系统的初步设计方案进行测算。

(三)设备维修费

设备维修费是指为维持城市轨道交通这一庞大系统所有设备正常运作所做的必要维护保养所产生的费用,主要包括车辆日常维修费、土建维修费、设备维修费、特种设备委外维保费,包含大型检修设备(磨轨车、轨道检测车及综合检测车等)的租赁使用费等。

维修费用支出与运营模式相关,一般在全自主运营模式下,维修费主要为各专业设备日常维保过程中的材料损耗及备品备件费、大型检修设备租赁费。若部分专业设备维保采用委外的方式实施,则维保费中还应包含委外维保项目的委外维保费。

(四)安保费

安保费主要包含项目安检费和保安费两部分,其中,安检费是指车站运营中安全检查所产生的费用,主要包含安检人员的人工费用及安检材料消耗费用;保安费主要指车站、车辆段、列车(若有要求)等生产区域的保安的人工费。目前各城市城轨公司均采用社会化第三方服务的方式实施,故安保费应为安检及保安的委外费用,含委外的人工费、材料费、管理费及税费。

(五)运营费

运营费指城市轨道交通项目在日常运营生产过程中产生的保洁费、食堂的劳务委外、燃气费、水费、人员培训取证费、安全消防费、计量测试费用等,费用产生的场所包含车站、车辆、场段控制中心等全部生产区域。

(六)管理费

管理费主要是指在项目运营过程中产生的管理费用,主要包括安全技术措施费、办公费、差旅费、会议费、招聘费、税费、公务车费用、信息化相关费用等总部相关部门费用。

(七)保险费

保险费主要是指项目在运营期间必须购买的保险产品所产生的费用,参考国内既有城市轨道交通项目的投保情况,运营期购买的保险主要有财产一切险(附带机械损害险)、公众责任险、现金保险、雇主责任险等,以尽最大可能弥补日常运营过程中由于意外带来的经济损失。

二、运营期增加投资费用

运营期增加投资费用主要是指追加采购车辆的费用,同时也包括新增车站出入口、电扶梯、增加车辆架大修设备等情况而增加的投资。

城市轨道交通项目在开通运营后,客运量通常会呈现逐年持续增长的趋势,为确保项目的运能能够满足客流增长的要求,一般在项目运营的近期、远期需根据线路的客流量及运能需求进行运营车辆追加采购。城市轨道交通项目在运营期间的增加投资费用也主要指追加采购车辆的购置费。

追加投资费=计划追加采购车辆数×车辆购置单价+其他增加投资费用

$$(3-17)$$

通常对于城市轨道交通项目的追加投资费用的测算较为简单直接,一般根据初步设计阶段的客流预测数据及项目特许经营协议中要求的服务水平,设计项目各阶段的运营方案,确认各阶段的运营车辆使用需求及具体配车数量,根据初期采购的列车总数制定具体的追加采购列车计划,其他增加投资费用相对于车辆增购费用占比很小而且具有实施的不确定性,因此一般不纳入计算。

三、系统更新改造成本

城市轨道交通涉及车辆、信号、通信、供电、综合监控、通风空调、给排水、气灭、环境与设备监控、火灾自动报警、门禁、电扶梯、站台门等30多个专业的设备设施,各设备的正常运转及设备间的互相关联、互相依托保证了城市轨道交通这一庞大的联动机的安全可靠运转。

伴随着运营时间的增长,设备在长期的运行过程中,将会出现设备磨损、故障、老化等问题,导致设备使用寿命减少,严重时将会影响正常运营。而且随着技术的发展及产品的更新换代,设备技术落后制约管理及服务水平的问题将日益凸显。为保障运营安全及效率,需根据各专业设备使用情况及运营生产需要,结合设备的生命周期,对城市轨道交通既有设备设施进行更新改造,旨在解决设备老旧、能力或容量不足、存在的功能和性能缺陷、安全或故障隐患,以提高设备设施的技术水平,保障运营安全,改善服务品质。

（一）大中修、技术或整体系统更新改造范围

城市轨道交通项目运营过程中涉及的更新改造主要包含设备设施的大中修及整体更新改造两个部分。

1. 设备设施大中修

城市轨道交通的设备设施大中修是对既有轨道交通设备设施按维修规程规定开展的维修类项目,旨在恢复设备的性能状态。大中修项目一般会分为大修、中修和专项修三类:

（1）大修。对设备设施的全部或大部分单元进行解体,对各单元进行清洗、检查、分解、修理,更换或修复不合格的零部件;大范围修复和调整设备的机械、电气及液、气动系统,修复设备的附件以及翻新外观等;通过对设施进行大面积的修复、翻新,全面消除大修前存在的缺陷,恢复设施的设计功能和精度。

（2）中修。对设备及附属设施进行集中整治、整修、补强;对破损、老化、磨耗超标、状态不良设备及零部件进行维护、更换,恢复良好工作状态;对设备进行全面检查、测试,保证其电气性能和机械强度符合中修检修标准,确保中修后设备能安全可靠地运行至下一轮中修或大修。

（3）专项修。根据设备状态,以质量评定结果,或对单个设备进行解体拆解分析结果,或根据设备故障原因分析结果,或根据设备主要零部件使用寿命清单,当某一批次设备、某一部位、特定零部件或机构寿命到期或出现批量性问题时(例如磨耗超标、老化、存在缺陷或隐患),对该批设备出问题的部位、特定零部件或机构进行批量维修、更换,恢复良好状态。

目前在城市轨道交通项目实际维修过程中涉及设备设施大中修的主要为车辆,又叫车辆架大修,一般根据车辆厂提供的车辆架大修标准开展车辆架大修工作,专项修一般由运营单位根据实际情况及修程修制自行选择是否实施。

2. 设备设施的整体更新改造

城市轨道交通设备更新改造主要是以新的技术或设备设施替换不具备维修价值、寿命到期的旧设备设施,或以新型技术装备对原有的技术装备进行整体替换性改造,主要内容有:

（1）对既有的设备、设施及生产工艺条件进行技术性改造，主要是通过采取技术改造或措施，消除既有设备设施的缺陷和隐患，提高设备性能，提升设备维修的便利性及作业安全。同时也包括为提高经济效益、降低运营成本、节约能耗、加强资源综合利用等进行的技术性改造。

（2）为引进先进的、适用的新技术、新工艺、新设备、新材料等对设备设施进行的技术性改造。

（3）对主要功能或性能落后、能力或容量不足、不能满足运营使用要求的设备进行整体升级换代。

（4）对前期设计建造标准低造成能耗高或维修投入大，或设备寿命到期，或停产淘汰无法保证备品备件供应的设备设施进行整体升级换代。

（5）为提高电气化、机械化、自动化、信息化水平，采用新技术、新工艺、新设备对原有设备设施进行整体替换性改造。

（二）系统更新改造成本测算

城市轨道交通项目运营期间系统更新改造费主要包含车辆的架大修费及其他专业设备设施的整体更新改造费。根据不同项目的实际情况，也可将车辆的架大修费通过按年度计提相关费用的方式计入日常运营成本。

1. 车辆架大修费

车辆架大修标准一般由车辆厂根据项目车辆的特点给出建议实施标准，目前国内普遍采用的最高运营速度为 80 公里/小时的地铁列车的架大修标准通常如表 3-1 所示。

表 3-1　地铁车辆的架大修标准

检 修 修 程	检修周期指标	
	列车走行里程（万公里）	时间间隔
大修	120	10 年
架修	60	5 年

车辆的架大修需配合运营行车计划和车辆运用计划进行，因此，具体车辆实际进行架大修的时间和里程数都会在检修标准的基础上进行浮动。同时，不同项目采用的车辆型号不同，车辆架大修标准会略有差异，根据交通运输部最新发布的《城市轨道交通设施设备运行维护管理办法》（交运规〔2019〕8 号）中第 12

条第(一)项的规定,车辆架修间隔不超过 5 年或 80 万公里,大修间隔不超过 10 年或 160 万公里,事实上放宽了对车辆架大修检修周期的要求。

车辆架大修费为车辆架修费与车辆大修费之和,车辆架修费及车辆大修费计算公式如下。

(1) 车辆架修费。

$$车辆架修费 = \sum_{i=1}^{n} 第 i 年架修车辆数 \times 车辆单价 \times 架修费用比例$$

$$(3-18)$$

其中,n 为项目特许运营期,$i = \{1, 2, 3, \cdots, n\}$。

车辆架修费包含车辆架修过程中的人工成本、物料费、管理费及相关税费。在委托车辆厂进行车辆架修的情况下,车辆单次架修费用通常为车辆购置费用的 12%~15%,具体比例以车辆厂实际报价为准。

(2) 车辆大修费。

$$车辆大修费 = \sum_{i=1}^{n} 第 i 年大修车辆数 \times 车辆单价 \times 大修费用比例$$

$$(3-19)$$

其中,n 为项目特许运营期,$i = \{1, 2, 3, \cdots, n\}$。

车辆大修费包含车辆大修过程中的人工成本、物料费、管理费及相关税费。在委托车辆厂进行车辆大修的情况下,车辆单次大修费用通常为车辆购置费用的 30%~40%,具体比例以车辆厂实际报价为准。

2. 其他专业设备设施的整体更新改造费

其他专业设备设施的整体更新改造费主要包含城市轨道交通项目涉及的信号、通信、供电、轨道、综合监控、自动售检票、通风空调、给排水、气灭、环境与设备监控、火灾自动报警、门禁、电扶梯、站台门、人防等专业设备设施的更新改造费。某个专业设备更新改造费计算公式为:

$$专业设备更新改造费 = 专业设备更新改造次数 \times 更新改造费单价$$

$$(3-20)$$

其中,专业设备更新改造次数应根据该专业设备的设计寿命期限、项目特许运营期及特许经营协议相关约定进行确定。例如,某城市轨道交通 PPP 项目的特许运营期为 23 年,特许经营协议中同时约定社会资本方应确保特许运营期结束后的 3 年内各专业设备的正常使用。在这种情况下,如果 A 专业设备的寿命期为 10 年,则 A 专业设备更新改造次数为 2 次;B 专业设备的寿命期为 15 年,则 B 专业设备更新改造次数为 1 次;C 专业设备的寿命期为 25 年,则 C 专业设备更新改造次数为 1 次。由于各项目的设计标准存在差异,同时,专业设备的生产厂商、设备使用环境和条件也不尽相同,因此,各地城市轨道交通项目各专业设备的寿命期也存在一定的差异,具体可参照项目所在地类似项目设备的设计标准和使用情况进行初步确定。更新改造费单价原则上应根据建设期专业设备的实际采购价格结合运营期更新改造的施工调试工作量进行一定幅度的上浮。

第四节 项目的税费

城市轨道交通 PPP 项目建设及运营期间涉及的税费主要有增值税、企业所得税、关税及房产税、城建及教育附加费等。下文将针对城市轨道交通项目在财务模型评价中涉及的税种进行简单介绍。

一、增值税

增值税是以商品在流转过程中产生的增值额作为计税依据而征收的一种流转税,从计税原理上说,增值税是对商品生产、流通、劳务服务中多个环节的新增价值或商品的附加值征收的一种流转税。

增值税又分进项税和销项税,增值税虽然要对商品流动的每一个环节征税,但并不重复计税。就一项产品而言,无论其经过多少个生产经营环节,增值税实行逐个环节征收、逐个环节抵扣的方式,即进项税和销项税抵扣。

根据我国关于营业税改征增值税试点方案的推广,自 2014 年 1 月起,在中华人民共和国境内提供交通运输、邮政和部分现代服务业的单位和个人,征收的税种由营业税改为增值税。城市轨道交通作为交通运输领域的项目,根据相关规定,在其建设及运营期间需按增值税税率缴纳相关的增值税。

（一）增值税项及税率（进项）

1. 建设期间增值税（进项）

城市轨道交通项目建设期间主要为进项增值税，可分为三大类：

（1）设备建筑工程费、安装工程费、预备费及其他涉及建筑工程施工的费用，按照建筑服务类增值税率（9%）计算增值税额。

（2）各专业设备购置费按照销售或进口货物的增值税率（13%）计算增值税额。

（3）在项目建设过程中，还涉及建设管理费、研究试验费、勘察设计费、咨询费、第三方监测费等工程建设的其他费用，按照现代服务业增值税率（6%）计算增值税额。

$$建设期增值税（进项）=建筑服务类增值税＋销售增值税$$
$$＋现代化服务增值税 \qquad (3-21)$$

2. 运营期间增值税（进项）

运营期间发生的增值税主要为保障项目正常运营所产生的维修费、委外服务费、设备或办公场所租赁费、能耗费等。

（1）运营期间设备维修采购的原材料及备品备件费、设备租赁费、电费等按照销售或进口货物的增值税率（13%）计算增值税额。

（2）运营期间涉及的安检、保安、保洁等劳务委外费，采用委外维保模式实施的维保费人工成本等按照现代服务业增值税率（6%）计算增值税额。

（3）不动产租赁（若有）、燃气费和水费等按照规定的增值税率（9%）计算增值税额。

（二）增值税项及税率（销项）

城市轨道交通项目的销项税主要发生在运营期，根据项目收入类型主要有运营单位售票获得的票务收入、商业经营获得的非票务收入，以及政府每年支付的可行性缺口补助。

1. 票务收入增值税率

根据《财政部 税务总局 海关总署〈关于深化增值税改革有关政策的公告〉》（财政部 税务总局 海关总署公告 2019 年第 39 号）文件，增值税一般纳税人（以下简称纳税人）发生增值税应税销售行为或者进口货物，原适用 16% 税率的，税率调整为 13%;原适用 10%税率的,税率调整为 9%。

城市轨道交通票务收入按照交通运输服务类增值税率(9%)计算增值税,票务收入的增值税为:

$$票务收入应纳税额=税前票务收入×当期增值税率 \qquad (3-22)$$

城市轨道交通项目票务收入一般为客运量乘平均票价,一般预测的票价均为含税票价,在进行增值税及票务收入测算时,应注意进行税前单价及增值税分离,避免重复计算增值税。

2. 非票务收入

城市轨道交通 PPP 项目非票务收入主要为广告收入。根据《营业税改征增值税试点实施办法》,将建筑物、构筑物等不动产或者飞机、车辆等有形动产的广告位出租给其他单位或者个人用于发布广告的,按照经营租赁服务增值税率缴纳增值税。

$$非票务收入应纳税额=税前非票务收入×当期增值税率 \qquad (3-23)$$

3. 政府可行性缺口补助

关于城市轨道交通 PPP 项目涉及的政府可行性缺口补助部分的费用是否纳税、如何纳税的问题,目前还没有相关文件进行明确规定。根据城市轨道交通 PPP 项目合作形式,应视为政府向社会资本方购买产品或服务,根据《财政部、国家税务总局关于全面推开营业税改增值税试点的通知》(财税〔2016〕36 号)相关条款的规定,政府支付的可行性缺口补助属于增值税应税范围,建议按照贷款服务或现代服务业增值税率(6%)考虑增值税。

(三)项目公司应缴纳增值税额

项目公司每年应缴纳的增值税额为进项税抵扣完后的增值税额,其中,建设期产生的进项增值税额可以进入运营期抵扣范围,项目公司缴纳的增值税额为:

$$每年增值税=销项税总额-运营期进项税额-建设期未抵扣完的进项税额$$

$$(3-24)$$

若按公式(3-24)计算的每年增值税额小于 0,则当年应缴纳增值税为 0。建设期进项税额一般较大,运营期可一直进行抵扣,直到建设期未抵扣完的进项税额为 0。

二、企业所得税

根据《中华人民共和国企业所得税法》的规定,在中国境内的企业的生产经营所得,都应缴纳企业所得税。

$$所得税＝应纳税所得额×所得税税率 \qquad (3-25)$$

（一）应纳税所得额范围

由于本书主要用于城市轨道交通 PPP 项目前期指导,故对税法规定的应纳税所得额的计算方法进行了简化,在评价项目的财务模型及收益水平时,应纳税所得额均为项目收入总额(不含税)扣除项目总成本后的金额,其中,项目总成本包括项目经营过程中的日常运营成本、初始投资资产折旧摊销额、追加投资和系统更新改造折旧摊销额、利息支出、附加税费等。

如果项目运营期间出现亏损,可以用下一个运营年度的所得额进行弥补,如果下一年度的所得额不足以弥补的,可以逐年延续弥补,但是延续弥补期最长不得超过 5 年。

$$
\begin{aligned}
应纳税所得额＝&(政府补贴＋票务收入＋非票务收入)\\
&-(日常运营成本＋初始投资折旧摊销费\\
&+追加投资折旧摊销费＋更新改造折旧摊销费\\
&+借款利息＋附加税费) \qquad (3-26)
\end{aligned}
$$

（二）企业所得税税率

我国《企业所得税法》规定,在中华人民共和国境内外资企业与内资企业的所得税税率均为 25%。

（三）城市轨道交通 PPP 项目所得税优惠政策

根据《财政部国家税务总局关于执行公共基础设施项目企业所得税优惠目录有关问题的通知》(财税〔2008〕46 号)、《国家税务总局关于实施国家重点扶持的公共基础设施项目企业所得税优惠问题的通知》(国税发〔2009〕80 号)的规定,企业投资经营符合《公共基础设施项目企业所得税优惠目录》规定条件和标准的港口码头、机场、铁路、公路、城市公共交通(由国务院核准的城市地铁、轻轨新建项目)、电力、水利类部分公共基础设施项目,均可享受企业所得税"三免三减半"的优惠政策。即自项目产生第一笔生产经营收入的纳税年度起,第一年至第三年免征企业所得税,第四年至第六年减半征收企业所得税。

三、关税及房产税

（一）进口设备关税

关税是主要针对进出口货物征收的一种税收,城市轨道交通 PPP 项目中涉及进出口采购的设备按规定需缴纳进口环节关税和进口环节增值税两种税收。

（1）进口环节关税计算公式。

$$关税税额＝设备货值×关税税率 \qquad (3-27)$$

（2）进口环节增值税计算公式。

$$增值税税额＝（设备货值＋进口环节关税税额）×增值税税率 \quad (3-28)$$

进口环节增值税可按规定进行进销项抵扣。

（二）房产税

根据《中华人民共和国房产税暂行条例》的规定,房产税在城市、县城、建制镇和工矿区征收,是以房屋为征税对象,按房屋的计税余值或租金收入为计税依据,向产权所有人征收的一种财产税。城市轨道交通项目中涉及需要缴纳房产税的房屋为车辆段、停车场及控制中心等地的办公类建筑,房产税一般按照房产余值按照年税率(1.2％)进行计算,房产税的计算公式为:

$$房产税额＝应税房产原值×（1－减免比例）×房产税税率 \quad (3-29)$$

应税房产原值通常为项目办公用房的工程结算金额,减免比例一般为10％～30％,各项目实施单位可参照项目所在地城市轨道交通运营单位房产税减免比例取值。

四、城建税及教育附加费

城市维护建设税及教育附加费是以项目公司实际缴纳的增值税税额为计税依据,按照相应的税费率计缴的税费。

其中,城市维护建设税税率根据项目所在地区有所不同:项目所在地在市区的税率为7％;项目所在地在县城、镇的税率为5％。教育附加费费率为3％,地方教育附加基金费率为2％。对于城市轨道交通项目,项目所在地通常为市区,因此城建税及教育附加费的总和为增值税的 12%。

第五节　项目的成本调整

城市轨道交通 PPP 项目特许经营期一般为 20～30 年,特许经营期较长,在较长的特许经营期内,如何实现项目投资回报及经营成本支出风险的有效控制,充分践行 PPP 项目风险共担、利益共享的原则,避免政府方的过度补贴与社会资本方投资收益无法保障的情况,确保城市轨道交通 PPP 项目的健康可持续发展,实现各方共赢的局面,是城市轨道交通 PPP 项目特许经营期内可用性服务费及运营成本调价机制的基本准则。

一、成本调整的原则

调价机制的目的是降低或控制由于通货膨胀、银行贷款利率等原因导致在较长的特许经营期内双方权益损失的风险,故在设计城市轨道交通 PPP 项目特许经营期内各业务板块补贴时应遵循以下原则:

(1)调价机制应遵循 PPP 项目目标及国家相关文件精神,有效地将政府付费金额维持在合理范围,同时又可保障社会资本方有合理的投资回报。

(2)根据《关于推广运用政府和社会资本合作模式有关问题的通知》(财金〔2014〕76 号)的要求,为充分发挥市场在资源配置中的决定性作用,按照"风险由最适宜的一方来承担"的原则,合理分配项目风险;PPP 项目的调价机制的目标就是根据双方的合作条件,保障整个合作机制处于一个平衡的状态,故在设计调价机制时应充分识别成本及收益波动因素,按风险分担原则设计各波动因素在调价机制中的应用。

(3)调价机制主要为应对特许经营期内各项成本支出由于劳动力市场、消费物价指数、银行贷款利率等原因产生的波动,应根据成本波动因素建立动态的调价机制,从而实现据实弥补由于价格因素导致的成本支出增加或收益减少部分,同时也能实现成本结余或收益超出部分合理扣回功能,有效规避社会资本方长期亏损导致项目经营困难或政府过度补贴的情况。

(4)每个项目应根据项目实际情况及合作条件设计适合项目自身需求的调

价模型,在充分实现调价机制的平衡功能的同时,还需考虑项目调价的操作成本。

二、成本调整的影响因素

结合城市轨道交通 PPP 项目建设及运营阶段的成本支出结构,影响项目成本及收益的因素主要有:

（一）劳动力成本

劳动力成本是城市轨道交通 PPP 项目全周期内最大的成本开项,特别是运营期间,约占全年日常运营成本的 50% 以上,是成本调整的主要因素之一。劳动力成本主要包含人员工资薪酬,还包含企业按规定为个人购买的社会保险费用支出,主要受社会平均工资水平、增长率及社保缴纳比例的影响。

（二）电费单价

在城市轨道交通项目运营期间,除人工成本支出外,第二大成本支出项即为每年运营所需的电力成本,主要为列车牵引电费及各生产区域的动力照明等电费,故在成本调整机制中应考虑电费单价对成本的影响。

（三）生产价格指数

生产价格指数 PPI 是衡量生产企业产品出厂价格变动趋势和变动程度的指数,是反映某一时期生产领域价格变动情况的重要经济指标,城市轨道交通项目无论是在建设期间还是在运营期间,需要采购的材料及产品较多,在调价机制中应充分考虑由于物价水平变化导致的成本支出风险。

（四）居民消费价格指数

居民消费价格指数调查的是社会产品和服务项目的最终价格,它是在特定时段内度量一组代表性消费商品及服务项目的价格水平随时间而变动的相对数,在城市轨道交通建设及运营阶段的成本支出中均涉及一定的社会化产品及第三方服务项目费用支出,是成本调整影响因素之一。

（五）固定资产投资价格指数

固定资产投资价格指数是主要反映一定时期内固定资产投资额的价格变动趋势和变动幅度的相对数,主要影响项目建设投资及运营期间更新改造及追加投资成本。

（六）银行贷款利率

在项目招投标阶段，一般采用当前央行发布的基准贷款利率计算项目总投资的资金使用费，若在 PPP 项目特许经营期间央行发布的基准贷款利率发生变化，将直接影响资金成本的支出，调价机制中应充分考虑银行贷款利率变化对缺口补贴的影响。

三、成本调整的方式

由于城市轨道交通 PPP 项目特许经营期较长，在项目初期建立财务模型阶段，无法对未来影响项目成本及收益的因素进行准确预测，因此，在项目谈判阶段无法对将来的各项运营成本价格在数值上进行明确的规定，所以政府方与社会资本方通常会就未来的价格调整原则、条件、周期等进行约定。

目前，城市轨道交通 PPP 项目一般采用现价静态测算的方式，配合调价机制进行成本估算，不同补贴模式下的成本调整机制略有不同，但均是根据运营期间成本支出结构进行分项成本调整，且不同项目分项精细程度不同。下面就以城市轨道交通 PPP 项目较常使用的影子票价补贴模式和车公里服务费补贴模式为例，对成本调整机制进行简要介绍。

（一）影子票价补贴模式

一般调价机制包含 3 个部分的内容：调价周期、调价触发机制和调价计算公式。

1. 调价周期

由于城市轨道交通项目体量较大，调价周期过长不利于风险的分配，调价周期过短则会增加政府的管理成本，故城市轨道交通项目的调价周期通常设计为 3 年。

2. 调价触发机制

城市轨道交通项目调价触发机制主要有"时间触发"和"时间＋价格波动范围"2 种方式。"时间触发"机制就是根据约定的调价周期进行调价，如某项目约定的调价周期为 3 年，即初期 1～3 年采用初始约定单价，到第 4～6 年采用调价公式调整后的单价。"时间＋价格波动范围"调价机制须同时满足调价周期要求及前期约定各因素涨幅变化条件，才能启动调价机制，若该项目已经到了调价年限，但约定因素的波动值不满足触发调价的要求，则价格仍不予调整。

3. 调价公式

根据本章第一节的介绍可知,影子票价补贴模式下政府支付的可行性缺口补助与约定的影子票价有关,一般采用影子票价补贴模式的项目调价机制均与影子票价相关,调价公式为:

$$P_N = k_i \times P_{N-1} \tag{3-30}$$

$$K_i = (A_1 B_1 + A_2 B_2 + A_3 B_3 + \cdots) \times Q + 1 \tag{3-31}$$

其中,N 为第 N 个调价周期;

P_{N-1} 为第 N 个调价周期的上一个调价周期执行的影子票价;

P_N 为第 N 个调价周期执行的影子票价;

K_i 为调价系数;

A_1 为上一调价周期内的人工成本增长率,一般人工成本增长率的计算依据为项目所在地统计单位公布的社会平均工资增长率;

A_2 为上一调价周期内的电费增长率,一般电费增长率的计算依据为项目所在地电力公司公布的电价增长率;

A_3 为上一周期内的其他成本增长率,一般其他成本增长率的计算依据为项目所在地统计单位公布的 CPI 增长率;

B_1、B_2、B_3 为人工成本、电费成本、其他成本占日常运营成本的比例;

Q 为调价系数,主要反映运营成本部分的缺口补贴所占的比例系数。

根据项目分解细化程度不同,开项数量也有所不同,且不同项目对 A_1、A_2、A_3 的计算方式不同,有些项目采用每年增长率的环比累计值计算,有些项目采用调价周期内的平均增长率进行取值。

由公式(3-31)可知,采用影子票价补贴模式下的调价机制主要是根据运营期间的成本构成因素发生的变化对约定的影子票价进行调整,以实现运营期间由于价格波动导致成本增加部分的补偿及多补贴部分的扣回。但约定的影子票价的补贴范围往往包含建设期间的投资及合理回报补贴金额,建设期间的投资及合理回报金额是固定的,不应受价格波动及客流量变化的影响,故若建设投资与运营成本采用整体补贴模式实施的项目,并不适用将调价机制直接与补贴单价进行关联,否则容易造成政府对项目的过度补贴。

（二）车公里服务费补贴模式

车公里服务费补贴模式的调价机制与影子票价补贴模式的调价机制大同小异，调价周期一般为 3 年，但采用车公里服务费补贴模式的项目触发调价机制的方式主要为"时间触发"，即到了调价周期即启动调价工作。调价公式根据运营成本结构对车公里服务费单价进行调整，与影子票价调价机制的主要区别是车公里服务费单价调价机制中包含了更新改造及追加投资费部分，调价公式为：

$$P_N = k_i \times P_{N-1} \qquad\qquad (3-32)$$

$$K_i = (A_1 B_1 + A_2 B_2 + A_3 B_3 + A_4 B_4 + \cdots) \times Q + 1 \quad (3-33)$$

其中，N 为第 N 个调价周期；

P_{N-1} 为第 N 个调价周期的上一个调价周期执行的车公里服务费单价；

P_N 为第 N 个调价周期执行的车公里服务费单价；

K_i 为调价系数；

A_1 为上一调价周期内的人工成本增长率，一般人工成本增长率的计算依据为项目所在地统计单位公布的社会平均工资增长率；

A_2 为上一调价周期内的电费增长率，一般电费增长率的计算依据为项目所在地电力公司公布的电价增长率；

A_3 为上一周期内的其他成本增长率，一般其他成本增长率的计算依据为项目所在地统计单位公布的 CPI 增长率及 PPI 增长率，对于其他成本中维修费（主要消耗为材料和五金用品）部分使用 PPI 指数进行物价调整，运营费和管理费等其他成本使用 CPI 指数进行物价调整；

A_4 为上一周期内的更新改造及追加投资成本增长率，一般更新改造及追加投资成本增长率的计算依据为国家统计局发布或出具证明的当年全国固定资产投资价格分类指数增长率；

B_1、B_2、B_3、B_4 为人工成本、电费成本、其他成本、更新改造及追加投资费占总成本（日常运营成本＋更新改造及追加投资费）的比例；

Q 为调价系数，主要反映运营成本、更新改造及追加投资部分的缺口补贴所占的比例系数。

根据项目分解细化程度不同，开项数量也有所不同，且不同项目对 A_1、A_2、A_3、A_4 的计算方式不同，有些项目采用每年增长率的环比累计值计算，有些项目采用调价周期内的平均增长率进行取值。

由公式(3-32)、公式(3-33)可知,采用车公里服务费补贴模式下的调价机制主要是根据运营期间的日常运营成本、更新改造及追加投资费用的外部影响因素波动情况,对约定的车公里服务单价进行调整,以实现运营期间由于价格波动导致成本增加部分的补偿及多补贴部分的扣回。

与影子票价补贴模式的调价机制问题相同,建设投资与运营成本采用整体补贴模式实施的项目,并不适合将调价机制直接与补贴单价进行关联,由于在该模式下约定的年度车公里数在特许经营期内通常呈逐年增长的趋势,因此,车公里服务单价补贴模式下更容易出现政府过度补贴的情况。

(三)业务分离的政府可行性补助模式

在业务分离的政府可行性补助模式下,通过业务分离的方式使得项目建设期及运营期各项成本的外部影响因素都更加简单明晰,消除了在外部影响因素变化后在对可行性缺口补助进行调整中可能出现的不平衡风险。因此,可以按照公平性的原则在项目实施周期内根据外部条件变化对可行性补助进行合理调整,补贴的调整不损害任何一方的利益,也不改变社会资本方的预期收益率(该模式下的成本调整方式将在本书第九章第一节详细说明)。

第四章
城市轨道交通 PPP 项目的采购

PPP 项目采购是指政府为达成权利义务平衡、物有所值的 PPP 项目合同，遵循公开、公平、公正和诚实信用原则，按照相关法规要求完成 PPP 项目识别和准备等前期工作后，依法选择社会资本方的过程。城市轨道交通 PPP 项目实施机构在项目实施过程中选择社会资本方应按照《中华人民共和国政府采购法》《中华人民共和国政府采购法实施条例》《政府和社会资本合作项目政府采购管理办法》和有关法律、行政法规、部门规章的要求进行采购。

第一节　采　购　流　程

城市轨道交通 PPP 项目在完成项目准备后，能否顺利实施的关键在于采购环节。财政部《政府和社会资本合作模式操作指南》《政府和社会资本合作政府采购管理办法》对 PPP 项目采购方式和采购程序做了明确规定。采购应严格依照政府采购法律法规，根据规定的方式和程序组织实施。

一、采购前的准备

与一般的政府采购项目相比，城市轨道交通 PPP 项目方案复杂，采购环节多、周期长。首先要对项目内容进行分析，了解项目在识别、准备阶段的有关情况，熟悉项目方案的具体内容和要求。在此过程中，需要对项目方案中的有关内容进行审查，查验项目立项、审批手续的齐备性和项目资料的完整性。必要时，可组织专家进行方案论证，并与潜在的社会资本方及相关供应商进行沟通，全面掌握项目建设方案、预算构成、收益及回报和项目运营、执行、移交等过程中的相关内容。城市轨道交通 PPP 项目实施机构可以委托政府采购代理机构办理 PPP 项目采购事宜。PPP 项目咨询服务机构从事 PPP 项目采购业务的,应当按照政府采购代理机构管理的有关要求及时进行网上登记。

二、采购方式的选择

项目采购方式包括公开招标、邀请招标、竞争性谈判、竞争性磋商和单一来源采购。项目实施机构应当根据 PPP 项目的采购需求特点,依法选择适当的采购方式。公开招标主要适用于采购需求中核心边界条件和技术经济参数明确、完整、符合国家法律法规及政府采购政策,且采购过程中不做更改的项目。

三、采购程序

（一）资格预审

项目采购应当实行资格预审。项目实施机构应当根据项目需要准备资格预审文件,发布资格预审公告,邀请社会资本和与其合作的金融机构参与资格预审,验证项目能否获得社会资本的响应和实现充分竞争。PPP 项目采购资格预审包括准备资格预审文件、发布资格预审公告、邀请社会资本参与、进行资格预审、提交资格预审结果报告等环节。

项目实施机构、采购代理机构应当成立评审小组,负责 PPP 项目采购的资格预审和评审工作。资格预审结果应当告知所有参与资格预审的社会资本,并将资格预审的评审报告提交财政部门（政府和社会资本合作中心）备案。

（二）编制项目采购文件

项目采购文件应当包括以下内容：采购邀请,竞争者须知（包括密封、签署、盖章要求等）,竞争者应当提供的资格、资信及业绩证明文件,采购方式,政府对项目实施机构的授权,实施方案的批复和项目相关审批文件,采购程序,响应文件编制要求,提交响应文件截止时间,开启时间及地点,保证金交纳数额和形式,评审方法,评审标准,政府采购政策要求,PPP 项目合同草案及其他法律文本,采购结果确认谈判中项目合同可变的细节,以及是否允许未参加资格预审的供应商参与竞争并进行资格后审,等等。项目采购文件中还应当明确项目合同必须报请本级人民政府审核同意,在获得同意前项目合同不得生效。

采用竞争性谈判或者竞争性磋商采购方式的,项目采购文件中除上款规定的内容外,还应当明确评审小组根据与社会资本方的谈判情况可能有实质性变动的内容,包括采购需求中的技术、服务要求,以及项目合同草案条款。

（三）发布采购公告

采购文件编制完成并经项目实施机构审核、确认同意后,应发布采购公告。与采购方式相对应,城市轨道交通 PPP 项目采购公告也分为招标公告、竞争性谈判公告、竞争性磋商公告、单一来源采购公告等几种形式。PPP 项目采购公告与一般项目采购公告的内容大体相同,包括项目的基本情况,对竞争者的资格要求,提交响应文件的地点、截止时间,以及保证金交纳的方式和账户、联系人和联系方式等。PPP 项目采购公告应在省级及以上财政部门指定的政府采购信息发布媒体公开发布。

（四）采购文件的发出与获取

对通过资格预审的社会资本,应向其发售或提供采购文件。与采购方式相对应,发售的采购文件可分为招标文件、竞争性谈判文件、竞争性磋商文件、单一来源采购文件。采购文件、采购公告对采购文件的发售时间、地点和售价都有具体规定,相关法律法规以及规范性文件对采购文件的发售也有规定,在发售采购文件时必须遵守。

（五）现场考察或采购答疑会

社会资本获取项目采购文件后,可能会就其中的项目方案、采购程序等进行询问,要求集采机构针对询问进行解释澄清。

为了让社会资本充分了解项目方案,集采机构应与项目实施机构共同组织社会资本现场考察或召开采购前答疑会,并根据现场考察及答疑情况,对项目方案和内容作出调整,如果调整的内容涉及项目核心内容,影响到社会资本编制响应文件的,则需向社会资本发出对采购文件的书面澄清说明或变更通知。

（六）成立评审小组

项目实施机构、采购代理机构应当成立评审小组,负责 PPP 项目采购的资格预审和评审工作。评审小组由项目实施机构代表和评审专家共 5 人以上单数组成,其中,评审专家人数不得少于评审小组成员总数的 2/3。评审专家可以由项目实施机构自行选定,但评审专家中至少应当包含 1 名财务专家和 1 名法律专家。项目实施机构代表不得以评审专家身份参加项目的评审。

（七）投标响应

社会资本参加城市轨道交通 PPP 项目采购，须按照采购文件规定的格式和要求编制响应文件。根据采购方式的不同，社会资本需对应编制投标文件、谈判响应文件、磋商响应文件、单一来源采购响应文件，并在提交响应文件截止时间前向实施机构提交。实施机构应在采购公告、采购文件规定的时间和地点，安排专人负责接收社会资本递交的响应文件。社会资本提交响应文件时，须提交资格证明文件及要求提交的其他相关文件；凡未与响应文件一并提交的文件资料，在采购评审时不得作为评审依据。

（八）开标仪式或召开采购会

实施机构应在采购公告、采购文件规定的时间和地点举行开标仪式。如采取谈判、磋商等方式的，则应举行谈判、磋商采购会。项目实施机构应派代表出席并在开标会上介绍项目情况，提交了响应文件的社会资本也应派代表参加开标，还应邀请纪检、监察等有关部门派代表进行现场监督。城市轨道交通 PPP 项目开标仪式、谈判及磋商采购会与一般政府采购项目的开标仪式程序相同，除了公开查验响应文件的密封情况、宣布查验结果外，还应公开宣读社会资本的投标报价（参加谈判、磋商时的第一次报价）、报价声明和应当宣读的其他内容。开标时未公开宣读的报价内容，在项目评审时不得作为评审依据。

（九）采购评审

评审小组成员应当按照客观、公正、审慎的原则，根据资格预审公告和采购文件规定的程序、方法和标准进行资格预审和独立评审。已进行资格预审的，评审小组在评审阶段可以不再对社会资本进行资格审查。允许进行资格后审的，由评审小组在响应文件评审环节对社会资本进行资格审查。

评审小组成员应当在资格预审报告和评审报告上签字，对自己的评审意见承担法律责任。对资格预审报告或者评审报告有异议的，应当在报告上签署不同意见，并说明理由，否则视为同意资格预审报告和评审报告。评审小组发现采购文件内容违反国家有关强制性规定的，应当停止评审并向项目实施机构说明情况。

评审专家应当遵守评审工作纪律，不得泄露评审情况和评审中获悉的国家秘密和商业秘密。评审小组在评审过程中发现社会资本有行贿、提供虚假材料或者串通等违法行为的，应当及时向财政部门报告。评审专家在评审过程中受到非法干涉的,应当及时向财政、监察等部门举报。

（十）采购结果确认谈判

项目采购评审结束后,项目实施机构应当成立专门的采购结果确认谈判工作组,负责采购结果确认前的谈判和最终的采购结果确认工作。

采购结果确认谈判工作组成员及数量由项目实施机构确定,但应当至少包括财政预算管理部门、行业主管部门代表,以及财务、法律等方面的专家。涉及价格管理、环境保护的 PPP 项目,谈判工作组还应当包括价格管理、环境保护行政执法机关代表。评审小组成员可以作为采购结果确认谈判工作组成员参与采购结果确认谈判。

采购结果确认谈判工作组应当按照评审报告推荐的候选社会资本排名,依次与候选社会资本及与其合作的金融机构就项目合同中可变的细节问题进行项目合同签署前的确认谈判,率先达成一致的候选社会资本即为预中标、成交社会资本。

确认谈判不得涉及项目合同中不可谈判的核心条款,不得与排序在前但已终止谈判的社会资本进行重复谈判。

实施机构与预中标、成交社会资本签署采购结果确认谈判备忘录。采购结果确认谈判结果备忘录应在预中标、成交社会资本确定后 10 个工作日内签署。

（十一）中标、成交结果公示公告

将预中标、成交结果和根据采购文件、响应文件及有关补遗文件和确认谈判备忘录拟定的项目合同文本在省级以上人民政府财政部门指定的政府采购信息发布媒体上进行公示,公示期不得少于 5 个工作日。项目合同文本应当将预中标、成交社会资本响应文件中的重要承诺和技术文件等作为附件。项目合同文本涉及国家秘密、商业秘密的内容可以不公示。

项目实施机构应当在公示期满无异议后 2 个工作日内,将中标、成交结果在省级以上人民政府财政部门指定的政府采购信息发布媒体上进行公告,同时发出中标、成交通知书。中标、成交结果公告内容应当包括:项目实施机构和采购代理机构的名称、地址和联系方式,项目名称和项目编号,中标或者成交社会资本的名称、地址、法人代表,中标或者成交标的名称、主要中标或者成交条件(包括但不限于合作期限、服务要求、项目概算、回报机制)等,评审小组和采购结果确认谈判工作组成员名单。

（十二）合同签署

项目实施机构应当在中标、成交通知书发出后 30 日内,与中标、成交社会资本签订经本级人民政府审核同意的 PPP 项目合同。在 PPP 项目合同签订之日起 2 个工作日内,将 PPP 项目合同在省级以上人民政府财政部门指定的政府采购信息发布媒体上公告,但 PPP 项目合同中涉及国家秘密、商业秘密的内容除外。需要为 PPP 项目设立专门项目公司的,待项目公司成立后,由项目公司与项目实施机构重新签署 PPP 项目合同,或者签署关于继承 PPP 项目合同的补充合同。

（十三）退付保证金

项目实施机构应当在采购文件中要求社会资本交纳参加采购活动的保证金和履约保证金。社会资本应当以支票、汇票、本票或者金融机构、担保机构出具的保函等非现金形式交纳保证金。参加采购活动的保证金数额不得超过项目预算金额的 2%。履约保证金的数额不得超过 PPP 项目初始投资总额或者资产评估值的 10%,无固定资产投资或者投资额不大的服务型 PPP 项目,履约保证金的数额不得超过平均 6 个月服务收入额。

城市轨道交通 PPP 项目采购活动结束后,应按采购文件规定向社会资本退付保证金。其中,未中标、成交社会资本的保证金,应在中标、成交结果通知书发出后 5 个工作日内退付;中标、成交社会资本的保证金,应在合同签署后 5 个工作日内退付。发生保证金不予退还的情形时,应按采购文件规定及时办理有关手续。履约保证金的退付,也应在采购文件中予以明确,项目实施机构应按规定及时为社会资本办理履约保证金的退付、结算手续。

四、采购过程中的争议处理和监督检查

参加城市轨道交通 PPP 项目采购活动的社会资本对采购活动的询问、质疑和投诉,依照有关政府采购法律制度规定执行。项目实施机构和中标、成交社会资本在 PPP 项目合同履行中发生争议且无法协商一致的,可以依法申请仲裁或者提起民事诉讼。各级人民政府财政部门应当加强对城市轨道交通 PPP 项目采购活动的监督检查,依法处理采购活动中的违法违规行为。项目采购有关单位和人员在采购活动中出现违法违规行为的,依照《政府采购法》及有关法律法规追究法律责任。

第二节 项目招标

一、招标的基本条件

根据国家发改委《关于开展政府和社会资本合作的指导意见》(发改投资〔2014〕2724 号)和财政部《政府和社会资本合作模式操作指南》的规定,PPP 项目包含项目识别准备、采购、执行移交流程,在项目招标采购前须进行项目识别和准备,具备基本条件后方可实施招标采购,城市轨道 PPP 项目招标采购应满足以下基本前提条件方可实施。

(一)列入全国 PPP 综合信息平台储备清单

行业主管部门和政府指定的机关、事业单位负责发起 PPP 项目,社会资本方可向行业主管部门和政府指定的机关、事业单位提出 PPP 发起建议。政府对发起的 PPP 项目进行分类筛选,形成年度开发计划,列入年度开发计划的项目,由行业主管部门和政府指定的机关、事业单位向财政部门申请列入全国 PPP 综合信息平台储备清单。

(二)授权实施机构

发起项目之后,就需要政府授权实施机构,一般会以政府会议纪要或者书面批复的形式发文授权,政府内部也需要授权另一家实施机构来具体实施 PPP 项目。政府指定的有关职能部门或事业单位可作为项目实施机构,具体负责项目的准备、采购、监管和移交等工作。除需要确定一个部门作为实施机构外,还需要建立工作协调机制,在本级政府层面设立 PPP 领导小组,或者由当地 PPP 中心负责项目的统筹协调和落地实施。

(三)通过立项审批

城市轨道交通 PPP 项目为政府和社会资本共同投资的公共基础类项目,有部分公共产品和市场化产品的特性,属于准公共产品,具有一定的公益属性,按照程序应该为审批制或核准制。财政部《关于进一步加强政府和社会资本合作(PPP)示范项目规范管理的通知》(财金〔2018〕54 号)要求 PPP 项目"按国家有关规定认真履行规划立项、土地管理、国有资产审批等前期工作程序";财政部

《第三批示范项目评审标准》也要求新建项目必须完成城市规划、立项、可研的审批程序;财政部《关于规范政府和社会资本合作(PPP)综合信息平台项目库管理的通知》(财办金〔2017〕92 号)规定:"新建、改扩建项目未按规定履行相关立项审批手续的,属于前期准备工作不到位的项目,不得入库。"

应在采购前完成项目相关立项审批,新建项目主要审批有建设规划批复、项目建议书批复、可行性研究报告批复、规划选址意见、土地预审意见、环评批复、水土保持批复等,存量项目主要审批有国有资产审批、评估手续等。

（四）两评一案获批

物有所值评价的作用是论证实施 PPP 模式的"必要性",即项目是否适合采用 PPP 模式,财政部门经过专家评审"通过论证"后还需论证其"可行性",即财政是否负担得起,也就是财政承受能力论证。根据《政府和社会资本合作项目财政承受能力论证指引》(财金〔2015〕21 号)的规定,每一年度全部 PPP 项目需要从预算中安排的支出责任,占一般公共预算支出的比例应当不超过 10%。通过两个论证的项目,由财政部门出具"适宜采用政府和社会资本合作(PPP)模式实施"的批复文件。各级财政部门应当在编制年度预算和中期财政规划时,将项目财政支出责任纳入预算统筹安排,"未通过论证"的项目不宜采用 PPP 模式。项目通过物有所值和财政承受能力论证后,实施机构应及时向财政部门申请列入全国 PPP 综合信息平台项目管理库。

可研审批后实施机构应根据批准的可研报告要求,完善并确定 PPP 项目实施方案。根据发改委《传统基础设施领域实施政府和社会资本合作项目工作导则》(发改投资〔2016〕2231 号)的规定,鼓励地方政府建立 PPP 项目实施方案联审机制,按照"多评合一、统一评审"的要求,由发展改革部门和轨道交通行业主管部门牵头,会同项目涉及的财政、规划、国土、价格、公共资源交易管理、审计、法制等政府部门,对城市轨道交通 PPP 项目实施方案进行联合评审。必要时可先组织相关专家进行评议,或委托第三方专业机构出具评估意见,再进行联合评审。

二、招标文件的构成

城市轨道交通 PPP 项目招标文件一般由 7 个部分构成。

（一）招标公告

招标公告主要明确采购项目的名称、项目工程概况及说明、投标人资格要求、招标文件提供的信息、投标文件接收的信息、开标工作安排、投标文件数量及保证金等内容，招标人可根据项目实际情况补充其他需要告知或明确的事项。

（二）投标人须知

主要是根据招标文件的结构，梳理投标人需要了解或可能需要了解的内容，主要有招标文件的结构及组成、投标文件的结构及组成要求、采购答疑会的安排及要求、投标文件的递交时间及要求、投标有效期及相关要求、投标文件澄清及非标条款、投标文件的开启及评审、中标人选定及公示程序等内容。

（三）评标办法与评标标准

主要明确采购项目评标过程中的行为准则及打分的参照标准，一般总分为100 分，由商务部分得分、技术部分得分、报价部分得分组成，通常的评标办法商务部分占 10 分，技术部分占 50 分，投标报价占 40 分，地方政府作为招标人可根据具体项目的实际情况对各部分分值进行调整。

（四）投标文件的格式及要求

明确商务文件及技术文件的主要组成内容、结构及格式要求。

（五）合同文件

一般包含项目的《特许经营合同》《项目股东协议》《项目投资协议》。

（六）项目需求或招标人其他要求

关于采购项目，除 1～5 项中的内容以外，招标人如果还有其他需要明确或告知投标人的要求，可以增加条款进行补充，如增加技术标准及要求、不可谈判条款及其他需要明确的内容。

（七）与项目相关的其他资料及附件

项目招标人根据项目实际情况，向潜在投标人公开的项目文件及资料。

三、评标办法及标准

城市轨道交通 PPP 项目一般采用综合评分法进行评标，评标结果按照各投标人综合得分由高到低进行排序，选择前 3 家作为中标候选人。评标的评审评分标准一般分为 3 个部分：商务部分、技术部分、报价部分。

（一）商务部分

项目采购人可根据自身要求及项目特点进行分值设定，并对该评审项目进行增补和调整，见表 4-1。

表 4-1　商务部分评价标准

评审项目	分　值	主　要　评　分　因　素
合同响应		对合同文件及其附件（包括但不限于《PPP 项目合同》《投资协议》《股东协议》）条款的响应程度进行评审，除不可谈判范围涉及条款之外，社会资本方接受招标文件及其附件中条款要求的情况
资产负债率		投标人（若联合体参与投标的，则由联合体牵头人提供）经审计的资产负债率要求
业绩经验		投资业绩、施工业绩等

（二）技术部分

项目采购人可根据自身要求及项目特点进行分值设定并对技术部分的评审项目进行增补和调整，表 4-2 为技术部分评价标准。针对城市轨道交通 PPP 项目运营时间长、特许经营期内运营费用高的特点，建议项目采购人同等程度地重视工程建设和运营管理及维护。

表 4-2　技术部分评价标准

评审项目		分值	主　要　评　分　因　素
投融资方案	投资及资金使用计划		从项目投资及资金使用计划的全面性、合理性、科学性方面进行评审，初始建设投资计划是否全面详细，是否能满足工期要求安排，是否科学合理
	资金筹措方案		从项目资金筹措方案的全面性、合理性、科学性方面进行评审
财务分析方案			从投资测算是否合理，财务分析是否足够详细，财务基本假设条件和参数选取的依据是否齐全、合理，财务测算报表、数据是否按照招标文件的要求提供完整，财务方案是否科学可行等方面进行评审
项目公司组建方案	项目公司组织机构		从项目公司组建计划的周密性、可行性，组织体系、机构设置及职责划分、人员配备的完善性、合理性是否满足项目实施要求等方面进行评审

（续表）

评 审 项 目		分值	主 要 评 分 因 素
项目公司组建方案	项目前期工作体系与保障措施		从《投资协议》《PPP 项目合同》签署的责任主体是否明确,组织安排是否及时且符合项目计划,实施方案是否合理,保障措施是否有力,与相关部门的沟通、协调、配合方案是否有效、可行等方面进行评审
工程建设管理方案	项目公司建设管理		(1) 建设进度控制原则是否科学合理,建设进度控制计划是否响应招标文件的规定、是否具有可操作性、是否科学合理,建设进度控制措施是否具有较强的保障程度、是否可落实、是否科学合理; (2) 建设质量体系是否健全,是否科学合理,是否具有较强的保障; (3) 建设安全保障方案的科学合理性,建设安全保证目标是否清晰,保证措施是否得当有力,接口部分安全措施的科学合理及可实现性
	主要工程项目施工方案与技术措施及重难点分析		从主要工程项目施工方案、方法与技术措施及重难点分析内容是否全面、准确、合理和可实施,能否保证工程质量、工期、投资要求,重点、难点把握是否准确,内容分析是否全面、深刻等方面进行评审
	新技术应用及信息化		就如何利用新技术及信息化手段提升工程建设管理水平和工程质量进行评审
	保障措施		(1) 建设进度控制措施是否具有较强的保障程度,是否可落实,是否科学合理; (2) 建设质量体系(包括质量责任机制、施工质量措施、接口部分质量的保证、环保措施等)是否健全,是否科学合理,是否具有较强的保障; (3) 建设安全保证方案的科学合理性
	投资管理措施		从项目公司拟采用招标方式实施采购的主要项目范围是否全面,项目投资控制措施是否科学合理,投资超支(或结余)风险承担方式是否科学有效等方面进行评审
	调试运行方案		(1) 调试方案(包括总联调架构、调试方法、调试步骤等)是否科学、合理,能否高效地保证调试目标的实现; (2) 试运行方案(包括试运行目标、设备系统的测试及考核、运营服务和表现考核、安全管理的验证、应急预案的演练方案等内容)是否科学合理

(续表)

评审项目		分值	主要评分因素
运营维护方案	运营管理体系		从项目运营管理机构设置、人员配置的合理性,运营管理原则和管理制度的可行性、健全性等方面进行评审
	客运服务方案		(1) 运营期客运组织及服务方案(包括票务组织方案、客运服务考核标准)是否健全,是否科学合理; (2) 行车组织、安全保障方案是否科学合理,是否完善健全,是否得力可行
	设施设备维护管理方案		对设施设备维护管理方案(包括维护策略、维护组织架构、设备及设备更新的管理、维护作业及故障处理及应急预案等)是否健全、是否科学合理、是否切实可行等方面进行评审
	安全和应急管理方案		(1) 安全管理系统、信息管理方案、建设运营衔接方案、安保安检工作和城轨保护区管理方案是否完整、合理可行,安全管理指挥机构管理制度等体系是否完整、措施有力; (2) 应急指挥机构、应急管理制度等体系是否完整、措施有力,应急处置预案、应急演练预案是否全面、有针对性
移交方案			(1) 合作期届满前的资产维护维修方案; (2) 移交后缺陷责任期内服务方案; (3) 移交过程策划方案

(三)报价部分

项目采购人可根据自身要求及项目特点灵活制定报价部分的评分办法。表 4-3 为基于年可用性服务费和车公里服务费的报价评分参考案例。

表 4-3 报价部分评价标准

评审项目	分值	主要评分因素
年可用性服务费		取各有效投标中满足招标文件要求且报价最低的年可用性服务费报价为评标基准价,对于其他各投标报价进行打分,其得分计算公式为: $$可用性服务费报价得分 = (评标基准价 \div 该投标报价) \times 15$$

（续表）

评审项目	分　值	主　要　评　分　因　素
初始车公里服务费		取各有效投标中满足招标文件要求且报价最低的初始车公里服务费报价为评标基准价,对于其他各投标报价进行打分,其得分计算公式为: 初始车公里服务费报价得分＝(评标基准价÷该投标报价)×10
建设工程下浮率		取各有效投标中满足招标文件要求且投标下浮率最高的报价为评标基准下浮率,对于其他各投标下浮率报价进行打分,其得分计算公式为: 下浮率报价得分＝(1－评标基准下浮率)÷(1－该投标下浮率)×5

第三节　项　目　投　标

社会资本在投标阶段要对项目识别阶段政府确定的基准收益率进行核算,综合考虑风险情况、期望收益等因素,做好投标决策,按照招标文件的要求编制科学的投标文件。

一、社会资本方投标阶段的主要风险

城市轨道交通 PPP 项目是一项极其复杂的系统工程,在项目实施过程中,不可避免地会受到各种不确定性因素的影响,这些不确定性因素的影响可能会导致一定的经济损失。如何在投标前有效识别项目风险,尽量规避或减少可预见风险导致的经济损失,是社会资本方在投标前的一项重要工作。城市轨道交通 PPP 项目在执行阶段的主要风险详见第六章第三节,下面就投标阶段的主要风险及应对措施进行简单介绍。

城市轨道交通 PPP 项目社会资本方在投标阶段面临的主要风险包括项目实施范围及边界条件不明确、成本测算不准确、经营收入损失、税费计算不全面、特许经营协议风险条款识别等。

（一）项目实施范围及边界条件不明确

PPP 项目的实施范围及边界条件是社会资本方进行准确的财务测算的基础，也是项目公司在项目执行期间遵循的准则。在城市轨道交通 PPP 项目招标过程中经常会出现运营范围及边界条件、可行性缺口补助的范围不明确等问题，将直接影响运营成本测算及项目收益评估，对于社会资本方来说可能存在项目投资收益严重偏离的风险，同时也将严重影响双方权利义务的正常履行。

建议招标人在招标阶段重视运营阶段的实施范围及边界条件，明确项目运营方案、可行性缺口补助的范围等信息；社会资本方应仔细梳理项目收益评估中涉及的所有边界条件及要求，若发生不确定或错误的事项或内容，应通过招标前的澄清流程进行明确或纠正，确保在边界条件清晰完整的情况下进行投资收益评估及决策。

（二）运营成本测算不准确

城市轨道交通 PPP 项目社会资本方以工程建设或设备生产制造领域的企业为主，对城市轨道交通运营业务较为陌生。受专业能力及经验的影响，难以对项目运营阶段的运营方案进行分析评估，不了解实际运营过程中的成本支出情况及核准的方法，故难以对项目运营成本进行准确估算，导致项目可能存在运营成本不足的问题未被及时识别的风险。而城市轨道交通 PPP 项目运营期一般为 20 年以上，进一步放大了运营成本超支风险对整个项目收益的影响，导致社会资本方无法获得预期收益，影响 PPP 项目的执行。

建议社会资本方在进行投标决策前，应组织专家对项目运营期间的方案进行准确分析及评估，对运营成本进行仔细估算，确保运营成本测算范围完整（无缺项漏项），工作量明确，成本参数取值科学合理，以减少由于运营成本估算不准确导致的项目收益不达标的风险。

（三）经营收入测算偏高

城市轨道交通 PPP 项目的经营收入主要为票务收入和非票务收入，票务收入主要根据项目初步设计阶段的客流预测结果进行估算，根据风险分配原则，一般客流风险由政府方和社会资本方共同承担，票价变化由政府承担。城市轨道交通客流预测数据一般根据初期、近期、远期最后一年的沿线发展情况进行预测，预测客运量通常偏大。对于实际客流情况不好的项目，将导致实际票务收入与测算的票务收入存在较大缺口。此外，对于城市轨道交通资源经营所获得的非票务收入的测算通常与实际也存在较大偏差,进一步加大了项目实际经营收入与测算经营收入的缺口,从而影响项目公司的收入及收益指标。

建议社会资本方在进行经营收入测算时,应结合项目功能定位、线路走向、车站设置、城市规划等对运营期间实际客运量进行预判,根据预判的客运量进行票务收入测算和非票务收入测算,以减少项目执行期间承担的经营收入损失风险。在评估项目客流风险较大且严重影响项目达到预期收益时,也可以为项目谈判或决策提供依据。

(四)特许经营协议风险条款识别

城市轨道交通 PPP 项目招标文件中一般会将《特许经营协议》《股东协议》《投资协议》等项目主要合同文件一并发出,特别是在《特许经营协议》中可能存在部分条款不合理、缺乏可操作性、描述不清晰、难以兑现或兑现风险较大、风险分配不均等问题,加大了项目执行风险。

建议社会资本方在拿到招标文件后,应组织对《特许经营协议》《股东协议》《投资协议》等项目主要合同文件的核心条款进行确认,重点关注涉及成本费用部分风险分配原则的相关条款,通过前期招标澄清阶段予以明确或规避,降低项目后续执行风险;同时,招标人应根据实际情况对投标人提出的问题进行认真回复,对于不采纳的澄清问题及建议应明确原因。

二、项目投标主要财务指标计算

城市轨道交通 PPP 项目投标决策阶段关注的主要财务指标为项目资本金现金流量及收益率、项目总投资现金流量及收益率,为了计算投标决策所需要的财务指标,需建立完整的财务指标测算模型。

(一)基础条件设定及费用测算

1. 项目总投资估算表

根据项目的建设范围,估算项目建设成本,建设成本主要包括工程费用、工程建设其他费用、预备费及专项费。其中,工程费用又按专业分为建筑工程费、安装工程费及设备购置费。一般投标人根据估算的实际建设成本(不含运营期贷款利息)与招标文件中约定的总投资的差额,确定总投资的下浮率。城市轨道交通 PPP 项目总投资下浮范围为工程费用、工程费用中的其他费用、预备费、专项费中的车辆购置费及其他附属工程费。

2. 项目分年度投资计划及建设期利息估算表

根据项目建设计划,按年度制定总投资计划,根据项目资本金缴纳比例,估算建设期每年的贷款金额及贷款利息。

3. 总投资及资金筹措估算表

项目总投资资金来源主要分为两个部分:一部分是项目资本金,由项目股东方按照股权比例认缴的费用;另一部分是除资本金以外的总投资部分,通过银行借款等方式进行筹措。总投资及资金筹措估算表主要反映项目每年各股东方资本金认缴金额及银行贷款金额。

4. 借款还本付息表

城市轨道交通 PPP 项目在建设期间的贷款一般是待项目进入运营期后开始偿还,借款还本付息表主要计算建设期贷款累计总额在运营期的还款方案,当前在投标财务指标测算阶段,较常使用等额本金或等额本息的方式计算运营期每年的还本和付息金额。由于城市轨道交通 PPP 项目年度补贴金额较大,受政府支付能力及项目自身经营收入的影响,项目公司收入一般呈现前少后多的特点,项目还款方案的设计对项目资本金现金流量的影响较大。特别在项目初期,建议在综合考虑项目公司现金流量的情况下合理设计项目的还款方案,确保项目公司现金流量为正值。

5. 日常运营成本、更新改造及追加投资费测算

根据招标文件提供的项目运营范围及边界条件,对项目运营期间发生的人工成本、电力成本、维修费、安保费、运营费、管理费、保险费及其他招标文件约定的费用进行测算。通常城市轨道交通 PPP 项目除约定初期成本单价外,均会配套设置单价调价机制,在进行日常运营成本测算使用到的人均工资水平、电费水平、材料损耗费单价或其他相关费用单价取值时,建议采用静态估算的方式进行测算。

在测算更新改造及追加投资费前,应先确认项目可行性缺口补助的范围。目前城市轨道交通项目关于更新改造及追加投资费的处理方式主要分为两种:一是约定更新改造及追加投资费不纳入补贴范围,由政府根据实际情况据实支付;二是纳入可行性缺口补助范围。

其中,第一种情况下的项目在进行财务指标测算的过程中,不需要对更新改造及追加投资费进行测算,但需根据追加投资的车辆数,同步增加运营期间的乘

务人员及车辆检修人员。第二种情况下的项目就需要根据各个专业的全生命周期折旧年限估算整个特许运营期内的更新改造计划及更新改造费用,根据项目运营方案估算运营期内的增购车计划及追加投资费用。

6. 项目总成本表

项目总成本表主要包含项目运营期间的日常运营成本、更新改造及追加投资费(若有)、折旧及摊销费、运营期贷款利息。

7. 项目收入估算表

城市轨道交通 PPP 项目收入主要包含票务收入、非票务收入及政府可行性缺口补助,根据各类收入计算方法对各项收入数据进行估算。投标人在估算项目收入时需注意评估项目预测客流与实际客流的偏差;同时,在估算非票务收入时保持合理预期,以避免加大项目实施过程中的收入风险。

8. 项目增值税、税金与附加税费估算表

根据收入估算结果,分别按照票务收入、非票务收入及政府补贴部分计税税率,计算项目运营期每年的销项税。

根据项目建设成本及各部分费用适用的税率,估算建设期进项税;根据日常运营成本、更新改造及追加投资费(若有)及适用税率,估算运营期每年的进项税。

按照进项税、销项税抵扣规则计算每年所需缴纳的增值税额,根据增值税额,按照城市维护建设税和教育附加费税率计算每年所需缴纳的附加税。

(二)利润及利润分配表

利润及利润分配表主要是对上述通过测算已知的数据进行加工,从而得到项目的利润总额、需缴纳的所得税额、应提取的各类基金(法定盈余公积金、任意盈余公积金)、项目每年可供分配的利润及未分配利润,主要用于反映项目每年的盈利或亏损的状况。在进行利润及利润分配表计算时应注意:

(1)该表中的收入均为不含税收入,成本为不含税成本。

(2)在计算企业应纳所得税时要注意,应纳所得税额为当年的利润总额弥补完以前年度亏损后的金额,即:

$$应纳所得税额 = 利润总额 - 弥补以前年度亏损$$

受补贴模式影响,部分城市轨道交通项目初期补贴较少,可能出现补亏年限较长,在测算过程中应注意企业所得税补亏年限为 5 年。

（三）现金流量表及收益率测算

城市轨道交通 PPP 项目较常使用的现金流量表主要有项目资本金现金流量表、项目总投资现金流量表、投资各方现金流量表。

1. 项目资本金现金流量表

项目资本金现金流量表主要是计算项目各股东方投入的现金与收回的现金差异,以反映项目资本金的收益情况。项目资本金现金流量表与项目总投资现金流量表的主要差异为现金流出部分,项目总投资现金流量表中的现金流出为建设期总投资、日常运营成本、更新改造及追加投资、各类税费(增值税、附加税、所得税等)。项目资本金现金流量表中的现金流量为项目资本金、日常运营成本、更新改造及追加投资、各类税费(增值税、附加税、所得税等)、运营期偿还的本金及利息。

社会资本方为了提高项目投资收益,减少投资风险,除项目资本金以外的资金多采用银行贷款的方式进行筹措,若贷款利息低于项目总投资收益率,则借助资金筹措的杠杆作用,可以提高投资方资本金的投资收益率。项目资本金现金流量及收益率指标主要用来反映投资方投入产出情况,常用于判断项目的优劣。

2. 项目总投资现金流量表

项目总投资现金流量表又称为项目融资前的投资现金流量分析表,是指在不考虑融资成本(运营期利息)情况下进行的财务分析,从项目总投资获利能力的角度对项目各类方案设计的合理性及项目收益情况进行分析评估。项目总投资现金流量表主要通过项目公司在特许经营期(建设期和运营期)内每年现金流入和流出情况,计算项目公司每年的现金流量情况,根据每年的现金流量计算项目总投资财务内部收益率。

项目总投资现金流量及收益率是在排除了资金筹措给项目投资效益带来的杠杆作用后,反映项目盈利情况的指标,同时,也可把项目的盈利能力与项目资金筹措成本进行比较,以确定项目融资方案及使用外部融资时能够承受的贷款利率上限,以准确进行投资风险评估。

3. 投资各方现金流量表

在计算 PPP 项目投资各方的现金流量及收益率指标时,首先应明确该 PPP 项目的合作方式及收益分配方式。目前城市轨道交通项目的收益分配方式主要有两种：一种是政府方不参与分红，另一种是政府方与社会资本方按股权比例分红。

如果该项目采用的是政府方与社会资本方按股权比例分红的方式，则项目资本金的收益率即为项目公司股东的收益率；采用政府方不参与分红的方式实施的项目，应以投资方实际资本金出资金额来计算现金流量及收益率指标，一般高于项目资本金收益率。

无论选择哪种财务指标作为项目决策的依据，均需注意在进行现金流量测算时，现金流量表里面不应出现折旧费与摊销费，因为它们并未直接参与现金的流动，主要是通过企业所得税来影响现金流量。

三、投标文件的编制

PPP 项目的投标文件的编制通常分为三部分，分别是资信文件、技术文件和商务报价。

(一) 资信文件

资信文件一般是以企业财务指标、业绩情况、融资能力作为考核条件。

1. 企业财务指标

财务指标通常是指偿债能力指标、营运能力指标及盈利能力指标。在实际投标环节中，使用较为频繁的是总资产、净资产、自有资金及资产负债率。

2. 企业业绩情况

招标人通常将企业施工业绩、运营业绩、工程获奖情况作为该项内容的主要限制条件。实际操作中，往往要求投标企业近 3 年承接的类似项目业绩合同总额大于或等于 PPP 项目总投资额，且会对项目投资模式提出要求，比如是BOT、TOT、ROT、BT 等。同时，需要投标企业近期获得的奖项数量满足要求，更有甚者会指定奖项名称，比如鲁班奖、全国市政金杯示范工程等。

3. 企业融资能力

企业融资能力往往考核的是投标企业的银行授信额度、银行资信等级是否能获取针对项目的贷款意向书。

(二) 技术文件

城市轨道交通 PPP 项目技术文件不仅需要完成工程的各项技术措施和方案，更需要投标单位从业主的角度制定方案，发挥项目公司的管理职能，既要实现对项目建设阶段的管控和监督，又要保障运营期的安全运营。通常城市轨道交通 PPP 项目的技术文件包括项目投资方案、项目公司组建方案、项目建设方案、项目运营方案、项目移交方案等内容。

1. 项目投资方案

项目投资方案主要包括资金筹措方案、资金使用计划、项目成本测算、收益指标及财务分析等。其中，资金筹措方案主要从自有资金情况、拟投入项目公司的自有资金和其余建设资金额度、资金来源及相应的保障措施等方面来证明或响应招标人的实际要求，其保障措施主要是从公司的经营状况、工程款回款情况、银行存款资金活期账户余额以及各大银行的大额授信额度、股东的担保和借款等方面，来证明投标人有能力满足该项目的实际资金需要。

资金使用计划是根据项目实施的工程筹划，对资金的获取及支付进行合理统筹，尽可能地提高资金使用效率，避免资金闲置，从而降低资金使用成本。

项目成本测算是根据项目实施范围及要求，对项目的建设成本（含资金筹措费）、日常运营成本、更新改造及追加投资等费用进行测算，确保各项成本支出完整、工作量准确、单价合理，同时对建设及运营期间的超支风险进行分析评估。

收益指标及财务分析是从总收入（政府补贴、票务收入、非票务收入）、总成本（建设成本、日常运营成本、更新改造及追加投资费）、利润、项目资本金现金流量、项目总投资现金流量等方面进行测算。

2. 项目公司组建方案

该方案除了需阐述如何按照公司法规定进行项目公司组建外，还需明确项目公司作为 PPP 项目的主体单位，要有科学合理的组织架构及相应的组织建设计划、各阶段岗位设置及人员配置、各机构职责划分等。

3. 项目建设方案

项目建设方案主要包括项目勘察设计、施工组织、监督管理、设备采购、试验检测、施工质量、投资控制、移交主要工程量和状态、建设期保险等方案。项目建设方案不仅要明确建设工作的主要内容和总体时间安排，还应包括核准项目申请报告、图纸报批、办理各项批复手续、取得施工许可、征地拆迁、组建项目部和划分施工工区、大型临时设施的建设、技术准备等具体实施方案和时间节点的控制，同时也需明确项目建设阶段详细的工作内容及对重大时间节点的控制，包括施工总体部署、主要分项工程及季节性施工方案等。

4. 项目运营方案

项目运营方案主要包括城市轨道交通项目运营筹备方案、运营期间的组织架构及人员配置方案、运营期间的规章制度体系建设方案、行车组织方案、客运及票务组织方案、设备维保方案、安全管理体系、应急管理体系、绩效考核及质量评估体系、人员培训方案、信息化应用方案等。投标人应从实用性出发，根据行业经验及项目特点，以满足运营期内的生产组织需求及安全管理为前提，制定全面有效的运营方案，确保项目的运营水平及服务质量。运营方案中除以上常规内容外，建议在充分测算项目运营成本后，给出运营成本优化措施及控制办法。

5. 项目移交方案

根据 PPP 项目实施模式，社会资本方需要在项目特许经营期结束后，将项目所有资产全部无偿移交给政府或政府指定机构。为了确保 PPP 项目实施的完整性，项目移交方案也是技术方案中不可缺少的一部分。

项目移交方案要明确的主要内容包括项目本身及其附属范围内的设备设施，与项目建设和运营相关的档案资料、规章制度、技术方案等资料，与项目有关的所有未到期的担保、保证和保险的受益权，与项目运营和养护有关的所有技术和知识产权，以及所有与项目及其资产有关的其他权利和义务，等等。同时，该方案还需确定移交前第三方检测（若需要）的时间和相关指标要求，并明确移交标准。

城市轨道交通 PPP 项目一般在特许经营期结束前 2～3 年启动项目资产移交工作，由双方联合组成移交委员会，明确项目最终的移交方案，并在特许经营期满之日，按审定的移交方案组织资产转移，办理项目公司名下的应移交资产、资料的过户、变更及登记手续。

投标文件的技术文件内容通常较多，建议投标人在编制技术文件的同时，根据招标文件中的评分办法编制技术文件的评分索引，便于评标专家翻阅投标人的技术文件并进行公正客观的评价。

（三）商务报价

对于城市轨道交通 PPP 项目，通常会出现多家央企同时参与投标的情况。在这种情况下，多个投标人之间的资信及技术方案差异非常有限，商务报价乃是中标的决定性因素。商务报价的内容主要包含施工下浮率、融资利率、资本金财务内部收益率、项目总投资财务内部收益率以及运营期相关费用的报价等。财务报价相关指标需要结合企业的收益预期,并通过对项目收入、成本的综合测算来确定。建议投标人在进行收入测算时,应根据项目实际情况充分评估项目投入运营后的实际票务收入和非票务收入情况,在财务模型测算中考虑一定的风险损失;在进行成本测算时应考虑完整,除实际发生的建设成本、运营成本外,还应充分考虑各类税费,确保将项目的财务风险控制在一定范围内。

第四节　合 同 体 系

一、合同体系构成

在 PPP 项目中,政府与社会资本方,项目公司的股东之间,项目公司与项目的融资方、承包商、专业运营商、原料供应商、产品或服务购买方、保险公司等其他参与方之间,还会围绕 PPP 项目合作订立一系列合同来确立和调整彼此之间的权利义务关系,共同构成 PPP 项目的合同体系。PPP 项目合同是整个合同体系的基础和核心,政府方与社会资本方的权利义务关系以及 PPP 项目的交易结构、风险分配机制等均通过 PPP 项目合同确定,并以此作为各方主张权利、履行义务的依据和项目全生命周期顺利实施的保障。

城市轨道交通 PPP 项目的合同体系主要包括 PPP 项目合同、PPP 特许经营协议、股东协议、融资合同、工程承包合同、运营服务合同和保险合同等。具体合同体系如图 4 - 1 所示,其中以下 3 份是最核心的法律文件。

(1)实施机构与社会资本方签订的《PPP 项目合同》。

(2)政府出资代表与社会资本方签订的《股东协议》。

(3)实施机构与项目公司签订的《PPP 特许经营协议》。

二、PPP 项目合同

PPP 项目合同是政府与社会资本之间的合作协议,是明确政府及社会资本双方权利、义务和责任的重要依据,更是 PPP 项目在全生命周期内能顺利实施的基础和保障,PPP 项目合同的签订和履行兼具长期性、疑难性和复杂性。财政部《PPP 项目合同指南(试行)》(财金〔2014〕156 号)规范了 PPP 合同的起草、

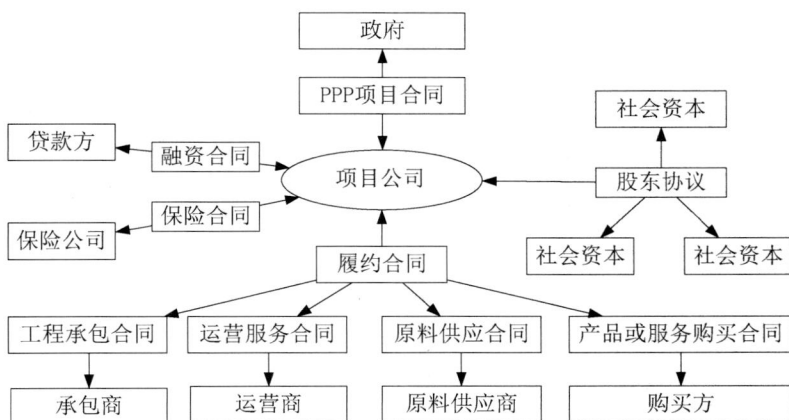

图 4-1　PPP 项目合同结构

谈判、履行、变更、解除、转让、终止直至失效的全过程。城市轨道交通 PPP 项目合同主要包括以下内容。

（一）合作主体

合同主要约定政府方和社会资本方合作的主体，设立项目公司等合作的方式。政府方是指签署 PPP 项目合同的政府一方的签约主体（即合同当事人）。在我国，城市轨道交通 PPP 项目合同通常根据政府职权分工，由项目所在地相应级别的政府或者政府授权机构以该级政府或该授权机构自己的名义签署，比如发改委、交通委、轨道办等。

项目公司是社会资本为实施 PPP 项目而专门成立的公司，通常独立于社会资本而运营。根据项目公司股东国籍的不同，项目公司可能是内资企业，也可能是外商投资企业。合同主要约定政府出资代表与社会资本方投资组建项目公司，包括资本金部分股权占比、注册资本金、融资负责、收益分成等内容。

（二）项目的范围和期限

项目的范围条款，用以明确约定在项目合作期限内政府与项目公司的合作范围和主要合作内容，是 PPP 项目合同的核心条款。根据项目运作方式和具体情况的不同，政府与项目公司的合作范围可能包括设计、融资、建设、运营、维护等。应根据项目的风险分配方案、运作方式、付费机制和具体情况选择合理的项目合作期限规定方式。基本的原则是：项目合作期限可以实现物有所值的目标并且形成对项目公司的有效激励。

（三）双方基本权利义务

PPP 项目合作需要订立一系列合同来确立和调整彼此之间的权利义务关系。通常约定政府方享有对整个项目的监督、检查、知情的权利，同时负有完成拆迁、办理审批、提供国有建设用地划拨使用权、协助办理各种证照及审批的义务；社会资本方的主要权利是获得投资收益，主要承担投融资、组建项目公司、做好相应的前期工作等。

（四）项目融资

PPP 项目合同中有关项目融资的规定，不一定会规定在同一条款中，有可能散见在不同条款项下，通常包括项目公司的融资权利和义务、融资方的权利以及再融资等内容。约定政府方投入的资本金，社会资本方筹措资金，项目公司和社会资本方负责投资控制责任，同时对投融资违约情形进行了明确约定。

（五）工程建设

这包含新建或改扩建内容的 PPP 项目，通常采用 BOT、BOO 或 ROT 等运作方式，项目建设是这类 PPP 项目合同的必备条款。有关项目建设的条款通常会包括设计和建设两部分内容。主要对工程建设计划、工程质量、工程安全、工程进度、验收、工期延误及相应的违约责任进行约定，明确约定若因项目公司或社会资本方的原因导致工程质量不合格、工期延误等，政府方有权解除合同、兑付保函、追究违约责任等。

（六）运营和服务

城市轨道交通 PPP 项目的运营不仅关系到公共产品或服务的供给效率和质量，而且关系到项目公司的收入，因此，对于政府方和项目公司而言都非常关键。主要约定在运营期内各方的主要权利义务关系、运营权的转让、运营标准、收益来源以及相应的违约责任，特别约定了项目公司未经政府方同意不得转让其运营权及相关权利，否则视为其不具有履行协议的能力，政府方有权解除合同、兑付保函等。

（七）项目移交

PPP 项目移交通常是指在项目合作期限结束或者项目合同提前终止后，项目公司/社会资本将全部项目设施及相关权益以合同约定的条件、范围和程序移交给政府或其指定单位。主要约定在正常移交情况下的移交标准、移交程序、移交内容和相应的违约责任，以及在非正常情况下需要移交的程序、债权债务的承担等。

（八）回报机制

城市轨道交通 PPP 项目回报通常由票务收入、非票务收入、可行性缺口补助三部分组成。合同主要约定项目公司在运营期运营收入的形式和来源，政府方向社会资本方支付费用，以及费用的计算标准、调价机制、支付方式、特殊情况的补偿机制等。

（九）公众监督和政府监管

为保障公众知情权，接受社会监督，PPP 项目合同中通常还会明确约定项目公司依法公开披露相关信息的义务。为了确保 PPP 项目能保质保量地完成和使用，合同会约定政府方有必要通过后期评价、融资监管、建设期、运营期等监管方式加以监督。

（十）履约担保

履约担保机制的设置一直以来都是 PPP 项目合同的重点内容之一，是项目执行阶段各项监管职能能够顺利实施的根基。一方面，它为社会资本方及项目公司按照合同约定履行义务提供了保证；另一方面，也是政府方在合作期间实现有效监管及在社会资本方或项目公司违约的情形下得到有效救济的强力措施。主要通过建设期、运营期、移交等担保约定，加强政府方对社会资本方和项目公司的约束，确保项目的质量、工期、服务、移交等工作的顺利进行和完成，达成最优的社会效益。

（十一）不可抗力和法律变更

不可抗力条款是 PPP 项目合同中一个重要的免责条款，用于明确一些双方均不能控制又无过错的事件的范围和后果，通常包括不可抗力的定义、种类以及不可抗力的法律后果两部分内容。主要对不可抗力和法律变更进行分类，并根据不同的类型设计不同的处理原则，明确各方的责任范围。

（十二）提前终止及补偿

PPP 合同的提前终止存在多种原因，既存在政府方原因，也有代表社会资本方的项目公司原因，还存在不可抗力、法律变更等原因。发改委的 PPP 合同指南中将提前终止条款称为"合同解除"条款，并归类为"项目合同的必备篇章"。主要约定在本项目相关合同不能正常履行的情况下如何处理，加强双方对合同履行的约束力，确保项目的完成。

（十三）争议解决

由于 PPP 项目涉及的参与方众多、利益关系复杂且项目期限较长，因此，在 PPP 项目所涉合同中，通常都会规定争议解决条款，约定发生争议的解决方式和争议期间的合同履行。

三、股东协议

股东协议由项目公司的股东签订，用以在股东之间建立长期的、有约束力的合约关系。城市轨道交通 PPP 项目股东协议通常包括以下主要条款：前提条件，项目公司的设立和融资，项目公司的经营范围，股东权利，履行 PPP 项目合同的股东承诺，股东的商业计划，股权转让，股东会、董事会、监事会组成及其职权范围，股息分配，违约，终止及终止后处理机制，不可抗力，适用法律和争议解决，等等。

项目投资人订立股东协议的主要目的在于设立项目公司，由项目公司负责项目的建设、运营和管理，因此，项目公司的股东可能会包括希望参与项目建设和运营的承包商、原料供应商、运营商、融资方等主体。

为了更直接地参与项目的重大决策，掌握项目实施情况，政府方可通过直接参股的方式成为项目公司的股东，但政府通常并不控股和直接参与经营管理。政府与其他股东相同，享有作为股东的基本权益，同时也需履行股东的相关义务，并承担项目风险。股东协议除了包括规定股东之间权利义务的一般条款外，还可能包括与项目实施相关的特殊规定。

实践中针对城市轨道交通 PPP 项目的特点，PPP 股东协议与一般意义上公司股东协议内容的不同之处主要表现在项目公司注册资本、经营权设置、股权变更等方面。

（一）项目公司注册资本

城市轨道交通 PPP 项目公司有注册资本的要求，一般会涉及固定资产投资。根据国务院《关于调整和完善固定资产投资项目资本金制度的通知》（国发〔2015〕51 号）的规定，城市轨道交通项目最低资本金比例要求为 20%，从政府选择投资人的角度来讲，项目公司的注册资本及缴纳时间等事项，一定意义上能够体现社会资本方的融资能力和履约能力。因此，PPP 项目公司设立需要注册资本金，且要求实缴。

在进行 PPP 项目公司股权结构设计时,需要注意出资比例限制问题。根据财政部合同指南规定,项目公司可以由社会资本方出资设立,也可以由政府方和社会资本方出资共同设立,但政府方在项目公司中的持股比例应当低于 50%,且不具有实际控制力及管理权。因此,对政府参股的项目公司股权比例的设计,应注意对其持股比例予以限制。对于城市轨道交通项目来说,由于项目投资大,对资本金的需求也大,为充分利用社会资本,政府对项目公司的出资比例在 30% 左右为宜。如果政府持股比例过高,相当于加大了社会资本投资 PPP 项目的资金杠杆比例,加大了政府方的风险。因此,针对项目公司股东协议股权比例设计,应该根据项目的实际情况,从实际操作的角度,合理安排各方在项目公司的持股比例,有利于项目公司建设合理的公司治理结构。

在出资时间安排上,因城市轨道交通 PPP 项目建设涉及资金额均较大,注册资金缴付数额如按项目初始投资额或总投资额的比例缴付,数额也较大。实际操作中,为保证项目公司的建设运营,对项目公司股东协议须拟订出资安排,是一次还是分次出资。约定分次出资的,首期出资在项目公司设立时必须到位,后续出资可根据项目建设进度对资金量的要求分次进行,但一般要求在建设期结束前的一段时间内一定要全部出资到位。如约定分次出资,股东协议须约定不按期缴付出资方需承担的违约责任。

（二）项目公司经营权

项目公司是通过授权股东会、董事会职权事项,以及对职权事项的表决机制实现公司管理运营的。按照公司法的规定,公司股东会由全体股东组成。PPP 项目公司建设运营的特殊性以及关于持股比例的相关规定,决定了 PPP 项目中政府股东须享有一票否决权。在设计股东表决权时,要求特别重大事项需要全体股东一致通过,涉及公共利益的重大事项决策时政府股东享有一票否决权。为平衡项目公司各方主体的权益,股东协议一般会在董事会的设置上进行特别约定。实践中应注意项目公司的董事会成员,由政府出资人代表推选的董事不能超过董事会成员的一半,否则将具有项目公司的实际控制权,从而不具有合规性。对于项目公司存在多个社会资本方的情况,对持有项目公司 5% 及以上股权的社会资本方原则上应给予董事会席位,以保障少数股东的权益。

（三）项目股权变更

项目公司自身或其母公司的股权结构发生变化,可能会导致不合适的主体成为 PPP 项目的投资人或实际控制人,进而有可能会影响项目的实施。为了有效控制项目公司股权结构的变化,在 PPP 项目合同中一般会约定限制股权变更的条款。

1. 股权变更的一般限制性规定

实践中 PPP 项目股东协议对股权变更的一般限制性规定通常设计为:项目公司股东应确保任何项目公司股东都不得擅自变更(包括向项目公司其他股东)其在项目公司中的全部或部分股权,除该变更为适用法律所要求,或具有适当管辖权的法院裁判或政府部门所规定的变更,或该变更经政府方书面同意外。再有,为限制政府持股比例,同时约定股权变更须保证项目公司社会资本股东方的股权比例高于 50%(但因期满移交和《PPP 项目协议》提前终止时的股权移交发生的股权变更除外)。

2. 股权变更限制的方式

股权变更限制的主要方式为锁定期。锁定期,是指限制社会资本转让其所直接或间接持有的项目公司股权的期间。至于具体期限,需要根据项目的具体情况进行设定。常见的锁定期是自项目合同生效之日起,至项目开始运营日后的一定期限。当然,在锁定期内,如发生以下特殊情形,可以允许股权变更:项目贷款人为履行本项目融资项下的担保而涉及的股权结构变更;将项目公司及其母公司的股权转让给社会资本的关联公司;如果政府参股了项目公司,则政府转让其在项目公司的股权不受上述股权转让变更限制。这些特殊情况作为锁定期股权变更的例外情形,可以在股东协议中予以明确。

3. 股权转让受让方的要求和限制

在社会资本方的选择上,政府是看中社会资本方的融资能力及对项目建设运营的履约能力,所以政府方还可能会约定对受让方的资质要求和限制。在一些特定的项目中,政府方也有可能不希望特定的主体参与 PPP 项目,因此可能直接在合同中约定禁止将项目公司的股权转让给特定的主体。

四、特许经营协议

城市轨道交通 PPP 项目是特许经营项目,实施机构应当与依法选定的投资人签订初步协议,约定其在规定期限内注册成立项目公司,并与项目公司签订特许经营协议。政府特许经营协议是法定的行政协议,政府特许经营协议是 PPP

协议的主要形式。

根据我国国务院部门规章，地方性法规、规章等规定，如《市政公用事业特许经营管理办法》《北京市城市基础设施特许经营条例》《上海市城市基础设施特许经营管理办法》，城市轨道交通 PPP 特许经营协议通常包括以下主要内容。

（一）项目边界

主要约定项目概况和项目运营的范围、期限、区域、方式，明确项目公司的权利边界和限制。特许经营期限根据行业特点、经营规模、经营方式等因素确定，一般情况下不超过 30 年，合同中可以约定期限届满时可以延期的情形以及延期的程序。特许经营的区域是指经营者经营特许项目的地理区域。特许经营权授予的方式为：在一定期限内，政府授权特许经营者投资、建设、运营基础设施和公用事业，包括现有基础设施和公用事业的改建、扩建，期限届满后移交政府；在一定期限内政府授权特许经营者运营已建成的基础设施和公用事业，期限届满后移交政府；其他经过政府允许的方式。

（二）双方的权利与义务

主要对政府方、项目公司的具体权利和义务进行更详细、具体、明确的约定。

政府方主要享有监督权、验收权、合理补偿、临时接管、政府承诺、档案管理、实施评估度、保密等权利与义务。项目公司主要享有特许经营权、获得回报权、获得赔偿、提供服务、设施更新改造及维护、信息报送、资料管理、履约担保、信息公开等权利与义务。

（三）项目建设

包含新建或改扩建内容的 PPP 项目，主要约定包括项目的配合、施工、验收、工期、质量控制及相应的违约条款。政府方可以很好地控制合同的履行，促使项目公司和社会资本方按约履行合同，按时保质地完成项目的施工建设，确保政府方合同目的的实现。

（四）项目运营

主要约定项目公司运营期间的责任及义务、运营服务标准、维修维护要求、票价及优惠、经营转让的限制、违约责任等内容。通过对项目运营的约定，可以促使项目公司和社会资本方更好地维护项目的良好运行，方便市民出行，维护公共利益和安全，同时通过对项目公司经营权转让的限制，约束社会资本方全程履约,防止社会资本方的短期套现行为。

（五）项目融资与财务管理

由于 PPP 项目投资数额大、回报周期长,通常需要通过融资来为项目的建设、运营以及维护等提供充足的资金支持。主要约定融资的义务主体、项目资金的管理、监管措施等。通过约定可以促使社会资本方提供满足项目需要的资金,并约束项目资金的专款专用,防止挪用项目资金,从而影响本项目的进度和完成。

（六）项目移交

主要是对《PPP 项目合同》中项目移交进行更详细的约定,对项目移交的标准、程序、条件、违约责任等进行具体约定,从而保证在运营期届满后,移交的项目运行良好,继续为社会公众提供良好的通行条件,保证公共安全。如果该项目继续采用特许经营方式的,在重新选择特许经营者时,同等条件下,原项目经营者优先获得特许经营权。

（七）协议终止

项目特许经营权期限届满,特许经营协议自动终止,同等条件下协议中的社会资本方享有优先权;特许经营协议提前终止,责任方承担终止责任,经济责任在特许经营协议中具体明确。在特许经营期限内,经营者不得擅自终止特许经营活动。如因不可抗力导致无法正常经营的经营者可以向政府方提出提前终止特许经营权的申请,经政府审核后应当允许其提前终止特许经营权;如因不可抗力以外的其他原因需要提前终止特许经营权的,经营者应当提前向政府方提出申请,经政府批准后,可以提前解除特许经营合同。

（八）争议的解决

特许经营合同通常应适用我国法律,并按照我国法律进行解释。双方在发生争议时,首先应通过协商方式解决争议;协商不成时,双方可按照约定或法律规定申请仲裁或提起诉讼。在争议条款中还需明确约定双方在发生争议期间,对于合同无争议部分应当继续履行;除法律规定或另有约定外,任何一方不得以发生争议为由,停止项目运营。

（九）不可抗力

发生不可抗力事件后,本协议的相关方应在不可抗力事件发生后立即通知其他方,并积极采取补救措施,以维护公共利益、减少损失或避免损失的扩大。

当不可抗力事件持续发生时，合同一方当事人应及时向另一方当事人提交中间报告，说明不可抗力和履行合同受阻的情况。

（十）与《PPP 项目合同》基本一致内容

履约担保、法律变更、协议的解除和违约处理等内容与《PPP 项目合同》基本一致。

第五章
城市轨道交通 PPP 项目的建设与运营管理

有别于传统的城市轨道交通项目，PPP 模式下实施的城市轨道交通项目，其建设与运营管理有其自身的特点。本章在工程建设阶段针对 PPP 模式下相对于传统建设方式下的建设管理的重点及相关注意事项进行了说明，在运营管理阶段列举了完全自主运营、业务集中分包、专业化分包、成立合资公司运营等多种运营管理模式进行了分析比较，对项目公司在运营管理阶段可能遇到的重难点问题进行了分析。

第一节　项目的建设管理

我国城市轨道交通已有 50 多年的建设及运营历史，城市轨道交通的建设及运营的里程数自 2017 年起就高居世界第一，在长期的建设过程中积累了大量的建设管理经验。但是对于近几年来通过 PPP 方式实施的城市轨道交通项目，由于其强调的是对于项目全生命周期的管理，因此 PPP 项目的建设管理有其自身的特点。

采用 PPP 方式实施的城市轨道交通项目，社会资本方不仅需要按时完成开通目标，还要在运营阶段按照特许经营合同的约定提供长期稳定可靠的运营期服务；同时，通常的城市轨道交通 PPP 项目特许经营期内的运营费用已超过了初期的建设费用，因此，为确保项目的顺利执行和整体收益，社会资本方必须从项目初始阶段就从全生命周期的角度出发，充分考虑项目建成后的运营管理和成本控制。城市轨道交通 PPP 项目在建设阶段需要对以下几个方面的工作予以重点关注。

一、项目设计及概算

城市轨道交通建设项目大多位于城市建成区,工程地质、水文情况复杂,与地下管线及周边建(构)筑物关系交织,相互影响。目前,大部分 PPP 项目都是以项目的初步设计为公开招标的依据确定工程范围和投资规模。而在项目实际实施过程中,由于边界条件的变化,时常会发生站位、线位变化以及施工方法的调整,设备选型和系统架构的变化,各类变更繁多造成项目投资的较大变化,影响项目实施,在这种情况下,如果地方政府不及时做出相应的调整,容易造成工期拖延,增大社会资本方的风险。

对于 PPP 项目,初步设计概算往往是计算项目投资金额的重要依据,但初步设计的深度往往无法达到施工图设计的深度,工程实施过程中的不确定性和必要的工程变更会进一步加大项目的投资金额,而在项目实施阶段调增项目投资金额存在多方面的约束,通常情况下只有社会资本方自行消化增加的工程成本,从而影响社会资本方的资本金收益率。

对于城市轨道交通 PPP 项目,社会资本方在项目投标前需要对项目及 PPP 实施方案进行充分调研,全方位了解项目实施过程中可能出现的各种风险,确保 PPP 实施方案中对工程变更和增加工程投资设定明确的分担机制,同时对项目概算进行认真分析,确保工程概算合理。对项目存在的不合理之处应在项目投标前与政府方积极进行沟通协调。

二、项目工期及进度

城市轨道交通 PPP 项目多为地方政府缓堵保畅的民生工程,在建设伊始就对项目开通试运营的日期提出了明确要求,在特许经营协议中通常也有对建设工期的相关考核要求。项目公司在确保安全和质量的前提下,如能通过科学组织和效率提升进一步缩短工期,将有助于项目内部收益率的提升。反之,如果项目工期得不到有效控制,导致开通试运营日期推迟,除了根据特许经营协议受到的相关处罚外,还会进一步增加建设期资金利息和推迟项目资本金回收时间,从而降低项目的内部收益率。

由于建设期存在较多不可控的外部因素,如征地拆迁、管线迁改、外电引入等,项目公司应提早组织承建单位优化施工组织和施工方案,提高施工效率。除此之外,为确保项目的整体工期,针对耗时较长的信号系统调试,还可采用异地联合调试、分区域接管场段、分段接管轨行区等方式,灵活开展调试工作,压缩信号系统的调试工期。

从政府的角度出发,项目的提前开通可以进一步增大项目的物有所值,因此,建议政府方在实施 PPP 项目时合理约定工期,并积极承担征地拆迁、管线迁改等可能制约工期的工作,这样项目公司对于统筹安排工期、力争提前开通试运营的积极性会更高。

三、项目安全与质量

城市轨道交通 PPP 项目的安全与质量是建设管理的重中之重。但由于 PPP 项目社会资本方参与主体的多元化,在进行顶层方案设计时,对工程质量安全管理责任划分容易考虑不充分,造成质量安全管理责任分配形式多样、责任边界不清等问题。同时,政策法规体系和监管体系不完善,使得合同内的安全和质量监管考核约束力不够。从目前国内城市轨道交通 PPP 项目的实施案例来看,一般由政府方出资代表(通常为地方轨道集团或地铁集团)代替政府部门进行项目日常的质量和安全监管,对于实际承接工程的施工单位而言,与传统建设方式下的安全和质量管理模式并没有太大差异。

在这种情况下,PPP 项目的安全与质量管理应重点从以下几个方面入手:

(1)完善监管体系,明确建设验收流程及质量要求。强化 PPP 模式下项目治理结构的顶层设计,强化相关各方安全与质量管理履责能力建设,严格落实对各方的监督与考核责任。

(2)理清各方职责,强化履约考核。明确政府、社会资本方以及各参建单位之间的责任和义务,避免安全与质量责任界定不清晰。

(3)强化参建各方的安全与质量管理履责能力建设,确保各参建单位在人才、资源等方面的投入。项目公司可以充分发挥其管理的灵活性,对质量安全管理既有对过程和结果的考核,也有相应的激励措施。

四、运营前置

在 PPP 模式下,项目公司投建运一体化的管理模式为运营前置工作的开展创造了良好的制度基础。运营前置是指项目运营人员参与项目前期设计和建设过程,通常项目公司可以通过成立运营筹备组,组织有经验的运营筹备人员提前介入工程设计和建设环节,加强与线路设计单位、建设单位的沟通,把运营需求保障工作前移,既能避免运营初期的二次整改,又能及早发现建设期遗留的问题,确保项目投入使用后安全可靠运营。运营前置工作一般围绕工程建设的设计、系统及设备招标、合同谈判及执行、设计联络、安装、调试、综合联调、验收全过程开展。

（一）设计管理

项目公司运营筹备组应充分发挥运营人员提前介入的作用,组织相关人员积极参与设计审查,提前提出并反馈运营管理需求,在保证项目投资受控的同时,为项目后期运营创造良好的条件。在项目建设过程中,运营筹备组应从运营实际出发向设计单位积极提出合理化建议,通过新技术的应用和信息化手段,降低项目运营后的运营人员编制和能耗水平。

（二）设备采购、生产、调试

在设备采购的招标阶段,运营筹备组应结合项目自身特点,从设备的选型和功能上提出有利于后期提高运营效率的建议。

在招标完成后,运营筹备人员应积极参与设计联络、设备监造、出厂验收等工作,在确保设备质量的同时,积极反馈运营管理的诉求,完善系统功能,提高项目后期的运维水平。

进入设备安装调试阶段,运营筹备人员应协助施工单位的设备安装调试工作,现场参与设备的安装调试、质量检验、功能验证,既为设备高质量投入运营打下坚实基础,又能起到提前熟悉设备、合理制定修程修制的作用。

（三）施工验收

为确保项目投入试运营后的安全运营及优质服务,运营筹备人员应充分介入项目施工的验收环节,对施工工艺不合格、施工质量不达标等问题予以重点关注,并及时进行纠正,避免由于施工缺陷给后期运营管理造成各类安全隐患,同时运营筹备人员应提前做好相关问题的闭环管理。

五、运营筹备

城市轨道交通运营筹备是一个大的系统工程,既要统筹考虑筹备成本,又要考虑筹备工作实效。运营筹备是工程项目从建设期到运营期过渡的关键阶段,具有重要意义。

运营筹备的工作内容较多，既涉及安全、行车和设备管理，又涉及组织架构、人员规章和后勤，工作覆盖面广，涉及人员多，成本管控压力大，需要得到足够重视。

（一）运营组织架构及薪酬体系的确定

城市轨道交通 PPP 项目运营期的成本支出主要在人工成本、能耗支出和设备运维成本等方面。在其他成本相对固定的情况下，人工成本对 PPP 项目的收益率影响最大，制定合理的运营组织架构，在满足运营要求的前提下控制人力成本，对项目公司有重要的影响。

影响运营人工成本的因素包括：运营管理模式、运营管理架构与人员编制、人员薪酬水平、新老员工比例和到岗时间等方面内容。

（1）运营管理模式。运营管理模式主要结合运营板块业务划分选择采用自主运营或委外服务，一般情况下自主运营工资成本较高，委外服务取决于市场成熟度和运营指标管控要求。

（2）运营管理架构与人员编制。运营管理架构与人员编制是在运营管理模式的基础上对运营企业内部的管理架构和人员编制进行确定。项目公司应基于特许经营协议，结合项目特点和运营管理模式，通过开展岗位工作分析，按照精干高效的原则，科学设置项目公司组织机构及定员，编写各岗位职责说明。岗位设置应结合管理实际，采用岗位复合、统筹管理等方式控制人力成本。

（3）人员薪酬水平。项目公司应根据外部竞争性和内部协调性，兼顾员工在项目公司的长期发展，合理制定公司薪酬体系。由于项目公司管理团队多为全新组建，尚未形成管理文化传承，自我人才造血能力欠缺，因此，在组建项目公司时应考虑有竞争力的薪酬体系，便于后续的人才招聘。项目公司的机构设置及岗位薪酬体系应报公司股东大会批准后实施。

（4）运营队伍组建和到岗时间。项目公司应采取社会招聘老员工和学校培养新员工相结合的方式组建运营队伍，并从保障运营和成本控制两个维度出发合理制定新老员工的比例。除政府相关规定及行业标准规定的人员到岗时间和取证要求外，项目公司应结合定编和运营筹备工作安排，合理安排人员到岗时间。

（二）运营人员的招聘、培训、取证

项目公司应根据批准的组织机构及编制方案，结合运营开通时间、运营模式,制定详细的人员招聘、培养计划。对从项目公司股东单位调入的运营人员,要提早做好人员调配计划及方案。

项目运营管理人员及关键岗位人员应于项目空载试运行一年前到位,普通岗位及维保人员应于空载试运行前 3～6 个月到位,安检、保安及保洁等委外单位人员建议在空载试运行前到位。项目公司应制订详细的人员培养计划,培训期满后经考核合格上岗,政府有明文规定要求持证上岗的,应按照相关规定执行。

（三）运营规章制度建设

运营筹备期间,项目公司运营筹备组应根据政府规定和管理办法以及相关行业规范的要求,组织建立完整的运营期规章制度体系;项目公司规章制度体系完成后,应组织专家对规章制度的系统性、针对性、可操作性等进行评审,项目公司根据专家意见进行修改完善,形成公司正式的规章制度体系。

在设备调试、综合联调和空载试运行阶段,项目公司应组织人员对相应的规章进行验证,对不适合的部分进行修改,对不完善的部分进行补充和优化。

（四）物资筹备管理

为确保运营筹备期间的物资供应及运营后对物资管理成本的控制,运营筹备期项目公司应做好与后期物资管理相关的信息化管理系统的规划,同时充分利用建设期概算配置必要的备品备件和工器具。

项目公司应充分发挥其管理灵活的优势,结合新线设备采购研究长期备品备件供应方案,有效控制运营期的采购成本。同时,项目公司应充分发挥与股东方,特别是社会资本方的协同作用,提前统筹运营期的备品备件及生产物资,提升运营期库存物资的周转率。

（五）运营接管

运营接管是指城市轨道交通项目的站点、区间、主变电站、控制中心、车辆段(场)等场所及相应的系统设备完成单位工程验收或特定的阶段性验收后,现场条件达到《城市轨道交通试运营基本条件》的要求时,由项目公司组织建设单位向运营团队移交相应场所及其设备设施的管理权、指挥权、使用权的关键工期节点。

接管后相应区域的“三权”(属地管理权、调度指挥权和设备使用权)交由运营方主导,运营团队应按照设定的运营组织架构及制定的规章制度进行运作,并结合运营筹备计划组织运营调度、司机、站务、维修等各岗位人员陆续进驻，对设备设施的功能进行逐一确认，对规章制度、操作手册进行细化完善，并开展行车、客运、票务、维修、应急响应等专项预案的演练工作。

（六）综合联调

城市轨道交通系统综合联调是从满足开通运营的角度，全面、细致地测试各系统在正常及故障等情况下，采用试验或者检测等方式对城市轨道交通 2 个及 2 个以上多专业系统间的工作状态、功能和系统间接口功能匹配关系进行综合测试，是开展试运行、运营综合演练的基础，也是城市轨道交通工程能否获准载客运营的关键环节之一。

首先，通过综合联调可检验设备系统在正常和非正常情况下的运行状态，以及是否达到设计要求的各项性能指标，有利于全面摸排系统缺陷问题并督促整改，避免将行车和安全类问题带入试运行阶段，也有助于运营人员对设备故障进行跟踪，后期加强对关键问题的跟踪。其次，通过综合联调可以对运营人员的实际操作能力和培训效果进行检验，能促进运营人员对设备系统的熟悉和了解，提高其在实际运营中对可能出现的事故及突发情况的应急处理和沟通协调的能力。最后，通过综合联调还可以对运营规章制度体系的完整性和可操作性进行检验，有利于提前发现规章制度中的薄弱环节并持续进行深化和完善。

为保证切实达到综合联调的效果，项目公司应安排运营方主导联调方案的编制并全面组织开展联调工作，以便更好地达到联调"促整改、验规章、验人员"的效果。

六、试运行及初期运营前安全评估

（一）试运行

试运行是指城市轨道交通工程基本完工后，运营单位按照开通标准组织的不载客列车运行，是依照运营要求对建设成果和运营筹备工作进行的全方位检验，是保障开通运营最关键的环节，试运行期通常不少于 3 个月。

在试运行期间，要求运营单位所有规章制度完成发布，人员全面到岗，同时须对列车准点率、兑现率等行车指标，以及列车服务可靠度、信号系统故障率等设备稳定性指标进行全面的统计，并穿插进行各类应急预案的演练工作，以切实检验线路是否具备开通条件。

试运行的情况可直观反映轨道交通线路的建设工程质量和运营筹备工作质量，试运行的运营状态将决定开通水平和开通初期的运营水平，项目公司应高度重视试运行工作，对试运行期间的设备故障进行认真分析，对运营单位的日常管理和应急演练进行客观评估，以保障线路以良好的状态投入载客运营。

（二）初期运营前安全评估

为提升城市轨道交通安全管理水平，规范城市轨道交通初期运营前安全评估工作，根据交通运输部《城市轨道交通初期运营前安全评估管理暂行办法》（交运规〔2019〕1 号）要求，城市轨道交通所在地城市交通运输主管部门或者城市人民政府指定的城市轨道交通运营主管部门，须组织第三方安全评估机构按照《城市轨道交通初期运营前安全评估技术规范》实施项目的初期运营前安全评估工作。《城市轨道交通初期运营前安全评估管理暂行办法》明确要求，城市轨道交通工程项目未经竣工验收合格不得开展初期运营前安全评估，未通过初期运营前安全评估不得投入初期运营。

初期运营前安全评估作为城市轨道交通项目投入运营的先决条件，有明确的技术规范作为评估依据，因此，为保证线路按期投入运营，项目公司应提前针对安全评估内容对建设标准、验收程序、筹备情况进行自查，邀请第三方安全评估及咨询机构进行预检查，发现问题并及时整改，确保初期运营前安全评估的一次性通过。

第二节　项目的运营管理

目前国内大多数城市轨道交通 PPP 项目尚未进入运营阶段。特别是对于大多数由建筑类央企作为社会资本方的 PPP 项目，如何充分利用社会资本方的自身优势，在确保项目安全运营和优质服务的基础上，进一步提升运营管理效率、降低运营成本，一直是社会资本方以及项目公司高度关注的问题。

一、运营管理模式及选择

国内城市轨道交通 PPP 项目的运营管理模式主要有 3 种。

（一）完全自主运营

项目公司参照传统城市轨道交通运营企业,在充分利用社会资本方自有资源的基础上,按照特许经营协议的相关要求开展日常运营工作。项目公司作为 PPP 项目运营生产和管理的责任主体及实施主体,自行组建项目的运营生产及管理团队,直接负责项目的行车组织、客运组织、票务组织、设备维护、安全及应急管理、物资及后勤保障等运营业务的实施及管理,负责项目范围内非客运业务的经营开发及管理,负责项目运营期内更新改造及追加投资业务的实施及管理。

在自主运营模式下,项目公司对项目的实际运营服务水平、安全管理及应急处置具有绝对的控制权,可充分结合项目公司的经营目标,通过优化组织架构及人员配置,引入先进技术及信息化手段,全面提高运营管理的效率及水平,同时,项目公司还可以通过灵活调整行车组织方案,有效控制运营成本。

但采用完全自主运营的模式也存在较大的困难及阻力。在该模式下,项目公司通常需组建全新的运营管理团队。由于在当前国内城市轨道交通行业快速发展的背景下,具有丰富经验的运营管理及关键生产岗位人员招聘难度大,且城市轨道交通运营业务复杂,岗位多且人员需求数量较大,导致项目公司的体量较大。此外,根据特许经营协议,在项目特许运营期结束后需将项目全部移交给政府方或其指定的运营单位,项目移交后项目公司人员的安排与处置也是困扰社会资本方的一个问题。

（二）业务集中分包

项目公司将运营业务集中分包给有成熟运营经验的第三方进行运营管理。在这种情况下,项目公司通常将运营业务集中分包给项目所在地既有的城市轨道交通运营单位。该模式可利用分包方丰富的运营管理经验,充分保障运营安全并为乘客提供更好的运营服务。在这种模式下,运营管理主体责任仍在项目公司,项目公司需建立与业务集中分包运营模式相适应的组织管理架构和规章制度,包括安全管理和应急管理的机制及办法。

但由于分包对象一般为项目所在地的国有城轨运营单位,其在运营管理过程中的关注重点在于运营的安全和服务质量,缺乏健全的运营成本管控机制,因此运营成本相对较高。由于 PPP 项目在进行物有所值定量评价时采用的 PSC 值通常就是地方国有运营单位的成本支出,因此,项目公司向分包单位支付的运营费用通常会超过 PPP 实施方案中政府对社会资本方约定的运营成本。同时,在运营业务集中分包给地方城轨运营单位时,即使运营业务受托单位没有利润的诉求,由于需要向项目公司开具增值税发票并缴纳增值税,这将进一步增大项目公司的成本支出。由于城市轨道交通 PPP 项目的长期性,社会资本方在项目运营期不可能一直处于入不敷出的状态,因此,即便目前很多 PPP 项目在运营初期选择了业务集中分包的方式,但可以预计其在项目的执行过程中也会逐步调整运营管理方式,以改善项目公司在运营期的收益水平。

另外,把运营业务集中分包给第三方运营单位将导致项目公司对项目的运营缺乏实际控制权,不利于项目公司运营主体和安全责任主体权利的行使。同时,由于项目公司在运营管理上基本处于架空状态,在政府财政资金紧张的状况下,可能会出现政府延期向项目公司支付可行性缺口补助,而直接向其所属的运营单位支付运营费用以维持项目正常运营的情况。

（三）专业化分包

项目公司对运营管理的主要工作内容按模块进行分解,采用专业化分包的方式实施,充分利用股东方、系统设备制造及集成单位和社会化第三方服务单位的资源优势,引入市场竞争机制,在确保运营安全和优质服务的基础上,有效降低并控制运营成本。专业化分包的模块通常有:

（1）项目的行车组织（含线路调度、乘务）和客运组织（含站务、车站票务）,此项业务为城市轨道交通运营的核心业务,直接涉及运营安全和服务质量,对业务技能和人员要求较高,同时行车组织通常还需要与线网其他线路进行联动组织,因此,建议该业务委托给地方城轨运营单位或行业内运营管理经验丰富的单位实施。

（2）轨道、供电、接触网、通信、信号、综合监控（含 BAS、FAS 及门禁系统）、低压供电设备、车站风水电设备、结构及装修等主要机电系统设备的维护,可通过比选的方式交由社会资本方下属单位进行维护,也可采用公开招标的方式选择维护经验丰富的单位实施。

（3）城市轨道交通列车车辆在运营期的日常维保、架修及大修,可以在车辆采购阶段明确由中标的车辆制造企业负责并提前确定相关费用。充分利用车辆制造企业的专业化优势,确保运营期城轨车辆的可靠性和可用性。同时,也有利于车辆新造阶段车辆制造企业采取切实可行的技术手段和措施提升车辆的可靠性和可维护性。

（4）专业性较强的专业系统设备由项目公司通过招标或合同谈判的方式委托给具备维保能力及资质的相关单位实施，如电梯、扶梯等特种设备原则上由生产厂商进行维护，自动售检票、屏蔽门等系统由专业化厂商进行维护。

（5）线路的广告及车站商铺资源的开发及经营建议项目公司在完成第三方商业价值评估后，在不低于评估价的基础上，参考特许经营协议中关于非票业务的相关条款通过招标方式确定具体资源经营单位。

（6）运营过程中涉及的安检、保安、保洁、场段物业及食堂等后勤保障类的第三方社会化服务工作建议由项目公司结合当地的社会化资源通过招标的方式确定实施单位。

通过专业化分包的方式，可充分利用社会资本方的自身优势及社会资源，有效提高运营管理各个业务板块的实施能力和运作水平。同时，通过采用招标比选的方式，引进市场竞争机制，能有效降低并控制运营成本支出。在专业化分包方式下，调度、司机、站务、各专业维保人员等一线生产队伍及生产辅助岗位人员均由委外单位负责组建，项目公司主要从安全管理、应急响应、服务质量及绩效考核、采购审批支付等方面进行管理，设置少量的业务管理、合约管理、财务管理、资产管理及综合管理人员即可，通过轻量化的组织架构实现项目的运营管理。

专业化分包的运营管理模式虽有效降低了项目公司在运营期间的管理幅度和具体工程量，但专业划分及分包不宜过细或过于分散，分包标段数量不宜过多，避免业务划分过细导致统一组织与协调管理难度增大。同时，项目公司作为运营管理主体，应负责多个专业化分包单位之间的日常工作协调及应急处置管理，这就要求项目公司的轻量化运营管理团队必须具备丰富的运营管理及应急处置经验。

（四）成立合资公司运营

由项目公司与项目所在地既有城轨运营单位共同出资成立合资公司，由合资公司全权负责 PPP 项目的运营生产业务及非票务资源的经营。项目公司负责项目的资产管理和财务管理，同时履行服务质量考核、设备设施运用状态考核等工作。项目公司通过收取可行性缺口补助、票务收入及非票务资源经营收入等进行偿还贷款和回收投资，并依据与合资公司约定的费用及支付方式，定期向合资公司支付运营费用。

组建合资公司负责 PPP 项目的运营,不仅具有业务集中分包模式下充分利用项目所在地既有城轨运营单位丰富运营生产组织及管理经验、保障项目安全有序运营的优势,同时,项目公司对项目的运营水平、服务质量、成本支出等具有较大的控制和管理权限,有效规避了分包成本高、运营控制权弱及政府转移支付等风险。在项目公司控股合资公司的情况下,通过合并报表可以在一定程度上合理规避分包过程中产生的增值税。

组建合资公司负责项目运营能够大幅精简运营期项目公司的组织架构,减轻项目公司运营期管理难度,同时,合资公司可通过股东双方人员派遣的方式实现人才输送,充分利用各股东方的人力资源优势,组建一支高水平的运营生产及管理团队,从而保障项目的安全运营和优质服务。

目前国内城市轨道交通 PPP 项目尚没有项目公司出资成立合资公司进行运营管理的先例,其可行性及合规性还需要结合具体项目进行全方位的论证。

（五）几种运营管理模式的比较

PPP 项目几种运营管理模式的比较如表 5-1 所示。

表 5-1　PPP 项目几种运营管理模式的比较

比较内容 ＼ 运营模式	完全自主运营	业务集中分包	专业化分包	合资公司运营
运营责任及安全责任主体	项目公司	项目公司	项目公司	项目公司
是否需要履行政府相关程序	不需要	不需要	不需要	需要
对运营业务的控制	好	一般	较好	好
委托运营产生的销项增值税	无	有	有	有(可抵扣)
运营成本	可控	相对较高	可控	可控
服务水平	满足考核要求	通常较高	满足考核要求	通常较高
运营人员劳动关系归属	项目公司	第三方	专业化分包单位	合资公司
运营期结束后运营人员是否移交	需要	不需要	不需要	不需要
社会资本方自身资源参与度	好	差	好	好

二、运营管理的重难点

（一）项目公司的运营主体责任

按照财政部《关于进一步加强政府和社会资本合作（PPP）示范项目规范管理的通知》（财金〔2018〕54号）的要求，无论项目公司采用何种运营管理模式，都不改变项目公司的运营主体责任和安全生产责任。项目公司必须遵守《安全生产法》相关规定并建立健全安全生产责任制，同时应按照《国务院办公厅关于保障城市轨道交通安全运行的意见》（国办发〔2018〕13号）的要求，建立完备的应急预案体系，建立健全专业应急救援队伍，配备满足需要的应急设施设备和应急物资，加强应急培训，提高应急救援能力。

（二）项目初期的现金流保障

由于城市轨道交通项目的客流以及对应的运行车公里数通常呈逐年增长的态势，因此，在传统的可行性缺口补助方式下，在项目的运营初期都会出现现金流紧张的情况，甚至会出现运营初期现金流为负，需要向银行申请流动资金贷款或由项目公司向股东（社会资本方）借款来维持正常的运营生产。在这种情况下，项目公司应积极采取相关措施，做好项目运营初期的资金保障，确保项目的正常运营。项目公司通常可以采取的措施有：

（1）做好年度资金预算计划，确保人员工资、电费、备品备件等运营日常开支的资金保障。

（2）确保票务及非票务收入的及时到账。

（3）确保政府可行性缺口补助按照特许经营协议的约定及时到账。

（4）积极争取银行的贷款宽限期，改善运营初期（特别是前3年）的现金流。

（三）项目公司的成本控制

对于城市轨道交通 PPP 项目，运营期的成本控制是社会资本方达到其预期资本金内部收益率的关键。本书第三章对日常运营成本的构成进行了详细描述。对于成本控制，应主要采取以下方式和手段：

（1）根据项目公司的运营生产计划，合理确定派班班制避免冗员，对委外项目通过市场竞争合理控制委托成本。

（2）合理制定修程修制，在合同和规范约定范围内，通过技术手段优化修程修制，鼓励采用免维护及少维护的设备。

（3）利用信息化系统有效提升人员工作效率，围绕管理效率提升，优化维保资源投放。

（4）通过管理手段进行节能，并利用技术手段降低能源消耗。

（5）降低备品备件及生产物资库存，提高库存物资周转率。

（6）降低项目公司自身的管理成本。

（四）现场生产人员的保障

城市轨道交通运营需要大量的一线从业人员。由于列车驾驶员、行车调度、行车值班员等一线生产岗位专业性强、培养周期长，虽然国家鼓励各类院校设置城市轨道交通相关专业或者专业方向，扩大人才培养规模，但是城市轨道交通行业人力资源相对短缺的情况仍将持续一段时间。在这种背景下，项目公司应采取必要的措施保障现场生产岗位人员的稳定，确保运营安全和服务质量满足特许经营协议的要求。

对于中西部地区地级市的城市轨道交通项目，特别是有轨电车项目，由于项目规模相对较小，现场生产人员的总数也较少，一旦发生从业人员的小批量流失就会对项目公司的正常运营造成影响。为了提高现场生产人员的稳定性，建议项目公司可采取以下措施：

（1）尽可能优先录用户籍在项目所在地的人员。

（2）适当降低一线生产岗位的年龄及学历门槛，特别是用人量较大的站务及乘务人员，只要经过相关培训取证满足上岗要求即可。

（3）提供在项目所在地有竞争力的薪资。

（4）做好员工职业规划，打通员工长期职业成长通道（不限于项目公司），提高员工对股东方（社会资本方）的认同感。

（5）营造积极向上的企业文化，增强企业员工凝聚力。

三、运营期的增加投资

（一）运营期增加投资的审批程序及流程

由于城市轨道交通 PPP 项目的运营期往往较长，为保证长期运营的服务质量，特许经营合同通常会约定项目公司在运营期根据运营实际追加投资的要求，并要求项目公司负责全部追加投资的资金筹措。运营期增加投资主要是为了满足客流增长的需要采购新的运营列车，也包括新增车站出入口/电扶梯、增加城轨车辆架大修设备等情况而增加的投资。

运营期增加投资通常由项目公司根据实际运营情况，经过评估后提出增加需求，也可由政府方提出，并经社会资本方和政府双方协商一致后予以实施。运营期增加投资应严格按照国家工程建设及招投标的相关要求执行，除社会资本方能够直接承接的工程或提供的设备外，都应该通过招标标或其他合法合规的形式进行采购。

（二）运营期增加投资的融资方式

运营期增加投资的金额较大，项目公司通常需要针对增加投资的工程或城轨车辆采购进行融资。项目公司在运营期可以采用传统的银行贷款进行融资，但是在运营期项目公司要申请基于增加投资项目的项目贷款通常比较困难，如果申请流动资金贷款，由于流动资金贷款利率通常偏高，会增加项目公司的财务成本。除了通常的银行贷款外，对于车辆增购，项目公司还可以采取租赁的方式进行。由于经营性租赁产生的租金可以进行增值税抵扣，因此项目公司可采用经营性租赁方式进行车辆增购。在 PPP 项目的整体框架结构下，项目公司可以进一步创新运营管理方式，以 BOT 方式开展车辆租赁，即出租人除负责通常租赁车辆的购买、维修保养以外还负责列车的驾驶工作，项目公司除支付车辆正常的租赁费用外，同时也将基于运营成本向出租人支付相应的运营费用。

四、车辆架大修及系统设备更新改造

（一）车辆的架修及大修

按照车辆制造厂家提供的城轨车辆维修手册和国内目前较为通行的车辆检修规程，城轨列车每运行 6 年或当行驶里程达到 60 万公里的时候需要进行车辆架修。城轨列车的架修作业主要包括车辆的制动、牵引、转向架、车钩、受电弓（受电靴）、车门、空调等多个子系统的拆解、检查、修复及清理、试验等，主要是对电气、气动、液压部件进行检查、修理的操作，对磨损和老化的零部件进行更换，对于电子部件及时进行测试和清理，对于蓄电池也需要进行及时的清理和充放电作业，同时对车辆系统进行全面的试验和调试。城轨列车每运行 12 年或当行驶里程达到 120 万公里的时候需要进行车辆大修。车辆大修需要对车辆各部件和系统包括车体在内进行全面的分解、检查及整修，结合新技术的应用，通过技术改造对部分系统进行全面更换，对车辆各系统进行全面检测、调试及试验，从而全面恢复车辆的尺寸和性能,确保城轨车辆在 30 年的设计寿命周期内保持稳定的可靠性及可用性指标。

由于项目公司通常不具备车辆架修及大修的条件,需要将车辆架大修业务委托给第三方,因此需要项目公司根据行车计划和车辆日常运用情况提早制定车辆的架修及大修计划,避免对正常运营造成影响或出现车辆欠修影响运营安全。车辆架修及大修的费用较高,项目公司应通过招标或其他合规方式确定车辆架修及大修单位,同时做好架修及大修期间项目公司的相关预算安排。

（二）系统设备的更新改造

城市轨道交通 PPP 项目特许经营权约定的运营期限通常为 20～30 年,因此,在运营期内通常需要结合设计使用年限对线路所采用的机电系统进行整体更新改造,部分 PPP 项目还要求项目公司在特许经营期结束前对部分机电系统进行整体更新改造。城市轨道交通主要机电系统通常的设计使用年限如表 5－2 所示。

表 5－2　城市轨道交通主要机电系统设计使用年限

序　号	系　　统	设计使用年限
1	通信系统	15 年
2	信号系统	15 年
3	供电系统	25 年
4	轨道系统	25 年
5	综合监控系统(含 FAS/BAS)	15 年
6	安防及门禁系统	15 年
7	自动售检票系统	10 年
8	乘客信息系统	10 年
9	通风、空调及供暖系统	20 年
10	给排水及消防系统	25 年
11	站台门系统(门体除外)	15 年
12	电梯及扶梯	15 年

城市轨道交通主要机电系统的更新改造工程由于是在既有运营线路及车站进行施工、安装及调试工作,具有工程周期长、安全风险大的显著特点。因此,项

目公司应对机电系统更新改造工程的安全、质量、进度和成本进行全方位的管控，特别对于可能对正常运营造成影响的更新改造工程，要提前做好相关预案，将更新改造对日常运营的影响降到最小。城市轨道交通 PPP 项目机电系统更新改造的费用根据项目的不同，对更新改造的投资计算及支付方式存在较大差异，项目公司应充分考虑更新改造过程中可能存在的风险，根据特许经营协议提前对机电系统更新改造工作进行系统性研究，确保机电系统更新改造工作的正常开展和项目公司自身的合理利益。

五、运营期内线路延伸或调整

城市轨道交通 PPP 项目对应的通常只是项目所在地城市轨道交通线网中的一条线路。该条线路在进入运营期后，根据线网规划的变化情况，线路存在延伸或者调整的可能性。为避免因线路延伸或调整引起合同边界条件变更后的双方权责界定困难，在特许经营合同中应对此类情况发生后的处置原则及方式进行明确。

除线路本身延伸或调整的情况外，线网后续线路的投入运营可能会对项目对应线路带来客流的变化，线网的清分模型及项目公司的票务收入也会随之发生变化，由于这种变化具有不确定性，建议在特许经营合同中按照公平性的原则对此类情况发生后的处置方式进行明确，从而消除对于政府或者社会资本方可能造成的不确定性风险。

第六章
城市轨道交通 PPP 项目的绩效管理和风险管理

绩效管理和风险管理是城市轨道交通 PPP 项目全生命周期过程中,两种极为重要的监管手段和方法。本章分别围绕政府监管、绩效管理、绩效评价及结果应用、动态风险评估体系及风险化解方案进行详细阐述并提出建设性实操建议。

第一节　项目的政府监管

一、城市轨道交通 PPP 项目政府监管责任与要求

PPP 模式涉及众多参与方,包括政府机构、社会资本方、公众等多方主体。城市轨道交通 PPP 项目的运行涉及广大公众利益,提供优质高效的公共产品供给服务、满足公众的公共利益需求是政府的职责所在,有效的政府规制和监管是保障 PPP 项目顺利实施的重要手段。在 PPP 项目的执行过程中,政府监管机构的职责在于监督政府机构与社会资本方依法、依约履行 PPP 项目合作协议,监督其他各相关主体方依法参与 PPP 项目,确保 PPP 项目的有序建设与运营。在 PPP 项目监管制度形成的过程中,政府作为监管政策的制定者,在制定监管制度时需要充分征求各参与方(包括社会资本方、金融机构等)的意见,才能既保证 PPP 项目中基础设施建设和公共服务的质量,又能维护各参与方的合法权益。

政府监管贯穿城市轨道交通 PPP 项目的全生命周期,监管周期长,在实施过程中会涉及多个政府机构和部门,包括发改委、财政、国土、环保、审计、交通、运输、公安等部门,这需要相关政府机构在 PPP 项目的实施过程中密切协作,以保证在高效完成对 PPP 项目监管的同时,为 PPP 项目的顺利实施提供保障。

城市轨道交通 PPP 项目中政府监管的机制和措施主要通过 PPP 项目合同来实施：通过签署项目合同，确定政府与社会资本方之间的合作关系，并明确双方的权利和义务。通过在 PPP 项目合同中对建设标准、服务标准、安全与应急措施等多项核心指标的约束，实现政府对项目的全生命周期动态监管。按监管范围划分，包括对项目投资、建设、运营和移交全过程的监管。按监管时序划分，包括事前监管、事中监管和事后监管。按监管层级划分，可分为一般监管、特殊监管和最终监管。如果涉及一般违约事件，则以经济处罚为主，政府实施一般监管；如果涉及公共安全等紧急事件，为确保公众利益，政府则拥有介入权并实施特殊监管；如果项目公司严重违反 PPP 项目合同中的相关规定，则政府有权实施最终监管，采取包括收回特许经营权在内的制裁措施。

二、政府监管相关政策解读

（一）《国务院办公厅关于进一步加强城市轨道交通规划建设管理的意见》（简称《意见》）（国办发〔2018〕52 号）

《意见》指出："为促进城市轨道交通规范有序发展，要从完善规划管理规定、有序推进项目实施、强化项目风险管控、完善规划和项目监管体系四个方面推进政策措施落实。"

（1）加强监管能力建设。健全部门间协同联动监管机制，国家发展改革委、住房城乡建设部等有关部门要建立城市轨道交通监管数据库，加强信息共享，运用大数据等技术手段提升监管水平，发挥行业协会作用，动态掌握城市轨道交通建设规划实施情况。省级政府有关部门要强化属地监管责任，城市政府有关部门要按权责明确责任分工，加强监管。地方政府要建立常态化安全检查制度和重点工程检查、抽查制度，加强项目稽查，强化工程质量终身责任制，完善城市政府负责的项目竣工验收制度。国家和省级发展改革部门要完善建设规划实施的中期评估机制，建立建设规划执行情况和建成投运线路经济社会效益分析的后评价机制。

（2）建立健全责任机制。坚持国家统筹、省负总责、城市主体的原则，明确有关部门和地方政府责任。国务院有关部门要加强对城市轨道交通规划建设工作的统筹和指导，省级政府有关部门对建设规划实施履行全过程监管责任，城市政府对项目建设和本级政府债务风险管控负主体责任。建立健全责任主体信用记录,将违规信息纳入全国信用信息共享平台,建立黑名单制度,对规划编制、评估、审查、项目设计等单位未履行相关职责并造成重大影响的,实行警示、禁入等联合惩戒措施;对违法违规审批、建设城市轨道交通项目的部门、企业及其责任人,要依法依规追责问责。

(二)财政部办公厅关于征求《政府和社会资本合作模式操作指南(修订稿)》意见的函(财办金〔2019〕94 号)

该函第五章进一步明确了政府和社会资本合作项目中各级政府、财政部门、政府相关职能部门、项目实施机构等政府监督管理职责和要求。

在 PPP 项目中,各级政府起组织领导作用,通过建立 PPP 工作机制,明确相关部门的工作内容和监督管理职责;各级财政部门履行规划指导、政策研究、识别评估、绩效管理、信息管理及统计披露、融资支持等职责,合理安排财政预算,加强对财政资金使用合规性和有效性的监督,确保项目全生命周期规范实施、高效运营;各级行业主管部门统筹使用各类公共资产和资源与社会资本开展平等互惠的 PPP 项目合作,指导、监督 PPP 项目的规范有序推进,建立健全本行业核心的绩效指标体系,合规履行预算编制、申报和执行程序;政府相关职能部门根据法律法规履行行政监管职责;项目实施机构严格履行合同约定,切实保障社会资本和项目公司的合法权益等。

(三)财政部办公厅关于征求对《政府和社会资本合作(PPP)项目绩效管理操作指引(征求意见稿)》(简称《绩效管理指引(征求意见稿)》)意见的函(财办金〔2019〕39 号)

《绩效管理指引(征求意见稿)》从 PPP 项目操作层面和政府推动 PPP 工作两个层面构建了 PPP 项目绩效管理和 PPP 项目工作绩效管理两个体系,同时也明确各级政府可对下级政府开展 PPP 工作绩效评价,各级财政部门可对下级财政部门开展 PPP 工作绩效评价。通过对 PPP 工作绩效进行"全面绩效评价",有利于 PPP 从整体、宏观角度进行规范推进。

《绩效管理指引(征求意见稿)》第三章明确了绩效监控主体与要求、绩效监控内容、工作程序以及对绩效监控结果的应用。绩效监控主体为:

(1)各级行业主管部门、项目实施机构应根据项目合同约定,对绩效目标的实现程度开展绩效监控。

(2)各级财政部门应会同行业主管部门对 PPP 项目识别、准备、采购阶段的工作推进情况开展绩效监控。

PPP 项目绩效监控应符合：

(1) 严格遵照国家规定、行业标准、项目合同中的约定，按照科学规范、公正公开等原则开展绩效监控。

(2) 根据 PPP 项目特点，考虑绩效评价和付费时点，合理选择监控时间，设定监控计划，原则上每财政年度内至少开展一次绩效监控。

(3) 选择最能代表和反映项目产出及效果的绩效目标与指标，适时反映项目情况和执行偏差，及时纠偏，改进绩效。

绩效监控是对绩效目标运行情况进行的跟踪管理和定期检查。内容应结合年度绩效目标和评价重点有针对性地确定，通常包括项目管理和目标要求的完成情况（目标保障）、目标实现程度、目标偏差和纠偏情况等。PPP 项目绩效监控工作通常按照表 6-1 的程序进行。

表 6-1　PPP 项目绩效监控工作程序及工作内容

	工作程序	工 作 内 容
1	确定绩效监控目标	各级财政部门应根据 PPP 项目工作推进计划，各级行业主管部门、项目实施机构应根据 PPP 项目合同的约定，选择可进行跟踪和检查的绩效目标
2	制定绩效监控方案	根据绩效监控的目标与要求，制定 PPP 项目绩效监控方案，包括项目背景和基本情况、绩效监控目标主要监控指标、主要调查方法以及监控工作的组织与实施
3	开展绩效监控	依据重点绩效目标，采用抽查资料、抽样调查、采样调查、现场检查、考核等方式对 PPP 项目管理的相关内容和绩效目标要求的完成情况实施绩效监控，归集监控信息
4	进行偏差分析	根据绩效监控信息，对照重点绩效目标，发现项目绩效运行偏差，分析偏差原因
5	提出纠偏路径	依据偏差分析，结合项目实际，提出实施纠偏的路径和方法
6	及时实施纠偏	项目绩效运行情况与项目实施阶段设定的绩效目标发生较大偏离时，绩效监控主体应及时查找问题，分析原因，采取措施，及时纠偏
7	形成绩效监控结果	依据项目基本情况、目标设定、组织实施、绩效目标完成情况、偏差分析及纠偏建议等，形成绩效监控结果，撰写《绩效监控报告》

　　根据以上绩效监控程序,各级财政部门、行业主管部门、项目实施机构应及时将绩效监控发现的偏差情况反馈给相关部门、社会资本或项目公司,并督促其及时完成纠偏工作。绩效监控结果可作为预付费及年度绩效评价的重要依据。

三、城市轨道交通 PPP 项目政府监管建议

　　结合国内 PPP 相关课题研究及全国政府和社会资本合作(PPP)综合信息平台管理库中城市轨道交通类 PPP 项目的实操情况,对该类 PPP 项目的政府监管提出以下几点建议:

　　第一,完善行业标准。为保障项目的建设、运营质量,政府必须明确项目建设运营标准,这也是政府对城市轨道交通建成后实施有效监管的基本依据。目前我国城市轨道交通的建设标准体系已趋于成熟,而运营标准相对来说不够明确。结合我国在城市轨道交通行业及 PPP 行业相关法律法规,完善城市轨道交通行业标准也是政府方有待解决的问题之一。

　　第二,健全法律规范。目前我国在轨道交通行业监管体制、行业法律规范及政策等方面已相当完善,如《铁路法》(中华人民共和国主席令第 25 号)、《城市轨道交通运营管理规定》(交通运输部令 2018 年第 8 号)、《住房和城乡建设部关于印发〈城市轨道交通工程安全质量管理暂行办法〉的通知》(建质〔2010〕5 号)等,但是对于城市轨道交通 PPP 项目的实施尚未有具体的 PPP 法律规范是政府监管的根本和依据,唯此,才能规范政府监管和提供有效的监管措施。为此,国家需制定相关法律规范,对 PPP 项目各主体的责任、义务和风险进行明确界定,保障项目顺利、有效地运行。

　　第三,形成有效的监管构架。在目前我国现行体制下,普遍存在"建管分离、重建设、轻管理"的问题。在目前政府职能划分情况下,城市轨道交通的监管涉及多个政府部门,如项目的资产属国资部门职能范围,票价问题属发改部门职能范围,交通政策问题属交通部门职能范围,补贴问题则涉及财政部门,在这样的情况下,政府应针对城市轨道交通的监管成立专门的组织,形成有效的管理和沟通构架,协调政府各个部门的意见,克服多头管理、政出多门的弊端,从而提高对城市轨道交通 PPP 项目的监管能效。

　　下文重点介绍在城市轨道交通 PPP 项目全生命周期政府动态监管过程中,两种十分重要的监管手段和方法,即绩效管理和风险管理。

第二节 项目的绩效管理

一、城市轨道交通 PPP 项目绩效管理流程

PPP 项目的绩效管理是在基础设施和公共服务领域，以 PPP 项目为载体，以绩效管理为手段，以实施结果为导向，以绩效提高为目标，对 PPP 项目预算资金安排、使用情况实施全过程管理，以控制并节约项目资金，最大化确保预算安排资金使用的经济性、效率性和效果性。在 PPP 项目全生命周期过程中，PPP 项目绩效管理应是包括绩效目标管理、绩效运行管理、绩效评价实施管理和评价结果反馈及应用管理的完整闭环系统。

财办金〔2019〕39 号文提出，PPP 项目绩效管理是在 PPP 项目中融入"全面实施绩效管理"理念和要求，各级政府、财政部门、行业主管部门、项目实施机构将绩效目标管理、绩效监控、绩效评价、评价结果应用纳入项目立项、项目设计、预算管理、项目执行及监督的全过程中所开展的各项管理活动，如图 6-1 所示。

城市轨道交通 PPP 项目绩效管理结果纳入对项目实施机构及行业主管部门、预算主管部门工作目标考核范畴，建立问题整改责任制和绩效问责机制，作为部门工作考评、干部任用、改进政府管理效能的依据；绩效结果作为 PPP 项目决策的依据，利于优化资源配置，控制节约成本，提高财政资金使用效益；绩效结果作为政府可行性缺口补助支付的依据，可以激发项目公司改进管理，持续提高公共服务水平。

在城市轨道交通 PPP 项目绩效管理流程中，绩效评价是 PPP 项目管理中的重要手段，不仅是政府支付可行性缺口补助和奖惩的依据，还有助于项目公司发现绩效管理中存在的问题并研究提出改善绩效意见。绩效评价既是对项目公司的鞭策，更是对其进行激励的手段；既是政府相关部门监管 PPP 项目的重要内容，也是规范 PPP 项目主管部门和财政部门有效履行监管的重要环节。

二、城市轨道交通 PPP 项目绩效评价

（一）绩效评价的主体与客体

PPP 项目绩效评价是 PPP 项目实施过程中必要且最有效的监管手段，绩效

	本级政府	财政部门	行业主管部门	实施机构	社会资本/项目公司	第三方机构
识别阶段		审查绩效目标和指标体系	编制绩效目标与指标体系并征求相关方意见			提供相关咨询服务
准备阶段	批复项目实施方案（含绩效目标与指标）			完善绩效目标与指标体系	对绩效指标体系提出合理化建议	
采购阶段	批复项目合同（含绩效目标与指标）			完善绩效指标，在合同中明确绩效目标与指标		
执行阶段			PPP绩效监控：确定绩效监控目标 / 制定绩效监控方案 / 开展绩效监控 / 进行偏差分析 / 提出纠偏路径 / 及时实施纠偏；PPP绩效评价：确定绩效评价对象 / 下发绩效评价通知 / 成立绩效评价工作小组 / 确定绩效评价工作方案 / 组成绩效评价专家工作小组 / 基础数据审核与沟通 / 现场调研与资料准备 / 数据资料整理分析 / 报告撰写与提交 / 报告征求相关方意见 / 根据反馈意见修改报告 / 绩效评价报告确认 / 绩效评价报告报财政部门备案 / 绩效评价结果应用		纠偏与整改；按绩效取得项目收益	
移交阶段			项目移交完成后绩效评价			

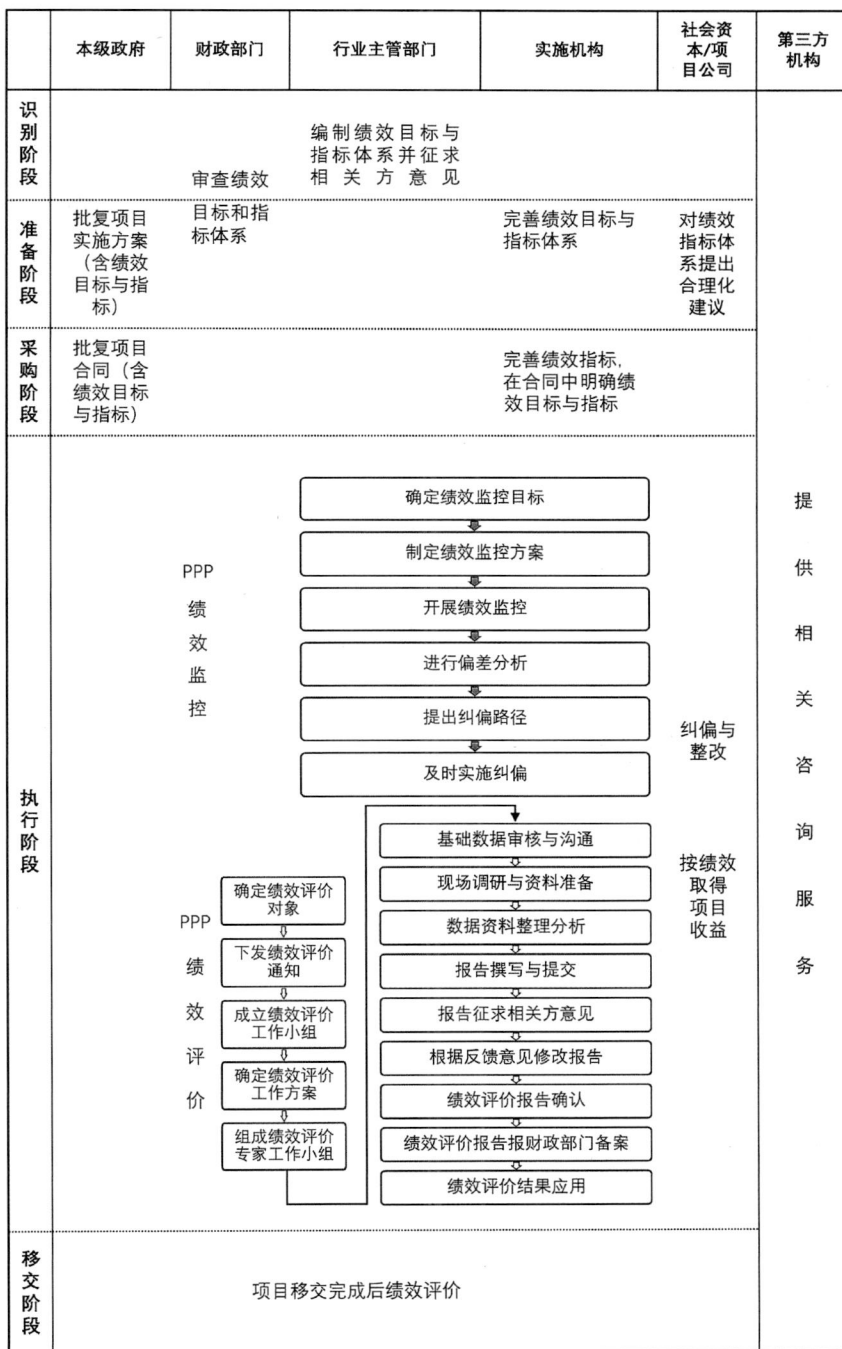

图 6-1 PPP 项目全生命周期绩效管理导图

管理与绩效评价是总体与局部的关系。PPP 项目绩效评价是实施机构根据 PPP 项目合同设定的绩效目标,结合社会资本方、政府部门、金融机构和社会公众等相关利益方的诉求,运用科学、合理的绩效评价指标、评价标准和评价方法,对项目管理、项目产出的效果、效益、利益方满意度、可持续性等方面进行客观、公正的评价。

传统预算支出绩效评价主要以评价财政资金的使用为主,因此多以财政部门为评价主体。发改投资〔2016〕2231 号文指出,项目实施机构应会同行业主管部门,根据 PPP 项目合同约定,定期对项目运营服务进行绩效评价,绩效评价结果应作为项目公司或社会资本方取得项目回报的依据。财办金〔2019〕39 号文《政府和社会资本合作项目绩效管理操作指引(征求意见稿)》指出,各级行业主管部门会同相关部门及项目实施机构按照事先约定的绩效目标和指标体系,组织实施本部门 PPP 项目绩效评价工作,各级财政部门可根据需要对行政区域内的 PPP 项目实施绩效评价。

结合政府相继出台的绩效管理相关条例及 PPP 项目实践经验,通常城市轨道交通 PPP 项目以实施机构为牵头主体评价单位,项目公司为绩效评价对象,作为绩效评价的客体。根据《财政部关于推进政府购买服务第三方绩效评价工作的指导意见》(财综〔2018〕42 号),可按照政府购买服务有关规定,选择具备条件的研究机构、高校、中介机构等第三方机构开展评价工作。

(二)PPP 项目的主要绩效评价方法

按照 PPP 指标体系不同的设计基础,目前通常使用的 PPP 项目绩效评价方法主要有关键绩效指标法、平衡积分卡法和目标管理法。

(1)关键绩效指标法(key performance indicator,KPI)。关键绩效指标法是将关键指标当作评估标准,把项目公司的绩效与关键指标做出比较的一种评估方法。在一定程度上可以说是目标管理法与帕累托定律(20/80 定律)的有效结合。关键绩效指标法适用于定量指标为主的绩效评价,对于城市轨道交通类 PPP 项目,某些管理维度方面的指标难以量化,因此,很容易使得评价流于形式而达不到真正的目的。

(2)平衡记分卡法(balance score card,BSC)。平衡记分卡法是根据哈佛大学教授罗勃特·卡普兰创立的平衡记分卡,从财务、客户、内部运营、学习与成长 4 个角度,将组织的战略落实为可操作的衡量指标和目标值的一种新型绩效管理体系。平衡记分卡要求从多维度进行评价，为了有效实现这种评价，就需要投入大量的人力、财力进行统计分析，耗费大量的成本。另外，指标的选择既是重点也是难点，选择不恰当就会造成难以量化等问题，定性为主的评价体系主观随意性太强，容易产生较大的评价误差，降低绩效评价工作的科学性。

（3）目标管理法（Management by Objectives，MBO）。目标管理法是以彼得·德鲁克的目标管理思想为基础，以科学管理理论和行为科学理论为基础形成的一套管理制度，通过科学地制定目标，依据目标进行考核评价来实施组织管理任务的全面管理系统。MBO 的一个重要概念是组织要设计一个完整的绩效系统来帮助其实现高效运作。实施目标管理不但有利于组织更加明确高效地工作，更是为未来的绩效考核制定了目标和考核标准，使考核更加科学、规范，更能保证考核的公开、公平与公正。该方法是目前国际应用最广泛的考核方法。

基于城市轨道交通 PPP 项目的特点，本书建议将目标管理法和关键绩效指标法相结合，以明确约定的 PPP 项目目标和分级的评价标准、指标体系为导向和依据，来考察轨道交通 PPP 项目的绩效目标实现情况。

（三）绩效评价原则

关于绩效指标设计的经典阐述是被称为 SMART（Specific/明确的、Measurable/可量化的、Attainable/可达到的、Relevant/实质性的、Time-bounded/有时限性的）原则的基本思想。SMART 原则来源于目标管理，经验证对各类组织提高绩效管理水平有积极的促进作用。

但是基于绩效管理实践，SMART 原则对组织管理实际应用的需求满足并不充分，提出的 5 个标准未能涵盖绩效指标设计时需要重点考虑的一些关键因素，或者说描述还不够清晰透彻。因此，在原 SMART 基础上进行优化完善的 SMART CAKE 原则（如图 6-2 所示），更能满足 PPP 项目绩效评价和管理在实际应用中的需求。在设计城市轨道交通 PPP 项目的绩效指标时，这 9 个原则涵盖了项目绩效的关键影响因素，结合目标管理理念和量化考核思想，客观明确了 PPP 项目绩效指标，通过对目标层分解，使得各级目标得到明确考评，更能科学有效地实施 PPP 项目绩效评价和管理。

（四）城市轨道交通 PPP 项目绩效评价体系的构建

基于以上绩效评价理论研究，针对国务院、财政部、发改委相关文件中绩效评价涉及的项目投入、项目产出、设计效果、实现效果、实现效益、可持续性、公共

Specific 明确性	绩效指标一定是具体且明确的、切中目标的
Measurable 可量化	绩效指标一定是可量化、可评价的
Attainable 可实现	绩效指标是能够实现的
Relevant 实质性	绩效指标是可以被证明和观察的
Time-bound 时效性	绩效指标具有时效性，有明确的时间规定要求
Consistent 一致性	绩效指标一定是目标一致、且各级相互衔接的
Agreed 协商一致	绩效指标一定是共同讨论、协商一致的
Key 关键性	绩效指标一定是对目标达成起关键作用的
Each 个性化	绩效指标一定是对应到具体项目的

图 6 - 2 SMART CAKE 原则

满意度等 7 个方面,结合城市轨道交通 PPP 项目的特征情况,通过统筹考虑 PPP 项目各利益相关方,特别是政府机构、社会资本、金融机构、公众等核心利益相关方的诉求,采用分级的评价标准、指标体系为导向和依据提取出项目的关键绩效指标,通过专家访谈对关键指标因子进行测度分析确定其相应权重,使得各级目标得到明确考评,充分体现 PPP 项目的物有所值。城市轨道交通 PPP 项目绩效评价体系应当涵盖项目全生命周期,包括项目建设、运营和移交 3 个时期。下面分别对 3 个时期的绩效评价体系进行构建。

1. 城市轨道交通 PPP 项目建设期的绩效评价

城市轨道交通 PPP 项目建设周期较长,影响范围广,建设质量的好坏直接影响运营期的质量和效率,并影响到项目合作期结束后,项目移交给政府方后,政府能否继续高效地运营。PPP 项目各参与方都希望通过规范且有效的项目管理、先进且可靠的施工技术,来保证项目的顺利按期建成,并且较好地控制建设成本;政府部门和社会资本方都希望通过良好的组织关系,友善且有效地解决各种突发事件;而公众群体更加关注的是在建设阶段不可避免地造成城市的交通堵塞和环境污染等问题。

通过分析城市轨道交通 PPP 项目建设期绩效目标,提取出 4 个关键考核维度,即工程质量与安全、工期进度、项目资金管理和项目公司管理,利用筛选出的 PPP 项目关键成功因素和模块分析,提取出项目的 KPI 即关键绩效指标,然后通过专家访谈赋予不同指标不同权重来考核项目公司的建设期绩效,具体如表 6-2 所示。

表 6-2　城市轨道交通 PPP 项目建设期绩效评价指标体系(拟)

城市轨道交通 PPP 项目绩效考核评分标准(建设期)				
考核维度	考核内容	考 核 细 则	分值	备注
一级指标	二级指标	三级指标(指标解释)		
工程质量与安全 A (60分)	工程建设质量 A_1 (30分)	满足国家和地方相关标准,符合城市轨道行业设备采购、安装及调试等建设过程中的质量要求及标准		
		建设质量必须最终达到验收合格标准		
	工程安全管理 A_2 (30分)	满足并符合国家和地方行业安全生产标准		
		建立完善的安全生产管理规章制度,明确安全文明施工		
		制定安全生产应急预案,明确安全责任人,落实安全措施		
工期进度 B (20分)	工程开工情况 B_1 (5分)	工程按合同约定按时开工,无延误现象		
	工期控制情况 B_2 (10分)	建设工期控制在相关约定的建设工期,无延期现象		
	工程竣工情况 B_3 (5分)	工程按合同约定完成竣工验收,无延误现象		
项目资金管理 C (15分)	资金到位情况 C_1 (5分)	项目资本金按时到位		
		项目资金符合招标文件		
	资金使用情况 C_2 (5分)	项目资金使用规范,没有支出不合规、虚列项目支出等情况		
		没有截留、挤占、挪用项目资金等情况		
		没有出现项目资金超标准使用情况		

（续表）

考核维度	考核内容	考核细则	分值	备注
一级指标	二级指标	三级指标(指标解释)		
项目资金管理 C (15分)	成本控制 C_3 (5分)	资金管理、费用支出等制度完善并严格执行		
		会计核算标准规范		
		建立成本台账、制定成本超支应对措施		
项目公司管理 D (5分)	制度建设 D_1 (1分)	建立健全项目管理制度,并严格执行相关项目管理制度		
	组织建设 D_2 (1分)	按时、合规完成项目公司的设立,组织机构健全、分工明确		
	人事管理 D_3 (1分)	建立健全行政人事档案管理制度、人力资源管理办法,人员按照计划配置且在岗有效		
	资料管理 D_4 (2分)	建立完善的合同台账,督促合同履行,无违法转包、分包等违法乱纪行为		
		项目相关资料、档案完整规范,且有专人归档管理		
得分				

说明:在实际项目中,具体指标权重可由专业咨询机构根据实际项目特征情况设置。

2. 城市轨道交通 PPP 项目运营期绩效评价

在城市轨道交通 PPP 项目的运营阶段,运营的安全性和准时性是各参与方共同追求的首要目标。政府部门通过轨道交通的运营,完善城市交通系统网,获得公众群体的支持;社会资本通过运营收入和政府补贴取得相应的收益;公众群体希望获得舒适安全的交通服务。

在项目运营阶段,结合城市轨道交通 PPP 项目特征情况设计出一级指标,即运营服务管理、运营设备可靠性、运营安全管理、公众满意度和项目公司管理,这5个一级指标基本可以覆盖 PPP 项目合同中约定的社会资本方/项目公司应承担的责任与义务,也能满足政府实施项目预期的需求内容。综合一级指标的考核内容,设计出二、三级指标。依据城市轨道交通领域已有 PPP 项目的绩效考核指标赋权情况,结合多次专家调查,运用层次分析法,结合项目特点确定指标权重,形成城市轨道交通 PPP 项目运营期绩效指标体系,如表 6-3 所示。

表 6-3　城市轨道交通 PPP 项目运营期绩效评价指标体系(拟)

城市轨道交通 PPP 项目绩效考核评分标准(运营期)				
考核维度	考核内容	考 核 细 则	分值	备注
一级指标	二级指标	三级指标(指标解释)		
运营服务管理 A (40分)	列车运行图兑现率 A_1 (10分)	实际开行列车次数/列车运行图规定的计划开行列车次数		
	列车正点率 A_2 (10分)	正点列车次数/实际开行列车次数		
	列车服务可靠度 A_3 (6分)	全部列车总行车里程与发生 5 分钟及以上延误次数之比,单位:实际开行列车次数		
	列车舒适度 A_4 (6分)	统计期内,列车的高峰乘车超员率在约定标准以内		
	车站舒适度 A_5 (5分)	车站清洁、车站容貌和环境卫生符合约定标准,站内服务设施完好,无损坏		
	公益性服务 A_6 (3分)	政府公益性及临时性指令及任务完成情况		
运营设备可靠性 B (20分)	列车故障率 B_1 (4分)	统计期内,列车故障列次与列车总运行列次之比		
	自动售检票设备可靠度 B_2 (4分)	统计期内,自动售检票设备实际投入服务时间与应投入服务时间之比		
	电(扶)梯可靠度 B_3 (2分)	统计期内,电(扶)梯实际服务时间与应服务时间之比		
	屏蔽门故障率 B_4 (2分)	统计期内,屏蔽门实际服务时间与应服务时间之比		

考核维度	考核内容	考 核 细 则	分值	备注
一级指标	二级指标	三级指标(指标解释)		
运营设备可靠性 B （20分）	信号系统故障率 B_5 （4分）	故障次数/总运营里程,单位:次/万列公里		
	供电系统故障率 B_6 （4分）	供电系统故障次数/全部列车总行车里程,单位:次/万列公里		
运营安全管理 C （20分）	安全运营天数 C_1 （5分）	统计期内,安全运营无责任事故连续运营天数		
	责任事故伤亡人数 C_2 （5分）	统计期内,运营责任事故伤亡人数		
	火灾报警 C_3 （4分）	统计期内,火灾报警发生次数		
	应急预案及演练 C_4 （3分）	统计期内,应急预案是否完备,每年是否按照应急预案的要求开展演练		
	客伤与客流比 C_5 （3分）	统计期内,发生乘客伤害事件与全部乘客总数的比值		
公众满意度 D （10分）	乘客满意度 D_1 （4分）	根据第三方调查结果或实施机构组织打分,统计乘客对列车运行的总体满意度		
	公众参与度 D_2 （3分）	是否主动公开项目信息,进行相应宣传,接待公众来访,接受新闻媒体和舆论的监督,未发生有责任投诉或曝光现象		
	有责投诉率 D_3 （3分）	统计期内,乘客对列车服务的投诉次数		

（续表）

考核维度	考核内容	考　核　细　则	分值	备注
一级指标	二级指标	三级指标（指标解释）		
项目公司管理 E （10分）	组织管理 E_1 （3分）	运营管理机构设置合理，符合合同要求		
		人员分工明确、职责清晰，满足管理需求，且实施情况良好		
	制度管理 E_2 （2分）	建立服务质量管理、安全管理、应急管理、资产管理、信息发布等基本运营管理规章制度，并严格执行且效果良好		
	成本管控 E_3 （5分）	项目运营成本管控水平		
得分				

说明：在实际项目中，具体指标权重按咨询机构根据实际项目特征情况设置。

3. 城市轨道交通 PPP 项目移交阶段绩效评价

城市轨道交通 PPP 项目移交阶段绩效评价分为两大部分：一是对项目移交工作整体情况进行评价，一是对项目全生命周期运营管理及运营质量进行总结评价，两者评价侧重点不同。本文主要针对城市轨道交通 PPP 项目移交工作整体情况进行绩效评价，从移交程序、技术转移、人员培训、运营状况及设施设备可用性 5 个方面进行考核，具体评价指标参照表 6-4。

表 6-4　城市轨道交通 PPP 项目移交阶段绩效评价指标体系（拟）

城市轨道交通 PPP 项目绩效考核评分标准（移交阶段）			
考核维度	考　核　内　容	分值	备注
一级指标	二级指标		
移交程序 A （20分）	特许经营协议中约定移交范围和移交手续，合法合规地遵照约定履行手续，并完全移交规定范围的内容		
技术转移 B （20分）	与设施运营和维护有关的技术及书面的技术操作规范的交接达标率		

（续表）

考核维度	考 核 内 容	分值	备注
一级指标	二级指标		
人员培训 C （20 分）	政府人员在移交前培训学习的合格率		
运营状况 D （20 分）	特许经营协议约定的移交时的线网运营状况的达标率		
设施设备可用性 E （20 分）	特许经营协议约定的移交时的设备可使用性的达标率		
得分			

说明：在实际项目中，具体指标权重按咨询机构根据实际项目特征情况设置。

三、城市轨道交通 PPP 项目绩效评价结果的应用

绩效评价是绩效管理的一种手段，通过绩效评价结果的应用，发挥绩效评价的应有作用，以达到绩效评价和管理的目标。在 PPP 项目中，绩效评价结果是按效付费、落实整改、监督问责的重要依据。各级财政部门、行业主管部门、项目实施机构、社会资本（项目公司）应根据绩效评价结果，结合 PPP 项目合同中相关条款的约定应用绩效评价结果。

根据财政部印发的《关于规范政府和社会资本合作（PPP）综合信息平台项目库管理的通知》（财办金〔2017〕92 号）要求，PPP 项目须建立按效付费机制，项目建设成本必须参与绩效考核，且实际与绩效考核结果挂钩部分占比不得低于 30%，不得固化政府支出责任。2019 年 3 月份财政部出台的《关于推进政府和社会资本合作规范发展的实施意见》（财金〔2019〕10 号）延续了财办金〔2017〕92 号文的基本精神（建设成本中参与绩效考核的部分占比不得低于 30%），并进一步提出了更高的要求，即建立完全与项目产出绩效相挂钩的付费机制，不得通过降低考核标准等方式，提前锁定、固化政府支出责任。

城市轨道交通 PPP 项目的收入一般由项目本身的使用者付费收入和政府

的可行性缺口补助两部分组成,可行性缺口补助根据项目选用的补贴方式有所不同。结合项目特征情况,以下分别是建设期、运营期、移交期绩效评价结果在落实整改、按效付费等方面的应用。

（一）建设期绩效评价结果的应用

目前对于一般城市轨道交通工程,有一系列的规范性文件来考核建设质量,包括《城市轨道交通自动售检票系统技术条件》《城市轨道交通通信工程质量验收规范》《城市轨道交通技术规范》《城市轨道交通信号工程施工质量验收规范》《城市轨道交通建设工程验收管理暂行办法》等。区别于一般城市轨道交通项目,城市轨道交通 PPP 项目的付费机制必须完全与项目产出绩效相挂钩,所以在项目建设完成后,政府方应对项目工程质量与安全、工期进度、项目资金管理和项目公司管理这 4 个方面进行考核,建设期绩效考核以通过政府方组织的项目工程验收及满足项目试运营条件,并依据考核得分所在区间对应的调整系数得出相应的建设投资补助,作为进入运营期后政府支付可行性缺口补助的前提条件。

城市轨道交通 PPP 项目建设期考核结果一般与建设期投资补助完全挂钩,具体考核办法参照表 6-5。

表 6-5　城市轨道交通 PPP 项目建设期绩效考核办法(拟)

绩效考核总分 K	绩效考核系数 R_n	说　明
≥90 分	1.00	符合验收标准,并建议给予一次性奖励金
≥80 分,<90 分	1.00	符合验收标准,不奖不罚
≥70 分,<80 分	0.90	符合验收标准,但给予相应扣款
<70 分	0.80	不符合验收标准,但给予一次整改机会

说明:绩效考核系数设置参考项目库内相关项目绩效考核及相关学术研究。在实际项目中,具体考核方法应根据实际项目特征情况设置。

（1）考核得分 80 分为合格,90 分>得分≥80 分,绩效考核系数为 1,不奖不罚。

（2）得分≥90 分,绩效考核系数为 1,同时建议政府方给予一次性奖励金。

（3）80 分≥得分≥70 分,根据该区间考核系数得出相应的建设期可行性缺口补助。

（4）考核得分 70 分为及格，70 分以下，政府方给予项目公司一次整改机会。

（5）若整改后考核仍不及格，政府方有权视情形提取全部建设期履约保函金额，并提出终止合同。

（二）运营期绩效评价结果应用

城市轨道交通 PPP 项目运营期的绩效评价在每个完整财政年度开展一次，结束时间不应迟于第二年度预算申报时间。项目运营期绩效评价，针对运营服务管理、运营设备可靠性、运营安全管理、公众满意度及项目公司管理 5 个维度分别考核，依据考核总分所在区间对应的考核调整系数 KPI 支付相应的运营成本缺口补助。项目运营期考核结果与运营成本缺口补助完全挂钩，具体考核办法参照表 6 - 6。

表 6 - 6　城市轨道交通 PPP 项目运营期绩效考核办法（拟）

绩效考核总分	绩效考核系数 R_n
≥90 分	1.00
≥85 分，<90 分	1.00
≥75 分，<85 分	0.95
≥70 分，<75 分	0.90
≥65 分，<70 分	0.85
≥60 分，<65 分	0.75
<60 分	0.60

说明：参考项目库内相关项目绩效考核以及相关学术研究，绩效考核系数设置如上。但在实际项目中，具体考核方法应根据实际项目特征情况设置。

（1）考核结果 85 分为及格，90 分＞得分≥85 分，绩效考核系数为 1，不奖不罚。

（2）如考核结果大于 90 分，绩效考核系数为 1，建议对项目公司进行一定奖励。

（3）其他得分根据区间对应系数进行奖罚。

（4）若连续 3 次低于 60 分，政府方有权提出中止合同或合同再谈判。

（三）移交阶段绩效评价结果应用

城市轨道交通 PPP 项目移交过程主要分为移交准备、项目资产评估、项目性能和功能测试、资产交割、项目绩效评价 5 个阶段。该阶段的绩效评价是项目移交阶段的最后一个环节，其评价结果与项目移交提交的移交期履约保函相挂钩。具体绩效考核方法见表 6-7。

表 6-7　城市轨道交通 PPP 项目移交阶段绩效考核办法(拟)

绩效考核总分 K	绩效考核系数 R_n	说　　明
≥95 分	1.00	符合移交标准，并给予一次性奖励金
≥85 分，<95 分	1.00	符合移交标准，不奖不罚
≥80 分，<85 分	0.90	符合移交标准，但给予相应罚款
<80 分	0.80	不符合移交标准，但给予整改机会

说明：绩效考核系数设置参考项目库内相关项目绩效考核及相关学术研究。在实际项目中，具体考核方法应根据实际项目特征情况设置。

(1) 考核得分 80 分为合格，80 分以上符合移交标准，可以办理移交手续。

(2) 得分≥95 分，政府给予一次性奖励金。

(3) 95 分>得分≥85 分，移交阶段绩效考核系数为 1，不奖不罚。

(4) 85 分≥得分≥80 分，政府方从移交期履约保函中扣取相应罚金。

(5) 80 分以下，政府方给予项目公司一次整改机会，若整改后考核仍不合格，政府方有权视情形提取移交期履约保函全部金额。

四、小结

在城市轨道交通 PPP 项目实施过程中，根据行业特色及项目特点，通过建立科学的监管机制和绩效管理，反映出项目决策过程、建设过程和运营阶段中出现的一系列问题，并将各类信息反馈到管理决策部门，可以检验项目投资决策的正确与否，促进项目全生命周期中各项工作不断改善，从而构建促进绩效进一步提高的绩效激励机制。构建完整的绩效管理系统可以为 PPP 项目明确正确的发展路径，促进 PPP 项目创造出最大的产出。同时通过有效的绩效管理不断促进 PPP 模式在城市轨道交通行业的规范化、标准化，向社会资本和公众展现良好的政府形象，从而更好地吸收社会资本，推动基础设施的建设和运营。

鉴于城市轨道交通 PPP 项目类别多样，轻轨、市域铁路、有轨电车等在广义上虽然与地铁同属城市轨道交通范畴,但在线路方案、车辆制式、运营组织等诸多方面与地铁有很大的不同,对建设标准、运营服务水平的要求也不一样,因此,不同类别的项目在 PPP 绩效评价指标的设计上也要进行区分,针对项目实际差异化设计 PPP 项目的绩效评价体系。

第三节　项目的风险动态管理

PPP 项目是政府和社会资本合作,双方通过签订合同或者协议的方式建立"风险分担、利益共享"的关系。与 PPP 相关的主要风险大体可以分为内部风险和外部风险,其中,内部风险主要包括项目的建设、运营、融资及收益风险,外部风险主要包括整体的经济风险、法律法规和相关的政策风险及不可抗力因素导致的风险。根据风险由最适宜的一方承担的原则,应将风险在政府和社会资本之间合理分配。2018 年国家开展 PPP 项目化解风险、整顿规范专项工作,经过项目库清理规范、严格入库标准、不规范项目持续整改,我国 PPP 已步入了规范有序发展的阶段,城市轨道交通领域应用 PPP 模式已具备一定的内外部条件。但城市轨道交通 PPP 项目投资规模大、周期长、专业化程度高,加上我国正处于产业结构调整、政治经济转型的特殊时期,项目的风险复杂多变,项目风险管理不到位将可能直接导致项目失败,因此对 PPP 项目的风险进行管控是项目成功的决定性因素。

一、城市轨道交通 PPP 项目执行阶段存在的风险

对项目存在的风险进行识别,是确立合理风险分担模式的前提。其主要过程包括确定风险的来源,明确风险发生的条件和风险特征,并分析各风险因素对项目的影响,从而对项目进行风险管控。由于风险识别是后续风险管理工作的前提,所以系统、科学地识别项目风险具有重要意义。如果遗漏掉重要风险或者纳入了错误的风险类别将严重影响风险评估的准确性,风险管控工作也无据可依、失去意义,可能导致项目最终失败。

通过对城市轨道交通建设、运营管理和已有城市轨道交通 PPP 案例分析,根据风险的来源将城市轨道交通项目风险划分为政治风险、法律风险、金融风

险、建设风险、运营风险、移交风险、信用风险和自然风险八大类。

（一）政 治 风 险

政治风险影响因素有政府政策变更、政府决策失误/冗长、官员失职渎职以及公众反对，该类风险的一般应由政府承担，具体如表 6-8 所示。

表 6-8　政治风险分类描述

序　号	风 险 名 称	风　险　描　述
1	政策变更风险	指政府宏观政策的变更对项目性质的影响，如地方或中央政府的规划变更，可能没收、征用项目等
2	政府决策失误/冗长风险	由于政府的官僚作风、操作不规范、业务不熟悉、经验缺乏等原因，造成的决策失误或审批过程冗长
3	公众反对风险	由于项目的建造或运营过程使公众的利益受损，从而引发公众的对抗、反对行为，影响项目的进行
4	官员失职渎职风险	指政府官员可能发生的失职或渎职行为直接增加项目的时间、资金成本，且还较易引起后期政府违约行为的出现

（二）法 律 风 险

当前 PPP 项目实施的相关法律制度体系尚不完备，一些法律规范内容存在冲突，法律适用欠缺操作性，具体如表 6-9 所示。

表 6-9　主要法律风险分类描述

序　号	风 险 名 称	风　险　描　述	责任主体
1	法律规范不完备/变更	是指项目执行过程中由于颁布、修订法律规范，造成项目合同的效力发生变化，从而给项目实施造成负面影响	政府
2	税收风险	受中央政府税收政策调整引起的税费超预期	双方
3	合同不完备/变更	指项目合同条款模糊、冲突、错误等造成的纠纷，或后期变更行为对项目实施造成的负面影响	双方

（三）金 融 风 险

在项目融资中项目公司必须对项目执行过程中金融市场上可能出现的各种

变化,如汇率波动、通货膨胀、国家宏观经济政策的趋势等,加以认真的分析与预测,具体如表 6-10 所示。

表 6-10　主要金融风险分类描述

序　号	风险名称	风　险　描　述	责任主体
1	通货膨胀	因宏观经济的变化引起本国货币贬值,造成项目的支出增加,无法按期收回项目预期资金的现象	政府
2	利率风险	指由于利率的波动超出可接受范围,造成的项目直接或间接经济损失	双方
3	外汇风险	外汇包括汇率波动和兑换限制,主要指货币市场的不稳定性或政策调整对项目使用外汇造成的负面影响	双方
4	融资风险	因融资结构不合理、金融市场不健全等因素造成的资金筹措困难或者融资成本高昂等问题	社会资本

（四）建设风险

建设风险是指在城市轨道交通项目建设过程中会给项目带来不利影响的因素,如施工中的失误、偏差或准备不足等。建造风险主要为地质和文物保护、环保、供应、技术、工程建设变更、建设成本超额等风险,具体如表 6-11 所示。

表 6-11　主要建设风险分类描述

序　号	风险名称	风　险　描　述	责任主体
1	建造成本超支	项目建造过程中,因项目内外部因素导致的实际支出超预算的现象	社会资本方
2	工期延误	因受项目管理能力、环境、社会、政治等综合因素的影响,致使项目无法按期竣工	双方（根据合同条款确定）
3	质量不达标	由管理不善、工程变更、设计不当等原因造成项目建成后无法按预期投产运营,影响项目正常进行	社会资本方
4	安全风险	指城市轨道交通项目施工过程中可能发现的安全责任事故和外界环境变化可能出现的安全事件	社会资本方

（五）运营风险

运营风险是指项目公司在运营过程中，由于外部环境的复杂性、变动性以及主体对轨道交通运营管理的认知能力和适应能力的有限性，而导致的运营安全及服务指标不达标，具体如表 6-12 所示。

表 6-12　主要运营风险分类描述

序　号	风险名称	风　险　描　述	责任主体
1	运营成本超支	因政府提高服务标准造成运营期成本超预算的情况	政府
		因利率、通货膨胀等外部因素造成运营期成本超预算的情况	双方
		因项目公司管理因素造成运营期成本超预算的情况	社会资本方
2	服务质量不达标	由运营管理组织懈怠、交运服务标准低、资金匮乏等原因造成的服务质量较低	社会资本方
3	票价风险	指轨道交通的定价机制不合理，导致的收益过高或过低，或调整票价后，造成对项目客流的负面影响	双方
4	客流量变化	其他公共交通方式的竞争、新线开通，或宏观经济政策、人口变化、社会环境等因素引起轨道交通客流量变化	双方
5	运营技术风险	由于项目运营技术的可靠性、适用性等不能满足要求，造成安全事故、额外更新成本、客流不及预期等风险	社会资本方
6	配套设施/服务欠缺	指政府提供的配套服务欠缺对项目运营成本或收入带来的影响，如站点公交接驳、沿线土地开发等	政府

（六）移交风险

移交风险是指由于城市轨道交通 PPP 项目周期长，在特许经营期结束后，项目资产及运营权由项目公司移交给政府，因移交导致项目运营无法良好持续或给任意一方造成损失的潜在风险。移交风险主要包括设施设备完好、运营技术持续、人员安置等风险，具体如表 6-13 所示。

表 6‑13　主要移交风险分类描述

序　号	风险名称	风　险　描　述	责任主体
1	设施设备完好风险	由于运营期维护和使用不当或随着运营技术的发展移交标准的提高造成设施设备不达标,从而进行维护或重置产生的损失	社会资本方
2	运营技术持续风险	项目仍需要继续履行的重要合同和第三方技术,没有办理法律过户和管理权移交手续或手续有瑕疵,存在可能引起后续争议,造成运营技术无法持续的风险	社会资本方
3	人员安置风险	由于城轨 PPP 项目自主运营项目公司运营人员数量大,后续运营方在项目初期无法确定,通常约定不包含人员移交,因此存在因人员安置增加成本的风险	社会资本方

（七）信用风险

信用风险是指政府、社会资本方及合作的第三方中的一方因种种原因,不愿或无力履行约定条件而构成违约,致使另一方遭受损失的可能性,具体如表 6‑14 所示。

表 6‑14　主要信用风险分类描述

序　号	风险名称	风　险　描　述	责任主体
1	社会资本方违约	指社会投资者在项目实施过程中,受主观或客观因素驱使拒不履行合同约定的行为	社会资本方
2	政府违约	指政府部门因社会影响、政策调整等原因不履行合同规定的政府部门责任和义务的行为	政府
3	第三方违约	指除政府部门和社会资本方外的其他项目参与方不按合同约定履行其责任和义务的行为	社会资本方

（八）自然风险

自然风险主要包括项目所在地区的天气环境、自然灾害情况。自然灾害的发生对项目会造成巨大的影响,不可抗力因素如洪水、地震、台风等都可能引起项目建设、运营中断,甚至导致项目直接失败。城市轨道交通 PPP 项目也应该注重环境保护,避免对环境造成破坏与污染。自然风险具体描述如表 6‑15 所示。

表 6－15　主要自然风险分类描述

序　号	风险名称	风　险　描　述	责任主体
1	不可抗力风险	指政府和社会资本方在前期无法预见和防范，且发生后无法回避的危害，如地震、台风、洪水等	双方
2	环境保护风险	指项目实施过程中因环境条件复杂或环保政策要求而付出的额外时间、资金成本，以及其他影响	双方（根据合同条款确定）

　　梳理城市轨道交通项目风险分担类型可知：政府部门承担的风险，主要是政治、政策、法律风险；社会资本方主要承担市场风险和管理风险；其他参与方主要承担施工、运营维护过程中的一些风险因素，保险公司主要承担不可抗力风险；其他风险，例如环保风险，根据合同条款进行合理分担。

二、PPP 项目动态风险评估体系

　　风险评估是在风险识别的基础上进行风险度量，通过对存在的风险进行定性或定量的分析，确定风险对项目的影响程度，从而对风险进行排序和评定项目整体风险等级的工作。目前 PPP 项目的风险评估主要通过建立一个项目风险指标综合评价体系，组织专家打分的方式对项目风险进行一次全方位的量化评估。这种评估方法中的指标体系基本全面涵盖了各类潜在风险，但缺乏对项目全生命周期中风险"动态变化"的考虑，掩盖了项目各个阶段各类风险水平不断变化的事实。

　　对于城市轨道交通 PPP 项目，特许经营周期长达 25～30 年，风险因素多、变化复杂，项目各个阶段风险侧重点不同，同时随着时间的推移、市场社会环境的变化，可能会产生新的风险，准备阶段识别出的风险的性质、大小、造成后果的严重程度也会产生变化。因此，对城市轨道交通 PPP 项目需要进行全生命周期分时间段的动态风险评估，针对不同的侧重点，根据风险评估结果，制定切实可行的风险化解方案。通过对风险的动态管理，采用风险动态分担机制，将风险公平合理地分配给各个参与主体，调动各参与主体风险管理的积极性，充分利用各方优势共担风险、分享收益，有效减轻政府和社会资本方的压力，实现项目总体效益最大化，从而达到多方共赢的目的。

　　这里提出的城市轨道交通 PPP 项目的动态风险评估方法可分为阶段性的

风险评估与突发状况下的风险评估两种。阶段性的风险评估即"全生命周期的风险评估"，指将 PPP 项目全生命周期划分成多个阶段，根据每一阶段特性选择个性化的风险指标、确定指标权重并进行风险评估。突发状况下的风险评估，指重大风险事件发生时，对项目进行风险重评估，重新确定风险指标与权重。图 6-3 所示为动态风险评估的机制。

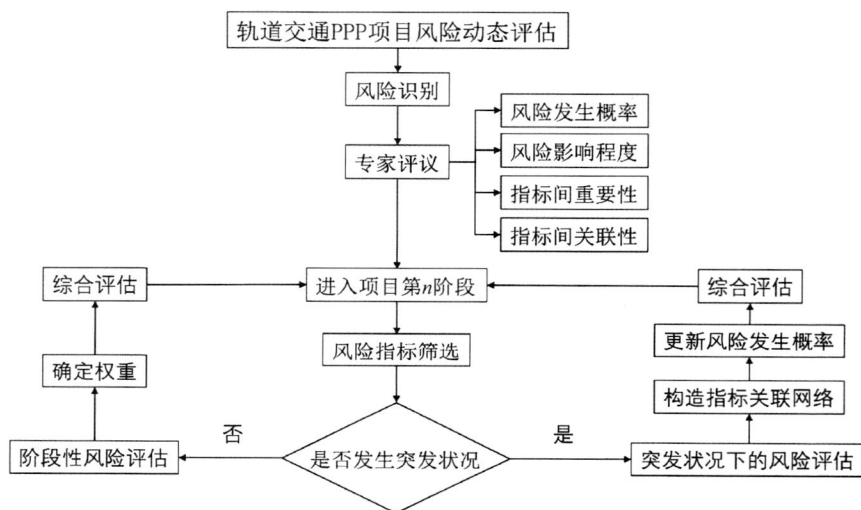

图 6-3　动态风险评估机制

　　为了对城市轨道交通 PPP 项目风险进行动态定量分析，评估 PPP 项目中各阶段的风险，经过对当前城市轨道交通 PPP 项目风险的识别、筛选、分类，以风险类别作为指标体系的一级指标，由 B_i，$i=1,2,\cdots,8$ 表示，以各个风险因素作为二级指标，二级指标由 C_j，$j=1,2,\cdots,30$ 表示，构建当前城市轨道交通 PPP 项目险评价体系，具体如表 6-16 所示。

表 6-16　城市轨道交通 PPP 项目评价指标体系

一级指标		二级指标	
指标代码	指标名称	指标代码	指标名称
B_1	政治风险	C_1 C_2 C_3 C_4	政策变更 决策失误/冗长 公众反对 官员失职渎职

（续表）

一　级　指　标		二　级　指　标	
指标代码	指标名称	指标代码	指标名称
B_2	法律风险	C_5 C_6 C_7	法律规范不完备/变更 税收风险 合同不完备/变更
B_3	金融风险	C_8 C_9 C_{10} C_{11}	通货膨胀 利率风险 外汇风险 融资风险
B_4	建造风险	C_{12} C_{13} C_{14} C_{15}	建设成本超支 工期延误 质量不达标 安全风险
B_5	运营风险	C_{16} C_{17} C_{18} C_{19} C_{20} C_{21} C_{22}	运营成本超支 服务质量不达标 票价风险 客流量变化 运营技术风险 配套设施/服务欠缺 经营收入不足风险
B_6	移交风险	C_{23} C_{24} C_{25}	设备设施完好风险 运营技术持续风险 人员安置风险
B_7	信用风险	C_{26} C_{27} C_{28}	社会资本方违约 政府违约 第三方违约
B_8	自然风险	C_{29} C_{30}	环境保护风险 不可抗力风险

三、城市轨道交通 PPP 项目动态风险定量评估

本节建立了城市轨道交通 PPP 项目全生命周期的动态风险管理体系，并归纳了可应用于该体系中的动态风险定量评估方法以及风险化解方案，对于项目风险管理实践具有指导性作用。

（一）项目阶段划分

城市轨道交通 PPP 项目全生命周期指项目从立项、施工、经营到最终特许经营期结束时移交项目的全过程。将财政部对所有 PPP 项目的阶段划分与城市轨道交通项目自身生命周期划分进行融合,得到七大阶段:项目识别、项目准备、项目采购、项目落地、项目建设、项目运营、项目移交。每一个阶段的项目任务、所处环境甚至参与主体都不同,且前序阶段对后续阶段可能产生影响,因此每一阶段的风险类别与风险大小不尽相同。城市轨道交通 PPP 项目全生命周期阶段划分与主要任务如表 6-17 所示。

表 6-17　城市轨道交通 PPP 项目生命周期阶段划分与主要任务

项 目 阶 段	主 要 任 务
项目识别	项目发起、评估筛选、物有所值评价、财政承受能力论证
项目准备	政府管理架构组建、实施方案编制与审核
项目采购	资格预审、采购文件编制、响应文件审评、合同签署
项目落地	项目公司成立、项目融资、建立绩效监管体系
项目建设	完成项目施工任务
项目运营	完成运营任务、定时进行中期评估
项目移交	移交准备、性能测试、资产交割

从项目生命周期来看,即使不同的轨道交通项目存在的风险及其动态变化有区别,但项目的风险变化在生命周期内呈现出一定的固有规律。整体规律通常是,在项目前期时不确定因素更多,项目风险更大,随着项目的有序推进,项目风险也逐渐降低。

此外,不是所有的风险因素都贯穿于项目全生命周期,例如金融风险主要在项目融资、借贷资金偿还期等期间出现,客流量变化只在运营阶段出现等。因此,应当分阶段对项目进行动态风险管理,基于前文项目阶段的划分,可以构建项目的动态风险管理体系。

（二）动态风险管理体系

PPP 项目公司应建立专门的风险管理小组或部门负责项目全生命周期的风险管理工作,其主要职责包括:收集存储项目全生命周期积累的数据并建立风险管理数据库,做好项目各阶段的风险识别与风险评估,制定响应风险评估结果的风险化解方案与风险分担机制,等等。

依据前文对项目阶段的划分,以项目每一阶段为周期,进行风险的识别、评估与化解,如图 6-4 所示。

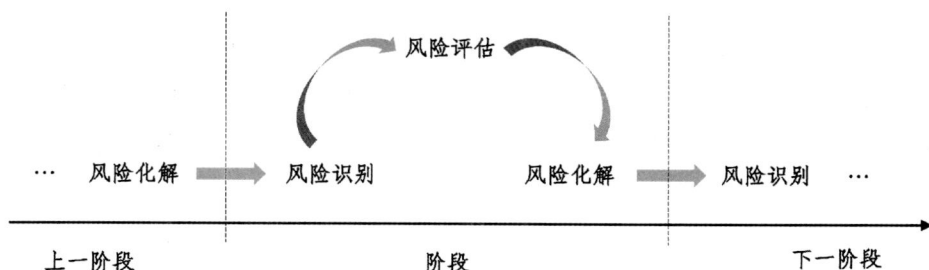

图 6-4　阶段性风险管理示意图

除了各个阶段要完成风险管理的三个步骤,还需要在每一阶段中持续地采集项目风险管理相关的信息,并在风险分析评估时及时进行信息的更新,以对风险做出更加准确的预判,以此将全生命周期的风险管理变为一个动态与迭代的过程,动态风险管理机制如图 6-5 所示。

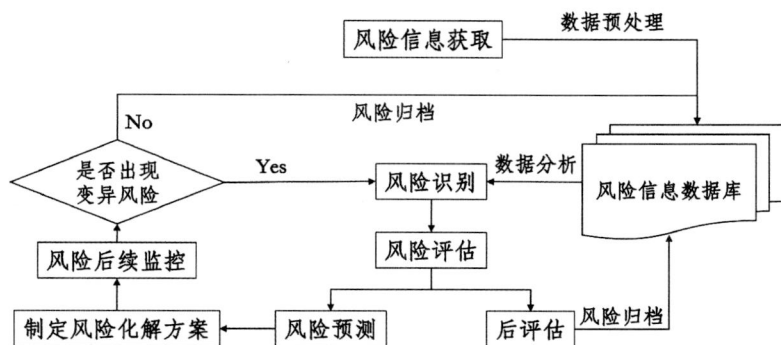

图 6-5　动态风险管理机制

对项目全生命周期积累的风险信息,通过自动提取或人工录入的方式记录到风险信息数据库中,利用数据库的风险数据信息完成风险的识别与风险评估。

风险识别是通过数据分析项目在该阶段具有哪些显著的风险,风险管理人员应当重点关注哪些风险因素。风险评估分为两部分:一是根据现有信息预测下一阶段的各类风险变化趋势,二是对已经发生的风险事件做后评估。完成风险预测后,风险管理部门针对评估后的结果制定关键风险的化解方案并采取风险自留、风险分担、风险转移等风险化解措施,并且根据新的风险信息跟踪监测风险是否发生变异;若变化并形成新风险,则需要重新进行风险识别、评估与化解的流程,若风险有效化解,则将相关信息归档风险信息数据库。对风险事件做后评估,是为了分析到目前为止发生过的风险事件及其发生的原因,积累经验;此外,风险事件发生后所导致的风险状态变化也是事后评估关注的重点。将后评估结果记录到风险信息数据库当中,可作为后续风险识别、评估的新依据。

本节提出的风险动态管理机制有如下特点:

(1)构建风险信息数据库,使风险管理自动化。充分运用项目全生命周期积累的大量数据,尽量排除专家评分的主观方法,由风险管理部门设定风险识别的具体规则和风险评估的具体方法,使风险管理自动化、流程化。

(2)事前与事后分析兼有。在风险评估环节,既有对风险的预测,也有对已发生风险事件的事后评估,通过事后分析更新项目现阶段所处的风险状态,可令风险预测更加准确。事前评估与事后评估的结合使得该动态风险管理成为一个迭代过程。

(3)制定并落实风险化解方案后,做好跟踪监测工作。制定并落实风险化解方案后,需要跟踪监测风险化解的情况,判断是否变化并形成新风险。由于在动态风险管理中,每一阶段的决策都可能影响到下一个阶段,因此要依据监测的结果来进行后续决策。

(三)风险评估方法

本节简要归纳和介绍可应用在上述风险管理机制中的评估方法,主要分为风险预测和事后评估两类。风险管理部门可根据项目实际情况选择适合的评估方法。

1. 层次分析法

层次分析法(analytic hierarchy process)是一种层次权重决策分析方法。按照城市轨道交通 PPP 项目风险因素的隶属关系进行不同层次聚集组合,形成一个多层次的分析结构模型。

通过构造判断矩阵并通过一致性检验后即可获得各层级所有因素相对上一层级目标的相对重要性权重,由此获得总目标(项目风险综合评价值)。

该方法简洁实用、对数据信息要求少,但是主观因素较大、定性成分多。

2. 蒙特卡洛模拟

蒙特卡洛模拟(monte carlo)是经典的定量风险评估方法,对于 PPP 项目可先建立现金流模型,将运营维护成本、票价、客流、折现率、利率等经济性因素包含进模型中,通过经济性因素的波动来体现各类风险因素的大小,常用的净现值(NPV)模型见式(6-1)。

$$NPV = \sum_{t=1}^{n} \frac{NFC_t}{(1+k)^t} - I \qquad (6-1)$$

其中,n 是运营期(年),NFC_t 是第 t 年的现金流总和,根据项目实际情况进行组合,k 是折现率,I 是总投资净现值。

在定性评价的基础上假设经济性指标的概率分布情况,将需要研究的经济性指标以满足一定概率分布的随机数输入模型中。注意概率分布的假设要充分贴合风险因素的类型,可选取正态分布、三角分布、均匀分布、厚尾分布等。

将随机数输入模型则可通过蒙特卡洛模拟得到多次重复试验的净现值(试验次数可取 1 000 次、10 000 次等数量级),生成项目净现值的分布,从而评估项目的风险大小。

蒙特卡洛模拟方法直观、易操作,但缺陷是难以量化的风险因素无法加入模型中,例如政策风险所导致的项目重大变更或终止等,需要单独做定性评估。

3. 系统动力学

系统动力学(system dynamics)由美国福瑞斯特(J. W. Forrester)教授提出,是一门研究信息反馈的学科,常应用于复杂社会问题的系统性分析。针对城市轨道交通 PPP 项目,该方法能够构建项目各项风险因素之间的联系,并预测风险因素对项目整体影响的动态变化。

其主要步骤是:构建风险因素因果回路图、存量流量图,确定风险因素权重建立系统动力学方程,最后应用计算机软件进行系统动力学仿真。

图 6-6 为风险因素仿真结果示意图,通过得到的仿真曲线的数值大小与斜率变化,可以获得风险在未来阶段的显著程度与变化趋势。根据风险值峰值大小以及斜率(变化率)大小,对各个风险类别进行排序,选择其中重要的风险制定化解方案。仿真分析的结果为制定更高效的风险化解方案提供了依据。

系统动力学方法的难点在于风险因素之间的关系式建立,具有一定的理论深

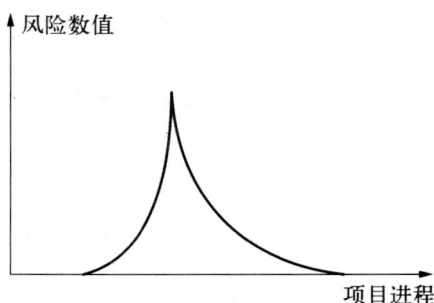

图 6-6　风险因素仿真结果示意图

度,实操起来困难,简单的做法是建立线性关系,但会损失准确度。

4. 贝叶斯网络分析

贝叶斯网络(Bayesian network)是一种典型的事故分析(事后评估)方法,主要目的是根据已经发生的风险事件推定影响其发生的原因,此外,还要将已经发生的风险事件作为后续风险评估的条件,迭代评估模型。

在贝叶斯网络中采取最常用的风险构造方法:

$$风险值＝风险发生概率×风险影响大小 \qquad (6-2)$$

其中,风险发生概率表示某一具体风险事件发生的可能性大小,可以通过数据分析或模糊理论获取。风险影响大小即风险发生的后果值,可以拆分为经济后果、环境后果与社会后果等。

贝叶斯网络是一个有向无环图模型,在城市轨道交通 PPP 项目的风险结构中,可将各类一级风险指标分别作为单个子系统,子系统当中有若干风险因素与一级风险指标组成子网络。将各个子系统封装后,子系统之间又能构成贝叶斯网络,由此获得两个层级的贝叶斯网络。

项目进程中会不断生成新的数据,该系统不断利用新的数据进行模型的动态风险推定并更新风险发生概率。根据风险推定结果,可以得到在不采取任何风险化解方案的情况下的各项风险变化情况,从而针对性地制定风险化解方案。

贝叶斯网络实际应用于 PPP 项目的风险评估中仍存在一些问题。首先,先验概率的计算和风险推定都依赖于大量数据,若 PPP 项目没有完善的大数据收集与分析系统,则无法应用该方法;此外,贝叶斯网络中节点条件独立性具有重要的作用,实际上城市轨道交通 PPP 项目风险因素众多且关系复杂,很难保证因素的条件独立性,因此,在选取指标时需要注意其性质。解决以上问题有利于提高贝叶斯网络方法在风险评估中的准确性。

（四）风险化解方案的制定与风险跟踪监控

根据风险评估的结果,项目风险管理者可以针对风险值较高或风险变化显著的风险因素提出风险化解的方案,以规避手段降低预期的损失,或者使损失可测可控,其手段主要包括:风险分担、风险转移、风险减轻、风险回避等,在第四节将进行详细的介绍。

为了方便决策者理解项目风险评估的结果,通常对风险量化评估的结果做标准化处理,将风险值 R 定义为一个 $[0,100]$ 区间内的数值,100 代表可能出现的最高风险值,项目的综合评价值定义为 $E=100-R$,符合通常的打分习惯,即 100 分代表项目无任何风险,0 分代表项目无法继续推进,必须终止。

动态风险管理系统根据评估结果给项目风险管理者推荐风险化解方案,总体原则是:风险回避作为最后考虑的最终手段;风险分担的再谈判作为 PPP 项目风险化解的基本手段;风险抑制作为一般性风险化解的必要手段;单项风险因素影响较大或变化显著时,考虑风险转移的手段。表 6-18 给出了项目综合评价值区间,仅供参考,具体的城市轨道交通项目可根据项目自身情况制定不同的区间划分。

表 6-18 项目综合评价区间划分

综合评价值区间	风险影响定义	综合评价值变化率区间	风险变化定义
$[0,25]$	很大	$(-\infty,-100\%]$	非常显著
$(25,60]$	较大	$(-100\%,-50\%]$	显著
$(60,80]$	较小	$(-50\%,-20\%]$	较显著
$(80,100]$	很小	$(-20\%,+\infty)$	不显著

若风险评估结果显示项目整体风险小、进展顺利,则无须制定风险化解方案以及后续风险监测;此外,除项目终止以外,所有风险化解方案均需要通过数据监测或专家再评估的方法对项目风险进行后续跟踪监测,这有利于确保风险化解方案的落地,同时也能检测风险化解方案的效果,当风险化解效果不佳,项目变化并形成新风险时,要及时对项目重新进行项目风险识别与评估,采取新的措施。

风险化解方案的制定与风险跟踪监控流程如图 6-7 所示。

四、执行阶段 PPP 项目风险化解方案

城市轨道交通 PPP 项目执行阶段风险的化解方案应主要从选择合理的风险应对方式、动态调整风险分担机制、制定科学可行的风险防控措施等方面进行考虑。

(一)风险应对方式

(1)风险回避。风险回避是指在完成项目风险分析与评价后,如果发现项

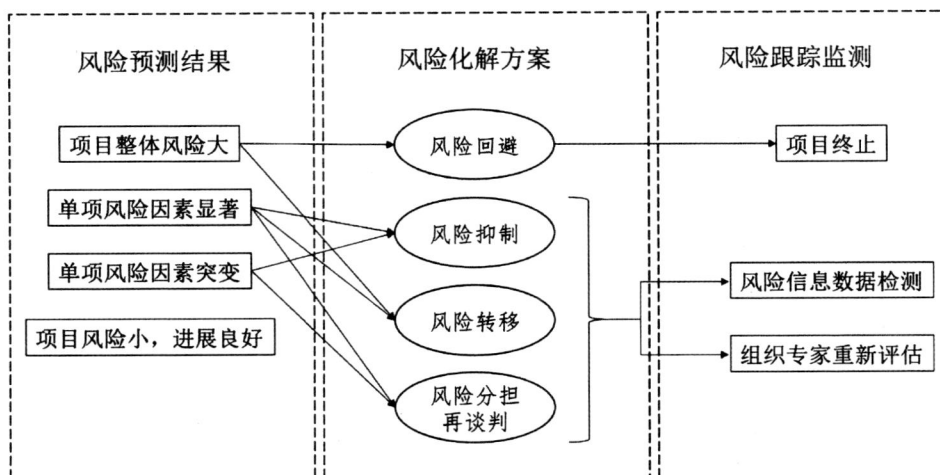

图 6-7　风险化解方案制定与风险跟踪流程

目风险发生的概率很高,而且可能的损失也很大,又没有其他有效的对策来降低风险时,应采取放弃项目、放弃原有计划或改变目标等方法,使其不发生或不再发展,从而避免可能发生的潜在损失。在面临灾难性风险时,采取回避风险的方式处置风险是比较有效的。但是同时,放弃承担风险也就意味着放弃合作机会。因此,某些情况下的风险回避是一种消极的风险处理方式。

(2)风险转移。风险转移是 PPP 项目风险管理中非常重要而且广泛应用的一项对策,分为非保险转移和保险转移两种形式。

非保险转移是指单位或个人通过合同,将损失或与损失有关的后果,转移给另一些单位或个人去承担,或采用合同的方式,将可能发生的、不确定事件的任何损失责任,从合同一方当事人转移给另一方,如建设、运营合同和其他类似合同的免责规定和赔偿条款等。项目公司通过合同订立的方式将部分责任与风险转嫁给项目的承包商或受委托企业,以此来规避承包商或受委托企业由于自身原因未能按合同约定完成项目相关任务而承担的违约处罚,同时,对整体项目的质量和进度有更好的保证。为增强合同订立双方的信誉度,减少合同违约的风险,可引入第三方为该合同的双方当事人进行担保。

保险转移通常直接称为保险,项目执行的各主体,项目业主、建设方、运营方等通过支付一定数额的保险费用将自己应该承担的风险转嫁给保险公司,保险公司通过专业的评估审核确定风险,通过收取一定数额的保费为各主体提供担保,从而保障项目的顺利实施。

（3）风险抑制。风险抑制是针对可控风险采取相应的抑制措施,防止风险发生,减少风险损失,是大多数项目的主要风险应对方式。风险抑制措施必须针对项目具体情况提出,既可以是项目内部采取的技术措施、工程措施和管理措施等,也可以采取向外分散的方式来减少项目承担的风险。在项目全生命周期都应重视风险的抑制,通过识别出项目各个风险的关键因素,逐一提出技术上可行、经济上合理的防控措施,以尽可能低的风险成本来降低风险发生的可能性,并将风险损失控制在最低程度。

（4）风险自担。风险自担就是将风险损失留给项目公司自己承担。这适用于两种情况:一种情况是已知有风险但由于可能获利而需要冒险时,必须保留和承担这种风险;另一种情况是已知有风险,但若采取某种风险措施,其费用支出会大于自担风险的损失时,常常主动承担风险。

（二）风险分担机制

风险分担并非把风险尽量多地转移给社会资本方,因为政府部门转移给社会资本方的风险越多,虽然项目效率随之提高,成本随之下降,获取物有所值也将随之增大,但是当风险转移量达到某一临界点以后,项目效率将呈降低趋势,成本不断增加,获取物有所值减少。只有合理的风险分担,才可以使项目绩效提升,有利于项目顺利实施。因此,风险分担工作应该遵循对称性、分担最优性、分担上限性、分担动态性原则,才能确保各参与主体的个体效益和项目整体效益最优化。

在城市轨道交通 PPP 项目风险分担的过程中,无论是政府部门还是社会资本方,必须对风险分担工作有一个正确的认识,否则风险分担的结果往往有失公平合理性,不恰当的风险分担方案对项目的运行存在致命的危害。政府和社会资本方在 PPP 项目风险分担中往往存在博弈,政府认为 PPP 模式即将更多的风险转移给社会资本方,社会资本方认为承担更多的风险必将获得更多的收益。实际上,让项目参与主体承担其控制力范围之外的风险或将某风险转移给非最佳控制方,所带来的后果是风险承担主体成本超支,项目总体效益下降,最终各项目参与主体均受牵连。

城市轨道交通 PPP 项目风险系统具有极强的复杂性和多变性,仅在某一阶段进行风险管理工作,很难做到精准把控整个 PPP 项目合作期间的各类风险,所以,风险分担作为城市轨道交通 PPP 项目风险管理的核心环节,应该循环动态地贯穿于整个项目合作期间。结合城市轨道交通 PPP 项目的发展过程和风险分担原则,从政府和社会资本方的角度出发,构建风险分担的流程。从项目的全生命周期角度出发,动态调整风险分担机制。

政府和社会资本方从考虑项目整体利益出发,应随着项目的内外部条件的变化,依据对项目风险动态定量评估结果,重新谈判确定风险分担格局。PPP 特许经营协议是具有不完全合同性质的,因为在 PPP 协议谈判时,政府和社会资本双方无法正确识别项目全生命周期的所有项目风险,所以需要签订重新谈判的条款来调整项目风险的分担,协同应对风险,实现项目"双赢"的目的。

(1)特许协议分担。风险的详细分担一般在城市轨道交通 PPP 项目招标谈判阶段,主要包括:社会资本方对独自承担的风险进行自身资源评估、风险评价,判断是否对该风险具有最佳控制力,以及所承担风险是否超出承受上限,并依据判断结果向政府部门进行风险转移或报价,最终进行社会资本方的风险管理等;政府部门对其独自承担的风险进行评估,判断是否对该风险具有最佳控制力,若是则进行政府部门的风险管理,否则将风险划归为双方共担;风险共担双方制定风险分担方案,并就风险分担比例、补偿机制等问题达成一致,做到明确原则、细化内容条例、兼顾动态调整、注重可行性,达到共同管理风险的目的。特许协议分担遵循风险与控制力相匹配、风险与回报对称、最大风险承担限度原则。

(2)动态调整再分担。动态调整再分担是在整个城市轨道交通 PPP 项目的合约期内,通过对已有风险的跟踪和新风险的实时监测,每过一个时间段对风险进行动态定量评估,当评估结果表明现有分担方式已不利于项目的健康发展时,双方可以基于特许协议重新约定合约条款,动态调整再分担项目风险。通过监控已分担的风险,判断已分担的风险是否扩大发展或者失控;实时监测是否有新的风险出现,并对新风险进行分析。基于对目前国内城市轨道交通运营实际情况的分析,建议每 3 年由第三方咨询单位或评估机构对项目进行一次风险动态定量评估,如果动态定量评估的结果和项目初期的风险评估结果发生了较大偏差,则政府部门和社会资本方可以依据评估结果基于特许经营协议将失控风险在双方之间进行重新分担,并通过谈判确定共担方案,签订补充协议予以明确。

（三）风险防控措施

城市轨道交通 PPP 项目的风险防控是一个动态的过程，随着各种因素的发展变化，只有把握好风险的来源及变化方向，做到事前预防、过程管控，才能有效防控风险，保证项目的顺利实施。

（1）政府支付能力风险的防控。社会资本方应加强投资前的调研，特别对于经济欠发达地区的城市轨道交通项目，对项目所在地的政府财政支付能力必须要有充分的认识。针对宏观政策变更等因素可以与政府签订协议，做一些法律上的保障，再者就是申请风险保险，从而转嫁风险。为确保项目的顺利实施，尽可能地防控政府财政支付能力风险，项目公司可以成立专门的管理部门，负责对接政府相关部门，及时协调推进项目中政府相关事宜。

（2）法律风险的防控。项目公司聘请法律顾问参与项目的全过程，以保证项目全流程均符合法律要求，有效防控法律风险。针对法律主体行为可变性风险之防范，主要通过加强对 PPP 项目合同的起草、谈判、履行、变更、解除、转让、终止，直至失效进行全过程的管理，通过合同正确表达意愿，合理分配风险，妥善履行义务，有效主张权利来实现。对外部法律环境不稳定性风险在项目运作中的防范，主要通过合同条款，对可能出现的风险应对方式、纠纷处理和责任归责，事先作出明确约定。

（3）金融风险的防控。项目可以分阶段使用不同类型的融资工具以满足项目不同阶段的融资需求，完善各方参与人之间融资合同的对接，以特许权合同、融资合同及各项目合同为纽带，项目发起人可将其面临的金融风险约定在与各相关利益者签订的包括各种价格指数、汇率、利率等调整条款的合同，来实现项目风险转移。

（4）建设风险的防控。在建设阶段，最突出的风险是质量风险和地质风险。对于质量风险要求选择信誉好、技术可靠的承包商来承担项目的设计与施工；与承包商签订固定价格、确定日期的交钥匙建筑工程合同，并在合同中附有事先规定违约赔偿条款。在工程的建设中，要求施工单位尽量采用成熟的技术，并要求其在一个双方都同意的工期内完成；聘请监理机构，对项目进行独立的第三方监理，以保证施工进度按计划进行；要求承包商提供担保预付款。依靠项目股东承诺在风险发生时，提供增资或向贷款机构融资来解决所面临的问题。城市轨道交通工程大部分都在地下施工，所以在施工过程中面临的不确定性较大，为了将地质风险降到最低,应重点研究地质和水文条件,并提高勘探资料的准确性,防止在施工过程中出现涌水和土方坍塌事故,并注意保护周围建筑基地的安全。

(5)运营管理风险的防控。随着进入运营阶段的城市轨道交通 PPP 项目越来越多,社会资本方运营管理的经验也越来越丰富。通过对潜在社会资本方运营管理综合实力进行比选,政府可以优先选择建设及运营管理综合能力强的社会资本方,同时加强在项目运营过程中的监管,确保运营安全及服务水平。在城市轨道交通 PPP 项目中,政府通常以财务担保的方式承担一部分项目风险,如税收优惠、债务负担、收益保证、竞争限制等。例如,北京地铁 4 号线 PPP 项目,是国内首个采用 PPP 模式运作的城市轨道交通项目。在运营期内,为了规避客流量不达标的风险,政府方与社会资本方分担客流风险。当实际客流低于预测客流一定程度时,政府方通过减免项目公司应支付的租金,为社会资本方分担部分客流风险。当实际客流高于预测客流一定程度时,政府方通过调高租金,分享项目公司的超额票务收入。

由于特许期较长,城市轨道交通运营标准、城市交通线网、对项目公司业绩考核标准以及特许经营协议中的其他因素会随着时间的推移发生变化,而这些因素又无法在签约时完全预见,项目在运营过程中潜在的风险点较多。因此,需要在项目初期做好充分的市场调查与可行性研究,同时,在特许经营协议中,确定动态定价策略、补偿机制等,对运营风险进行动态调整再分担。

(6)移交风险的防控。约定合理的 PPP 项目移交阶段风险分担机制,主要是通过项目公司和政府之间的 PPP 项目合同达成,目标是将移交风险和对应的回报进行匹配。建立起合理的风险分担机制,可以使得 PPP 项目移交流程更加规范,并符合双方的利益。在项目合同的拟定过程中,如果能够通过移交要求、回报机制、退出机制等一系列的合同条款去贯彻项目移交风险分配的框架,或者说将移交风险分配框架转换成适当的合同文本,那么 PPP 项目移交阶段的风险分配将得到事先预设和事后监控。在运营期设备设施的维护、相关合同的签订以及技术的使用和转让过程也应根据移交要求来编制完整合理的移交方案,为 PPP 项目/资产/设施提供合理的移交指导,使其提前做好移交准备。

(7)信用风险的防控。项目的成功依赖于参与各方的可靠性和信用,任何一方在项目实施过程中违约,都将对项目造成不利的影响。因此,必须选择可靠性和信用良好的合作伙伴。但是我国目前缺乏对于企业的权威性信用评价体系,所以城市轨道交通 PPP 项目在实施过程中也存在一定的信用风险。项目公司为规避信用风险,应获取合作企业和雇佣人员的准确信息,通过合法合规手段选择优秀的合作伙伴;并通过提供担保合同、银行保函或其他的现金差额补偿协议等方式避免可能产生的损失,对于为项目公司提供货物或者服务的关联企业,可以委任独立会计对关联企业进行审计。

(8)自然风险的防控。对可能造成环境破坏及二次污染的材料从设计及选型上要尽可能避免使用。对根据建设及运营需要必须使用的可能产生二次污染环境的物质要按照环保要求进行妥善处置。由于城市轨道交通工程在前期设计交通工具和线路时就充分考虑到了绿色、环保等方面的要求,所以运营中一般较少涉及自然风险的问题。但在建设阶段可能由于不利的施工条件会导致噪声污染、建筑垃圾等,需遵循谁污染谁治理的原则,加强环境破坏与污染方面的监管。

对于自然环境不可抗力的风险双方协商后合理分配,在合同中约定双方对不可抗力发生时风险的分担原则。社会资本方可以通过保险方式将风险转嫁给承保的保险公司,但有的风险不在保险范围内,保险公司无法提供担保,或者保险费用较高,项目公司长期投标会增大运营期成本,比如地震、台风等,针对此类风险,项目公司应制定完善的预案,在风险发生时及时采取有效应对措施,尽量降低损失。

第七章
城市轨道交通 PPP 项目的移交

　　项目移交通常是指在项目合作期限结束或者项目合同提前终止后,项目公司将全部项目设施及相关权益以合同约定的条件和程序移交给政府或者政府指定的其他机构。PPP 项目特许经营期满后,项目公司便需要将项目的经营权(或所有权与经营权同时)向政府移交。项目移交的过程主要分为移交准备、项目资产评估、项目性能和功能测试、资产交割、项目绩效评价五个阶段。项目移交的基本原则是,项目公司必须确保项目符合政府回收项目的基本要求。项目合作期限届满或项目合同提前终止后,政府需要对项目进行重新采购或自行运营的,项目公司必须尽可能减少移交对公共产品或服务供给的影响,确保项目持续运营。

　　项目移交的范围包括竣工验收时确认形成固定资产的设施设备(若项目运营过程中,清单内容发生变更的,以变更后的清单内容为准),维持这些设施、设备正常运转一定期限内的相关备品、备件,运营手册、更新及维护手册、设计图纸等与项目相关的全部文件,以及项目公司在特许经营期内取得的全部知识产权。

第一节　项目移交的情形

一、正常期满退出

　　在项目特许经营期满后,PPP 项目公司将全部项目设施设备完好、无偿地移交给实施机构或政府指定部门,社会资本从项目中完全退出。在项目特许经营期内,原则上不允许项目公司的股东进行股权转让,政府方另有要求的除外。事实上,对于城市轨道交通项目,政府一旦选择了通过 PPP 方式实施,在特许经营期届满之前,在没有大的政策变动的前提下,政府肯定会针对该项目开展新一轮的 PPP 模式实施过程。因此,PPP 项目公司的最终移交对象很可能是后续新的 PPP 项目公司。

移交过程不应影响运营、维修及系统内其他事务的正常运作,应能够保持轨道交通系统向乘客提供满足运营服务标准要求的运输服务。移交时所有系统应处于良好状态,能够充分满足运营需要。整个轨道系统应达到并保持满足所有设定的运营标准的要求。按政府方要求完成所有设备系统的检验和验证后,应由 PPP 项目公司编制"移交检验报告"。

二、项目提前终止的退出

在以下几种情况下,项目可以提前终止:

(1) 出现项目合同约定的提前终止情形。

(2) 因不可抗力导致项目合同无法继续履行。

(3) 因政府或项目公司严重违约,危害公共利益。

(4) 项目财产依法被征收。

(5) 法律、行政法规规定的其他情形。

除因项目公司违约而导致项目提前终止的,应当按照国家有关规定或合同约定,给予项目公司或社会资本方合理补偿。同时,在项目提前终止的情况下,政府也应采取有效措施,保证相关公共服务的正常提供。因项目公司严重违约导致项目提前终止时,应要求社会资本方按照合同约定支付终止违约金并纳入企业诚信考核,必要时可将违约项目的社会资本方列入失信企业清单,将其排除在后续市场机会之外。

第二节　项目移交的基本条件

在移交日,项目公司应保证特许经营期届满移交资产符合以下两类条件和标准:

一、权利方面的条件和标准

项目设施、土地及所涉及的任何资产不存在权利瑕疵，即未设置任何担保及其他第三人的权利。但在提前终止导致移交的情形下，如移交时尚有未清偿的项目贷款，就该未清偿贷款所设置的担保除外。

二、技术方面的条件和标准

项目设施应符合双方约定的技术、安全和环保标准，并处于良好的运营状况。在一些 PPP 项目合同中，会对"良好运营状况"的标准做进一步明确，例如在不进行系统设备更新改造的情况下，项目可以正常运营 3 年等。

第三节　项目移交的程序及重点

一、移交准备

项目移交时，项目实施机构或政府指定的其他机构代表政府收回项目合同约定的项目资产。项目实施机构或政府指定的其他机构应组建项目移交工作组，根据项目合同约定与社会资本方或项目公司确认移交情形和补偿方式，制定资产评估和性能测试方案。项目合同中应明确约定移交形式、补偿方式、移交内容和移交标准。移交形式包括期满终止移交和提前终止移交，补偿方式包括无偿移交和有偿移交，移交内容包括项目资产、人员、文档和知识产权等，移交标准包括设备完好率和最短可使用年限等指标。

采用有偿移交的，项目合同中应明确约定补偿方案；没有约定或约定不明的，项目实施机构应按照"恢复相同经济地位"原则拟定补偿方案，报政府审核同意后实施。

二、移交前的过渡期的安排

过渡期的含义，是指自特许经营期届满前 36 个月前起至特许经营期届满之日的期间，主要是解决特许经营期届满后项目移交的相关事宜。

三、成立移交委员会

在 PPP 项目公司移交项目的价值评估工作中,由于所涉及的基础设施建设项目的规模较大、专业性较强,因此,应按最初协议的规定由项目公司或政府出面聘用、双方均认同的第三方完成所移交项目的价值评估工作。也可以由项目公司与政府各自分别推举若干专家组成评估机构,完成相关的价值评估工作。无论 PPP 项目公司移交项目的价值评估机构如何组成,PPP 项目公司移交项目价值评估机构都要以公平公正为原则。这样,PPP 项目公司移交项目价值评估机构才能真正站在第三方的角度对所移交项目在移交时的价值做出公允合理的评估结论。但由于评估结论对双方来说都会涉及利益问题,所以,PPP 项目公司移交项目的价值评估机构欲做到公平公正还要克服来自各方面的压力与诱惑,这就对 PPP 项目公司移交项目价值评估机构提出了具体要求。

特许经营期届满前一定期限,政府方或其指定机构和项目公司应共同成立移交委员会,负责过渡期内有关特许经营期届满后项目移交的相关事宜。移交委员会应在双方同意的时间举行会谈,商定项目设施移交的详细程序,培训计划的实施,将要移交的设备、设施、物品、零配件和备件等的详细清单,移交前的检测验收程序,以及向第三方公告移交的方式。项目公司应在会谈中提交负责移交的代表名单,政府方或其指定机构应告知项目公司其负责接收移交的代表名单。移交委员会应在移交前的 6 个月内确定上述安排。

移交委员会有义务促使项目公司履行移交义务,包括:

(1)项目公司按照《移交考核要求》和本协议规定向政府方或其指定机构无偿移交。

(2)项目公司在向政府方或其指定机构移交的项目设施未设有任何抵押、质押等担保权益或产权约束,亦不得存在任何种类和性质的索赔权。

(3)项目公司应负责过渡期间的运营管理工作,并给予政府方或其指定机构充分配合。

四、确定移交范围

在移交日,项目公司应向一期所有人交还一期项目设施,向政府或其指定机构无偿移交二期项目设施以及与非客运服务相关的所有资产（与一期项目设施合称"特许经营期届满移交资产"），其范围见《移交考核要求》。

项目公司应确保这些资产和权利在政府或其指定机构移交时未设有任何抵押、质押等担保权益或产权约束，亦不得存在任何种类和性质的索赔权。项目相关土地及场地在移交日应不存在因项目公司建设二期项目设施、运营和维护项目设施导致的或项目公司另外引致的环境污染。

五、确定移交验收程序

项目公司应根据《移交考核要求》的规定，编制移交检验报告，并提交政府或其指定机构指定的专家委员会进行评审。

项目公司应根据专家委员会的评审意见进行相关修改、修正及其他未完成的事项，直至政府或其指定机构向项目公司发出书面通知，确认项目公司可以按照本条之规定进行移交。

六、移交日项目设施的状况

在 PPP 项目移交前，通常需要对项目的资产状况进行评估并对项目状况能否达到合同约定的移交条件和标准进行测试。实践中，上述评估和测试工作通常由政府方委托的独立专家或者由政府方和项目公司共同组成的移交工作组负责。项目移交工作组应严格按照性能测试方案和移交标准对移交资产进行性能测试。经评估和测试，项目状况不符合约定的移交条件和标准的，政府方有权提取移交维修保函，并要求项目公司对项目设施进行相应的恢复性修理、更新重置，以确保项目在移交时满足约定要求。

在移交日，项目公司应保证特许经营期届满移交资产：

（1）符合《移交考核要求》列载的移交技术要求。

（2）符合本协议所规定的安全和环境要求。

（3）处于良好的运营状况，得到良好维护，正常磨损除外。

七、保险的转让和承包商的责任

在移交时，项目公司应将所有承包商、制造商和供应商提供的尚未期满的担保及保证，以及所有的保险单、暂保单和保险单批单等与特许经营期届满移交资产有关的其他担保、保证及保险凭证,全部无偿转让给政府或其指定机构,双方另有约定的除外。

八、资产交割

社会资本或项目公司应将满足性能测试要求的项目资产、知识产权和技术法律文件,连同资产清单移交给项目实施机构或政府指定的其他机构,办妥法律过户和管理权移交手续。社会资本或项目公司应配合做好项目运营平稳过渡相关工作。

除非双方另有协议,项目公司应于移交之日起一定期限内,自费搬移走项目公司所属的所有物品。搬移走的物品仅限于《移交考核要求》移交清单所列的特许经营期届满移交资产的设备、工具、零配件和备件、设计图纸和技术资料或者其他特许经营期届满移交资产运营和维护的必需物品以外的物品。如果项目公司在上述时间内没有移走这些物品,政府或其指定机构在通知项目公司之后,可以搬移走并将物品转运至适当的地点以便妥善保管。项目公司应承担搬移、运输和保管的合理费用和风险。

九、技术转让

在城市轨道交通 PPP 项目中,可能需要使用第三方的技术(包括通过技术转让或技术许可的方式从第三方取得的技术)。在此情况下,政府需要确保在项目移交之后不会因为继续使用这些技术而被任何第三方进行侵权索赔。鉴于此,PPP 项目合同中通常会约定,项目公司应在移交时将项目运营和维护所需要的所有技术,全部移交给政府或政府指定的其他机构,并确保政府或政府指定的其他机构不会因使用这些技术而遭受任何侵权索赔。如果有关技术为第三方所有,项目公司应在与第三方签署技术授权合同时即与第三方明确约定,同意项目公司在项目移交时将技术授权合同转让给政府或政府指定的其他机构。此外,PPP 项目合同中通常还会约定,如果这些技术的使用权在移交日前已期满,项目公司有义务协助政府取得这些技术的使用权。

项目公司应在移交日将其拥有的,以及运营和维护项目设施所需的,有关项目设施运营和维护的所有知识产权、技术和技术成果,无偿移交及转让给政府或其指定机构,并确保政府或其指定机构不会因使用这些知识产权、技术和技术成果而遭受侵权索赔。就项目公司以许可或分许可方式从第三方取得的、运营和维护项目设施所需的,有关项目设施运营和维护的所有知识产权、技术和技术成果,项目公司应负责取得这些知识产权、技术和技术诀窍权利人的许可,在移交日后将这些知识产权、技术和技术诀窍继续许可给政府或其指定机构使用,但因此产生的使用这些知识产权、技术和技术诀窍的相关许可费用,由政府或其指定机构承担。

十、培训义务

项目公司应安排对政府或其指定机构确定的运营和维护特许经营期届满移交资产所需的人员进行适当的培训,政府或其指定机构和项目公司因此所发生的费用由政府或其指定机构和项目公司各自承担。作为移交的一部分,项目公司和政府或其指定机构应举行联合考试,以确定指定人员经过培训合格,可以接管并独立运营和维护特许经营期届满移交资产。

十一、合同的转让

项目移交时,项目公司在项目建设和运营阶段签订的一系列重要合同可能仍然需要继续履行,因此,可能需要将这些尚未履行完毕的合同由项目公司转让给政府或政府指定的其他机构。为能够履行上述义务,项目公司应在签署这些合同时即与相关合同方(如承包商或运营商)明确约定,在项目移交时同意项目公司将所涉合同转让给政府或政府指定的其他机构。实践中,可转让的合同可能包括项目的工程承包合同、运营服务合同、原料供应合同、产品或服务购买合同、融资租赁合同、保险合同以及租赁合同等。通常政府会根据上述合同对于项目继续运营的重要性,决定是否进行合同转让。此外,如果这些合同中包含尚未期满的相关担保,也应该根据政府的要求全部转让给政府或者政府指定的其他机构。政府或其指定机构对于转让合同所发生的任何费用不负责任,同时,项目公司应保护政府或其指定机构使其不会因此受到损害。

十二、风险转移

项目公司应承担移交日前特许经营期届满移交资产的全部或部分损失或损坏的风险,除非损失或损坏是由政府或其指定机构违约造成的。除本协议另有约定外,移交日后特许经营期届满移交资产的全部或部分损失或损坏的风险转由政府或其指定机构承担。

十三、移交费用和批准

对于向政府或其指定机构的移交和转让,政府或其指定机构无须向项目公司支付任何补偿、价款或对价。项目公司及政府或其指定机构应负责各自的因上述移交和转让发生的成本和费用。政府或其指定机构应自费获得所有的批准并使之生效,并采取其他可能为移交和转让所必需的行动。移交和转让有关的所有税费依照届时有效的适用法律的规定执行。

十四、移交维修保函

在特许经营期届满日一定期限之前,项目公司应向政府方或其指定机构提交移交维修保函,以担保项目公司就移交应履行的义务。移交维修保函的有效期自提交之日起至移交完毕后一定期限届满之日。

第四节　特许经营期满的财务处理及 SPV 公司清算

从项目合理的财务逻辑和付费的原则来看,在项目公司运营期末将项目资产无偿移交给政府时,需将运营期末的现金余额分配给社会资本,作为其投资的收回,以实现股权投资人完整地收回投资并获得相应的回报。PPP 项目移交涉及的会计核算主要有以下几种情况。

一、提交移交保证金

项目公司进入移交期(如最后一个运营年度)时通常需要提交的移交保证金属于履约保证金的性质,提交时应当作为其他应收款(若在项目运营阶段提交过运营维护保证金,可以将运营维护保证金冲抵部分金额),在退还(或冲抵后续的移交后维修保证金)时冲回。

支付履约保证金时:

借：其他应收款——移交保证金

　　贷：其他应收款——运营维护保证金银行存款

对于因提交其他形式担保（如履约保函）而产生的费用，应视具体情况在适当期间计入费用。

二、期满终止无偿移交

项目期满时，对于无形资产模式，项目公司确认的相关特许经营权已作为无形资产在特许服务期内摊销完毕，无须为移交进行特别的会计处理；对于金融资产模式，项目公司应该已经收到全部应收款项，金融资产的余额为"0"，因而也无须为移交进行特别的会计处理。对于移交过程中发生的费用项目，进行直接费用化会计处理。

三、期满终止有偿移交

部分 PPP 项目会约定，期满终止时，社会资本向政府有偿移交基础设施，有偿移交的对价可能是事先约定的固定或可确定的金额，也可能是移交当时相关设施的公允价值。"有偿移交"只是合同中约定的法律形式，应根据合同条款和具体事实、情形综合判断其适用的会计核算。以下列示了金融资产模式下，期满终止以固定价格移交和期满终止以公允价值移交的会计核算。

1. 期满终止以固定价格移交

对于 PPP 项目合同约定期末终止时，按事先约定的固定或可确定的金额进行有偿移交的，项目公司应当在项目初始确认建设服务对价时，将该移交对价的现金流量考虑在内，即以移交时可以收到的固定价格（现金流量）按实际利率折现后的金额确认为相关的金融资产，并在后续期间按实际利率进行核算。期满移交时，收到的移交对价直接冲减金融资产账面金额。

若移交前，已确认的金融资产存在减值迹象，项目公司应当根据《企业会计准则第 22 号——金融工具确认和计量》进行减值测试，在确认发生减值时，确认资产减值损失。移交过程中发生的各项费用，应当直接费用化处理。

2. 期满终止以公允价值移交

对于 PPP 项目合同约定期末终止时，按移交时项目资产的公允价值进行有偿移交的，项目公司应当在项目初始确认建造服务对价时，将该移交对价的现金流量考虑在内,即以预计的移交时项目资产的公允价值(现金流量)按实际利率对其折现后的金额确认为相关的金融资产,并在后续期间按实际利率法进行核算。后续期间若对移交时项目资产的公允价值(现金流量)的预计进行修正,则应当根据修正后的金额按初始实际利率折现,计算出该金融资产修正后应有的账面金额,该金额与原账面金额的差额确认为当期损益。

若移交前,已确认的金融资产存在减值迹象,项目公司应当根据《企业会计准则第 22 号——金融工具确认和计量》进行减值测试,在确认发生减值时,确认资产减值损失。移交过程中发生的各项费用,应当直接费用化处理。

四、提前终止无偿移交

提前终止项目时,在无形资产模式下,已作为无形资产的项目公司相关特许经营权在特许期内进行摊销但并未摊销完毕(在提前终止前,项目公司可能已经计提了相应的减值准备);对于金融资产模式,项目公司已收取了部分应收款项但未全额收回(在提前终止前,项目公司可能已经计提了相应的减值准备)。

项目终止后,无条件收取固定或可确定金额的现金等资产的权利将不再归项目公司所有,或不再具有向使用者收费的权利。因此,对于提前终止无偿移交,项目公司应当在项目提前终止时,将无形资产或金融资产账面价值(含计提的减值准备)全额冲销,由此产生的损失计入当期损益。若存在保险公司的补偿,在基本确定能收回时,可以冲减提前终止的损失,计入当期损益。

五、提前终止有偿移交

对于提前终止有偿移交,根据提前终止的原因归责方不同,收到的移交对价可能大于或小于项目公司的无形资产/金融资产价值(含计提的减值准备),项目公司应当在项目提前终止时,将无形资产/金融资产账面价值(含计提的减值准备)全额冲销,由此产生的利得或损失计入当期损益。若存在保险公司补偿,在基本确定能收到时,可以用于冲减提前终止的损失,计入当期损益。移交过程中发生的各项费用,应当直接费用化处理。

六、移交后维修

某些项目合同中约定在项目移交后的一段时间内(如 3 年内),对于已移交的项目达不到项目合同约定的服务能力时,项目公司负责进行相应维修的,会计核算如下。

1. 提交移交后维修保证金

项目公司在项目移交后,通常需要提交移交后维修保证金,其属于履约保证金的性质,若在项目移交阶段提交过移交保证金,可以冲抵部分金额。

对于移交后期间大于一年的情形,应当酌情考虑对履约保证金按实际利率确认融资收益。对于因提交其他形式担保(如履约保函)而产生的费用,应视具体情况在适当期间计入费用。

2. 移交后维修保证金的退还

政府在项目移交后的质量保质期满后退还该保证金,在质量保质期满后退还时冲回已支付的履约保证金。

七、小结

对于 PPP 项目合同约定期满后有偿移交的,不论该移交价格是基于固定或可确定金额,还是基于移交日的公允价值,社会资本方均拥有合同期满收取现金的合同权利。因而,无论社会资本方对基础设施采取何种核算方式,均应当在项目初始确认建造服务对价时,将该移交对价的现金流量考虑在内,即以移交时可以收到的预计现金流量按实际利率折现后的金额确认为相关的金融资产,并在后续期间按实际利率法进行核算。对于期满以公允价值进行移交的安排,后续期间若对移交时项目资产公允价值(现金流量)的预计进行修正,则应根据修正后的金额按初始利率折现,计算出该金融资产修正后应有的账面金额,该金额与原账面金额的差额确认为当期损益。期满移交时,收到的移交对价直接冲减金融资产账面金额。

但是,对于合同约定期满后政府方拥有购买选择权的安排,社会资本方并不具有无条件收取现金的合同权利。这种情况下,不应确认金融资产。社会资本方需要根据合同的具体移交安排,选择适当的会计处理。

第八章
国内城市轨道交通 PPP 项目发展展望

中共中央、国务院印发的《交通强国建设纲要》,为今后轨道交通行业的中长期发展和应用 PPP 模式进一步明确了方向。自 2019 年下半年起,全国各地多个城市轨道交通 PPP 项目陆续开始进入项目准备阶段,为参与城市轨道交通 PPP 项目的社会资本方带来了新的发展机遇。

第一节　近期 PPP 相关政策影响分析

从 2017 年下半年起,为了进一步规范 PPP 项目投资建设及运营管理的全过程,国家相关部委先后出台了一系列政策,其中主要的有:国务院国资委《关于加强中央企业 PPP 业务风险管控的通知》(国资发财管〔2017〕192 号)、国家发展改革委《关于鼓励民间资本参与政府和社会资本合作(PPP)项目的指导意见》(发改投资〔2017〕2059 号)、财政部《关于进一步加强政府和社会资本合作(PPP)示范项目规范管理的通知》(财金〔2018〕54 号)、财政部《关于推进政府和社会资本合作规范发展的实施意见》(财金〔2019〕10 号)、国家发展改革委《关于依法依规加强 PPP 项目投资和建设管理的通知》(发改投资规〔2019〕1098 号),这些政策呈现出以下主要导向。

一、进一步规范 PPP 项目的实施

财金〔2019〕10 号文明确了规范的 PPP 项目应当符合以下条件:

(1)属于公共服务领域的公益性项目,合作期限原则上在 10 年以上,按规定履行物有所值评价、财政承受能力论证程序。

（2）社会资本负责项目投资、建设、运营并承担相应风险，政府承担政策、法律等风险。

（3）建立完全与项目产出绩效相挂钩的付费机制，不得通过降低考核标准等方式，提前锁定、固化政府支出责任。

（4）项目资本金符合国家规定比例，项目公司股东以自有资金按时足额缴纳资本金。

（5）政府方签约主体应为县级及县级以上人民政府或其授权的机关或事业单位。

（6）按规定纳入全国 PPP 综合信息平台项目库，及时充分披露项目信息，主动接受社会监督。

发改投资规〔2019〕1098 号文进一步明确了 PPP 项目可行性论证和审查的规范性要求，所有拟采用 PPP 模式的项目，均要开展可行性论证。通过可行性论证审查的项目，方可采用 PPP 模式建设实施。

二、鼓励民间资本积极参与 PPP 项目

发改投资〔2017〕2059 号文、国资发财管〔2017〕192 号文、财金〔2019〕10 号文先后指出，要通过加大基础设施和公用事业领域开放力度，为民营企业创造平等竞争机会，政府支持民间资本股权占比高的社会资本方参与 PPP 项目，调动民间资本的积极性。同等条件下，优先选择运营经验丰富、商业运作水平高、创新创造能力强的民营企业。同时，对各中央企业 PPP 业务实行总量管控，从严设定 PPP 业务规模上限。鼓励地方政府积极采取 BOT、TOT（转让—运营—移交）、ROT（改扩建—运营—移交）等多种 PPP 运作方式，规范有序地盘活存量资产，丰富民营企业投资机会。合理确定基础设施和公用事业价格和收费标准，完善 PPP 项目价格和收费适时调整机制，通过适当延长合作期限、积极创新运营模式、充分挖掘项目商业价值等，建立 PPP 项目合理回报机制，吸引民间资本参与。加大对民间资本 PPP 项目融资支持力度，努力提高民营企业融资能力，有效降低融资成本，推动 PPP 项目资产证券化，鼓励民间资本采取混合所有制、设立基金、组建联合体等多种方式，参与投资规模较大的 PPP 项目。中央财政公共服务领域相关专项转移支付资金优先支持符合条件的民营企业参与的 PPP 项目。研究完善中国 PPP 基金绩效考核办法，将投资民营企业参与项目作为重要考核指标，引导中国 PPP 基金加大支持力度。

三、强化社会资本方的运营主体责任

PPP 项目中,社会资本方应负责项目投资、建设、运营全过程并承担相应风险,针对前期部分 PPP 项目社会资本方运营主体责任不明确的现象,财金〔2018〕54 号文、财金〔2019〕10 号文强调了 PPP 项目的规范管理,杜绝违法违规现象。对于社会资本方的运营责任,相关文件明确指出不得弱化或免除社会资本方的投资建设运营责任,不得约定将项目运营责任返包给政府方出资代表承担或另行指定社会资本方以外的第三方承担。在 PPP 项目实施过程中,不得出现社会资本方实际只承担项目建设、不承担项目运营责任,或政府支出事项与项目产出绩效脱钩的行为。

四、明确合规的 PPP 财政支出责任不是政府隐性债务

在 2018 年中共中央办公厅、国务院办公厅出台《地方政府隐性债务问责办法》后,在项目采用 PPP 模式的决策过程中,相关各方对《地方政府隐性债务问责办法》中"严禁以 PPP 名义违规变相举债"的要求存在一定疑虑。财金〔2019〕10 号文进一步明确,按规定通过物有所值评价、财政承受能力论证且财政支出责任不超过当年本级一般公共预算支出 10％的 PPP 项目是完全合规的。且地方政府本级一般公共预算支出 10％以内的 PPP 财政支出责任不是政府隐性债务。

五、进一步强化对 PPP 咨询机构的管理

财金〔2019〕10 号文明确对 PPP 项目实施造成消极影响和严重后果的咨询机构和专家,要按照规定严肃追究责任。发改投资规〔2019〕1098 号文明确规定,若 PPP 咨询机构咨询或评估服务存在严重质量问题影响项目决策实施的,要严格按照规定给予处罚。

第二节　近期城市轨道交通
相关政策影响分析

2018 年国务院办公厅就城市轨道交通的规划建设及运营先后出台了《国务院办公厅关于保障城市轨道交通安全运行的意见》(国办发〔2018〕13 号)和《国

务院办公厅关于进一步加强城市轨道交通规划建设管理的意见》(国办发〔2018〕52号)两个重要政策文件。

一、《国务院办公厅关于进一步加强城市轨道交通规划建设管理的意见》

针对在前期城市轨道交通建设过程中出现的部分城市规划过度超前、建设规模过于集中、资金落实不到位等问题,为促进城市轨道交通规范有序发展,该意见从四个方面提出了明确要求。

一是完善规划管理规定。严格建设申报条件,提高申报建设地铁和轻轨的相关经济指标,申报建设地铁的城市一般公共财政预算收入、地区生产总值分别由100亿元、1 000亿元调整为300亿元、3 000亿元。提高建设规划质量,加强城市轨道交通与其他交通方式的衔接融合,鼓励探索地上地下空间综合开发利用。严格建设规划报批和审核程序,确保建设规模同地方财力相匹配。强化建设规划的导向和约束作用,已经国家批准的建设规划原则上不得变更,进一步明确了规划调整和新一轮建设规划报批条件。

二是有序推进项目实施。进一步规范项目审批,未列入建设规划的项目不得审批(核准),已审批项目要合理把握建设节奏。强化项目建设和运营资金保障,强化城市政府对城市轨道交通项目全生命周期的支出责任,规范开展政府和社会资本合作。

三是强化项目风险管控。严控地方政府债务风险,加大财政约束力度,严禁违规变相举债,对列入地方政府债务风险预警范围的城市,暂缓审批(核准)新项目。坚守安全发展底线,落实城市政府和企业安全责任,坚决防范重特大生产安全事故的发生。

四是完善规划和项目监管体系。加强监管能力建设,健全部门间协同联动监管机制,建立城市轨道交通监管数据库。建立健全责任机制,坚持国家统筹、省负总责、城市主体的原则,对违规行为和责任主体实行联合惩戒并依法依规追责问责。

《国务院办公厅关于进一步加强城市轨道交通规划建设管理的意见》针对在城市轨道交通中已被广泛采用的PPP模式,明确提出了规范开展PPP和严禁以PPP名义违规变相举债的要求,为城市轨道交通PPP项目的规范实施指明了方向。该意见出台后,在严控地方政府债务风险的背景下,国内又有多个城市轨道交通项目采用了 PPP 模式,城市轨道交通 PPP 项目迎来了规范化的新一轮发展。

二、《国务院办公厅关于保障城市轨道交通安全运行的意见》

该意见从加强运营安全管理、强化公共安全防范、提升应急处置能力等方面对城市轨道交通运营单位提出了明确的要求。在 PPP 模式下的项目公司作为城市轨道交通运营管理的主体责任单位,无论采用何种运营管理方式,都应按照该意见的要求,在项目的运营期落实安全生产责任制,建立完备的应急预案体系并加强应急救援力量的建设。

交通运输部为贯彻落实国办发〔2018〕13 号文的要求,充分履行其指导城市轨道交通运营的职责,从夯实行业管理基础、提升运营服务能力、加强安全支持保障、强化应急处置能力四个方面出发,制定并公布了《城市轨道交通运营管理规定》(交通运输部令 2018 年第 8 号),明确了城市轨道交通运营管理的各项政策措施,该规定已于 2018 年 7 月 1 日起正式施行。

在《城市轨道交通运营管理规定》的基础上,从 2019 年 1 月起,交通运输部围绕城市轨道交通运营管理的全过程,先后印发《城市轨道交通初期运营前安全评估管理暂行办法》《城市轨道交通服务质量评价管理办法》《城市轨道交通运营安全风险分级管控和隐患排查治理管理办法》《城市轨道交通设施设备运行维护管理办法》《城市轨道交通运营突发事件应急演练管理办法》《城市轨道交通运营险性事件信息报告与分析管理办法》《城市轨道交通行车组织管理办法》《城市轨道交通客运组织与服务管理办法》《城市轨道交通正式运营前和运营期间安全评估管理暂行办法》9 个管理规章,初步形成城市轨道交通运营管理制度体系。这些规章的实施,将进一步规范城市轨道交通项目的运营管理,促进城市轨道交通项目日常的安全运营及优质服务,对于今后民营资本通过 PPP 方式进行城市轨道交通项目的运营管理,也有了明确的监管要求和手段。

第三节　"十四五"时期城市轨道交通 PPP 项目发展趋势及展望

"十四五"期间我国城市轨道交通行业仍将持续平稳发展的态势,虽然新建项目的在建里程总数预计较"十三五"期间有所回落,但对于既有线路的运营维护和更新改造的投入将持续增加。随着全生命周期项目管理和成本管控理念的逐步深入,城市轨道交通将从现在较为单一的地铁制式向包括跨坐式单轨、直线电机(磁悬浮)、胶轮系统在内的多种制式协调发展,灵活编组的运营组织方式也将逐步推广运用。同时,在深化交通运输与旅游融合发展的国家政策背景下,旅游轨道交通由于能够促进全域旅游发展,也将得到快速发展。新的技术手段,如物联网、大数据、人工智能、区块链等在城市轨道交通行业的创新应用,将进一步提升行业的服务及管理水平。PPP 作为城市轨道交通行业管理模式创新的重要手段,也必将得到进一步发展。

一、城市轨道交通 PPP 项目得到进一步发展

在建设交通强国重大战略决策的指引下,城市轨道交通 PPP 项目作为规范的 PPP 项目,具有投资规模大、使用者付费比例高、能够降低公共服务成本等显著优点。在 PPP 项目管理进一步规范的背景下,为了减少对 PPP 项目的管理成本,地方政府更愿意将有限的财政支出责任用于大的 PPP 项目上,因此,城市轨道交通及高速公路等项目会得到优先关注。同时,由于目前国内城市轨道交通的运营期票价严重偏低,未来存在票价上涨的空间,会进一步减少政府可行性缺口补助的金额,缓解地方政府财政压力;政府通过 PPP 方式引入社会资本方进行运营管理,有助于促进运营管理的市场化进程,从而降低政府对传统城市轨道交通项目的运营期补贴金额。

二、城市轨道交通 PPP 项目运作模式多元化

当前城市轨道交通 PPP 项目的方式以 BOT 方式为主,具有建设及设备制造能力的企业也尚未向运营投资商转变。随着城市轨道交通行业的运营线路越来越多,轨道交通行业运营市场将进一步增大,因此,培育市场化主体,打造充分竞争的运营市场,整体提高轨道交通行业运营效率,是地方政府需要通过供给侧结构性改革解决的问题。针对运营期,除了可以采取 TOT 方式引入市场化的社会资本进行运营管理外,还可以结合城市轨道交通项目生命期中的机电系统更新改造,通过 ROT 的方式实施 PPP 模式。在 ROT 方式下,社会资本方能够从运营管理的角度对机电系统的更新改造进行全面掌控,从而提升改造后的整

体管理运营水平并获得运营管理提升的收益,因此,对社会资本,特别是民营资本更具有吸引力。

随着地方政府专项债规模的不断扩大,专项债和 PPP 相结合逐渐成为政府和社会资本方的共识。对于城市轨道交通项目,通过专项债与 PPP 方式的结合可以充分发挥专项债的资金成本优势和 PPP 的项目管理优势,降低 PPP 项目的融资成本,从而降低 PPP 项目进入运营期后的政府财政压力。将专项债作为城市轨道交通 PPP 项目的资本金,既解决了 PPP 项目政府方资本金短缺的问题,也在一定程度上降低了社会资本方的出资压力和民营资本参与 PPP 项目的资金门槛,从整体上降低了项目的资金成本,对项目的融资贷款也能够起到一定的增信作用,有利于促进 PPP 项目的持续健康发展。

三、华南、华东及东北地区将成为城市轨道交通 PPP 热点地区

由于 PPP 项目从一般公共预算列支的财政支出责任不能超过当年地方政府本级一般公共预算支出的 10%,已经成为实施 PPP 项目的一条红线,因此,前期采用 PPP 方式较多的地区,如新疆、重庆、四川、云南、贵州、山东等地,后续能够采用 PPP 模式的新项目将比较有限。前期采用 PPP 模式较少的经济较为发达的省市,则会进一步创新投融资体制机制,推进 PPP 模式的推广运用,因此可以预见,华南、华东及东北地区将成为"十四五"时期城市轨道交通 PPP 项目的热点地区。

四、社会资本方直接负责运营管理将逐步成为趋势

现有城市轨道交通 PPP 项目以新建线路居多,社会资本方也多为建筑类央企。建筑类央企施工经验丰富,资金实力雄厚且具有良好的融资能力,能够顺利完成项目建设任务并从中获得收益。但是建筑类央企大多缺乏城市轨道交通运营管理经验,对 PPP 项目的运营意愿不强,因此,目前城市轨道交通多数 PPP 项目均采用了业务集中分包的方式,而集中分包的对象多为地方国资所属的管理运营单位,项目在运营过程中的运营管理模式、运营人员劳动生产率及运营成本都没有明显变化,有悖于采用 PPP 模式推动运营管理市场化、提高整体管理运营水平的初衷。由于在业务集中分包模式下,实际运营成本远高于物有所值评价中对运营成本的预测水平,因此,会造成社会资本方在项目运营阶段投资收益

率下降或出现亏损。由于城市轨道交通 PPP 项目的运营期很长，社会资本方不可能长期采用业务集中分包的方式，在时机成熟的情况下，社会资本方将采用自主运营或者通过市场化手段选取运营单位等方式降低运营期成本。随着相关政策和管理规定的进一步完善，项目公司的运营管理主体责任也将进一步强化，因此，今后将会有越来越多的 PPP 项目公司采用自主运营方式和专业化分包方式进行运营管理。社会资本方直接负责运营管理，不仅有助于提高 PPP 项目的运营管理效率，降低运营成本，同时也可以形成宝贵的运营管理经验，促进其他非PPP 模式的轨道交通线路的运营管理水平提升。对于在不同城市投资了多个城市轨道交通 PPP 项目的社会资本方，可以利用新的技术手段实现跨区域的集约化运营，通过人力资源及物资资源的充分整合，进一步提升运营管理的效率，降低运营成本。

五、PPP 模式将成为传统国有运营企业实现市场化运营的手段

通过 PPP 模式，可以将传统模式下地方政府和地方国有轨道交通运营企业由从属关系转变为以政府购买服务为基础的合同关系，使得国有运营企业从通过政府进行补亏维持正常运作的准公益类企业转变为市场类企业，从而实现真正意义上的政企分离和运营企业的自负盈亏，激发企业自身提升管理的主动性和积极性，提高运营管理的绩效水平。因此，从国有企业改革的角度出发，通过PPP 模式可以进一步建立健全现有城市轨道交通运营企业的管理制度，降低运营成本，增强企业活力和竞争力，从而减轻政府的财政补贴压力。对于传统国有运营企业，可以结合线路特点，通过 BOT、TOT、ROT 等多种方式引入 PPP 模式，但是应高度关注此种模式下的合规性问题以及在改革过程中可能出现的减员增效问题，确保项目的安全运营和优质服务。针对本级政府所属企业不得作为本级 PPP 项目的社会资本方的合规性要求，可以采用在国有企业改革的同时引入外部投资人，项目公司采用同股同权的方式进行 PPP 项目的实施。

六、民间资本逐步参与城市轨道交通 PPP 项目

虽然从中央到地方各级政府对民间资本参与 PPP 项目给予了政策环境等各方面的大力支持，但是由于城市轨道交通 PPP 项目资本金投入大，且建设期需要进行大规模的项目融资，民间资本即使有充足的资本金投入，由于在项目贷

款的融资条件上较央企存在明显劣势,因此,民间资本很难参与当前以 BOT 模式为主的城市轨道交通 PPP 项目。即使参与了项目,也只能作为项目公司的小股东为项目提供相关的设备以及服务,很少能够参与项目公司的管理和决策。今后,随着城市轨道交通 PPP 方式的逐渐多样化,民间资本可以更容易参与投入资本金相对较小的、采用 ROT 和 TOT 方式实施的 PPP 项目,特别是 TOT 方式实施的项目。对于 ROT 和 TOT 项目,民营企业可以充分发挥其自身的管理优势,通过降低运营管理成本提升其在项目招标过程中的竞争力。地方政府也可以通过引入民营企业提升城市轨道交通运营的市场化水平,从而提升城市轨道交通的整体运营服务质量和成本管控水平,促进行业的持续健康发展。

第九章
城市轨道交通 PPP 项目专题研究

本章是本书的专题研究章节,也是本书的重点。第一节提出了业务分离的政府可行性补助模式,该模式大大消除了城市轨道交通 PPP 项目在长期的建设及运营过程中各种不确定性可能对项目造成的风险,降低了项目的整体风险,同时,在方案实施的源头确保了项目的物有所值,并有助于更多的社会资本方参与城市轨道交通 PPP 项目;第二节对资产证券化相关政策和现有案例进行了分析研究,并对我国现阶段 PPP 资产证券化的困难和挑战进行了思考;第三节围绕项目动态风险评价就现有评估方法的短板进行了分析,并提出了动态评估体系,按照阶段性与突发状态两种模式进行风险评估,对流程和方法的细化进行了说明。

第一节 业务分离的政府可行性补助模式

为了更好地规范和促进 PPP 模式在城市轨道交通行业中的应用,在财金〔2015〕21 号文补贴模式的基础上,结合城市轨道交通建设及运营的行业特点,本书提出了业务分离的政府可行性补助模式。业务分离,指特许经营期内城市轨道交通项目的建设、日常运营及运营期更新改造三大业务分离,同时,针对城市轨道交通运营业务复杂的特点,又将日常运营管理分离为车辆业务、车站业务及线路业务三个部分。业务分离后,政府根据不同业务的成本要素构成、外部条件变化并结合绩效考核分别进行可行性补助。

一、基本原则

业务分离的政府可行性补助模式的提出,是为了解决目前城市轨道交通

PPP 项目执行过程中存在的实际问题,从进一步促进政府与社会资本方合作的角度出发,通过业务分离的方式降低和消除通过 PPP 方式实施城市轨道交通项目过程中存在的部分风险,减少社会资本方对长期合作存在的种种顾虑。该模式遵循以下基本原则。

（一）客观性原则

该模式根据当前国内城市轨道交通行业的客观实际,将政府定价的城市轨道交通的运营作为准公益事业进行考虑,弱化项目运营管理与运营收入的关系,非票务收入与客流进行关联而不直接与票务收入关联,从而减轻社会资本方对于票务收入及非票务收入不足风险的担忧。

（二）公平性原则

按照公平性原则,在项目实施周期内根据外部条件变化对可行性补助进行合理调整,补贴的调整不损害任何一方的利益,也不改变社会资本方的预期收益率。

（三）市场化原则

该模式通过市场化的招标方式确定相关关键参数,能够进一步促进城市轨道交通建设管理及运营管理的市场化,促进先进的管理方法和新技术手段的应用,降低工程造价和运营成本。

二、基本模式

目前国内绝大多数城市轨道交通 PPP 项目都是通过 BOT 方式实施,业务分离的政府可行性补助模式则是将整个特许经营期内的城市轨道交通项目根据业务类型和实施时间分为建设期、初始运营期、更新改造及持续运营期 3 个阶段。

例如一个建设期 5 年、运营期（含更新改造）25 年的城市轨道交通 PPP 项目,可以将整体项目按年限分解为 5 年的项目建设期,13 年的项目初始运营期,12 年的项目更新改造及持续运营期。社会资本方建设期发生的建设成本通过项目可用性补贴进行支付,在项目进入初始运营期后的 25 年中,结合每年的绩效考核结果向社会资本方支付项目可用性补贴;在初始运营期,每年根据运营成本、收入及绩效考核结果向社会资本方支付运营补贴;在项目更新改造及持续运营期,每年根据更新改造的费用、运营成本、收入及绩效考核结果向社会资本方支付更新改造的可用性补贴和运营补贴。

（一）项目可用性补贴

项目可用性补贴是指政府在项目进入运营期后，根据项目的全部建设成本及运营期持续发生的资金成本逐年对项目进行可用性补贴，从而使社会资本方能够收回其建设期投资并获得合理回报。

1. 项目建设期成本及工程造价下浮率

城市轨道交通 PPP 项目的建设成本主要和项目概算、社会资本方工程造价下浮率相关。项目工程造价下浮率是 PPP 项目物有所值评价中定量评价的重要指标，也是政府通过招标方式选择社会资本方的关键因素。政府方在招标前可通过设置工程造价下浮率的最低值来控制建设成本。社会资本方则应根据其测算的项目实际建设成本、合理工程利润、项目贷款融资成本、项目资本金收益率及项目风险等关键因素确定其投标的项目工程造价下浮率。

例如，某城市轨道交通 PPP 项目概算总投资为 S_0，结合项目所在地其他类似项目工程决算的情况，政府设置该项目工程造价最低下浮率 i_0，该 PPP 项目的招标控制建设成本 $S_{控}$ 的计算公式如式（9-1）所示：

$$S_{控} = S_0 \times (1 - i_0) \tag{9-1}$$

参与 PPP 项目投标的社会资本方根据其项目建设经验，结合项目贷款融资成本和内部资本金收益率要求，对该项目的预计建设成本 $S_{预}$ 进行测算。

若 $S_{预} < S_{控}$，社会资本方可根据其预期的合理工程利润确定投标工程造价下浮率 $i_{建}$。由于 $i_{建} > i_0$，政府通过招标进一步降低了项目建设成本，最终中标的社会资本方的投标工程造价下浮率即为项目实际的工程造价下浮率。

若 $S_{预} \geqslant S_{控}$，则表明该项目对于社会资本方没有工程建设的利润空间，在这种情况下，建议社会资本方慎重评估该项目的可行性，避免盲目参与项目投标，造成不必要的损失。在这种情况下，社会资本方也可以在招标前按照公平性原则积极与政府方进行沟通，争取项目能够有合理的工程利率。

2. 项目可用性补贴

城市轨道交通项目建设所用资金根据其筹措方式的不同分为项目资本金和融资资金两个部分，通常社会资本方对于其资本金的收益率要求要高于融资资金的利率，为了便于社会资本方进行成本核算，可以将政府对于项目的可用性补

贴 $P_{建}$ 分为资本金补贴 $P_{资}$ 及融资资金补贴 $P_{融}$。则政府在运营期第 n 个年度支付的项目可用性补贴计算公式如式(9-2)所示：

$$P_{建n} = (P_{资n} + P_{融n}) \times J_C \times J_n \qquad (9-2)$$

公式中，J_C 为项目可用性补贴与运营期绩效挂钩的比例，由于工程建设完成后要通过工程验收及运营前安全评估方可进入运营期，因此，建议 J_C 控制在 20% 以内为宜。J_n 为运营期第 n 个年度的绩效考核结果。

1）资本金补贴

运营期第 n 年项目资本金补贴 $P_{资n}$ 计算公式如式(9-3)所示：

$$P_{资n} = \left\{ A_{资n} + \left[S_{资} - \sum_{n=1}^{n} A_{资(n-1)} \right] \times (i_{基n} + BP) \right\} \times (1+e) \qquad (9-3)$$

其中，

n 为项目进入运营期的第 n 年，$n = 1, 2, 3, 4, \cdots, n$；

$A_{资n}$ 为第 n 年补贴的资本金本金金额，$A_{资n} = S_{资} \times k_n$；

$S_{资}$ 为项目资本金总额，$S_{资} = S_0 \times (1 - i_{建}) \times m$；

S_0 为项目初始概算总投资；

$i_{建}$ 为项目建设工程造价下浮率；

m 为项目资本金比例；

k_n 为运营期第 n 年资本金本金偿还系数，$\sum_{n=1}^{n} k_n = 1$，政府按照偿还本金逐年增长的原则确定特许运营期内的本金偿还方案；

$i_{基n}$ 为第 n 年当年央行公布的基准贷款利率；

BP 为相对基准贷款利率社会资本方对自有资本金增加的利率要求，由社会资本方在投标时予以确定。类似于政府对项目工程造价下浮率的控制手段，政府在招标过程中通过设置 BP_0，将银行基准贷款利率 $+BP_0$ 作为社会资本方项目资本金资金回报率的控制条件。对于城市轨道交通项目，通常情况下建议 BP_0 最大招标控制值不大于 200 bp。社会资本方可以根据其资本金的获取成本在 BP_0 的基础上进行下浮并最终确定其投标的 BP 值。

e 为项目资本金补贴税费。对于 PPP 项目，项目公司从地方政府获得的补贴应缴纳增值税、城市维护建设税及教育费附加。对于城市轨道交通项目，政府在运营期向社会资本方进行可用性付费可以视为政府购买服务的行为,为减少地方政府不必要的税务负担,增值税税率建议按服务类增值税税率 6% 考虑,城建税税率、教育费附加税率、地方教育费附加税率分别按 7%、3%、2% 考虑,则 e 值为 6.72%。由于项目公司在进入运营期后,尚有大量的工程建设及设备采购产生的进项税未予以抵扣,在运营初期项目公司实际不需要缴纳增值税。因此根据税务策划方案的不同,政府也可以在项目公司实际进行增值税缴纳时再对项目公司进行税费补贴。

通过项目资本金补贴 $P_{资n}$ 的计算公式可以看到,$i_建$ 和 BP 均通过投标确定,政府通过市场化能够有效地控制项目的可用性补贴,进入运营期后对项目资本金补贴产生变化的只有 $i_{基n}$ 一个因素。因此,在央行公布的基准贷款利率进行调整时,项目资本金补贴随之进行同向调整即可。

2)融资资金补贴

融资资金为项目总投资中除项目资本金以外的金额,需要通过贷款等融资方式筹措的金额。项目运营期第 n 年融资资金补贴 $P_{融n}$ 计算公式如式(9-4)所示:

$$P_{融n} = \left[A_{融n} + \left(S_融 - \sum_{n=1}^{n} A_{融(n-1)} \right) \times i_{基n} \right] \times (1+e) \qquad (9-4)$$

其中,

n 为项目进入运营期的第 n 年,$n = 1, 2, 3, 4, \cdots, n$;

$A_{融n}$ 为第 n 年补贴的融资资金本金偿还金额,$A_{融n} = S_融 \times k_n$;

$S_融$ 为项目融资资金总额,$S_融 = S_0 \times (1 - i_建) \times (1 - m)$;

S_0 为项目初始概算总投资;

$i_建$ 为项目建设工程造价下浮率;

m 为项目资本金比例;

k_n 为运营期第 n 年融资资金本金偿还系数,贷款本金偿还系数建议与资本金本金偿还系数保持一致,$\sum_{n=1}^{n} k_n = 1$;

$i_{基n}$ 为第 n 年当年央行公布的基准贷款利率;

e 为融资资金补贴税率,按提供服务的增值税税率 6.72% 考虑。

地方政府在项目运营期通过项目可用性补贴向社会资本方进行建设成本及

后续资金成本支付,在设定可用性补贴与运营期绩效挂钩的比例时,应充分考虑城市轨道交通项目投资大、建设周期长的特点,避免出现对可用性补贴的过度考核可能对社会资本方带来的风险。由于社会资本方的运营补贴需要全额与运营期绩效挂钩,因此,在这种操作方式下,不会出现固化政府支出责任和承诺固定收益回报的情形。

地方政府在进行实施方案编制时可根据自身财政支付能力确定项目资本金比例、初步融资方案及运营期融资资金本金偿还系数 k_n。 社会资本方根据政府设定的项目融资方案,结合自身的工程建设能力和融资能力,评估项目实际建设工程造价下浮率和自有资本金收益率,在融资方案设计过程中,应使得项目公司每年的现金流量为正,从而保障项目公司的正常运转。

目前较常使用的融资方案主要有等额本金和等额本息两种,由于城市轨道交通 PPP 项目投资规模大,同时使用者付费(票务及非票务收入)也呈逐年增长的趋势,因此,在传统融资方式下,项目进入运营期后,初期的可用性补贴普遍较大,增大了政府财政支付的风险。所以,在进行融资方案设计时,政府方应提前与相关银行协商针对项目的融资方案,原则上按照每年偿还本金由少到多进行融资方案设计和 k_n 的确定。待后期社会资本方进入后,再由社会资本方与银行确定具体的融资条件并签订融资合同。

(二)运营补贴

1. 日常运营成本

根据城市轨道交通运营的实际情况,可以将项目年度日常运营成本分为车辆业务运营成本、线路业务运营成本、车站业务运营成本三个部分。

年度日常运营成本＝车辆业务运营成本＋线路业务运营成本＋车站业务运营成本,即:

$$C_{运} = C_{车辆} + C_{线路} + C_{车站} \tag{9-5}$$

(1)车辆业务运营成本。其主要包括以下部分:

① 人工成本。指电客车司机及车辆日常检修工人员的人工成本。在单个电客车司机的工作量和车辆的修程修制不发生变化的情况下,人工成本与车公里数呈正比关系。

② 牵引电耗。指运营过程中车辆牵引用电的能耗费,牵引电耗成本与车公

里数呈正比关系。

③ 车辆维修费。指车辆日常维修过程中的易损耗件及备件费,按年计提的车辆架修及大修费用、车辆维护费用与车公里数呈正比关系。

④ 保安保洁费。车公里运营成本中的运营及其他费用主要包括运营列车保安费(若有)及保洁费,该项费用与车公里数呈正比关系。

⑤ 车辆业务管理成本。与车辆业务相关的管理及技术人员的人工成本、司机公寓等后勤费用,通常可以按照①~④四项费用总和的一定比例进行计提,本项费用与车公里数呈正比关系。

如运营年度的计划运营车公里数为 K,则:

$$C_{车辆} = (c_1 + c_2 + c_3 + c_4 + c_5) \times K \qquad (9-6)$$

其中,c_1,c_2,c_3,c_4,c_5 分别为人工成本、牵引电耗、车辆维修费、保安保洁费、车辆业务管理成本的单位车公里费用。各项成本的单位车公里费用可以在编制 PPP 实施方案时根据该项目的列车驾驶方式(有人驾驶、全自动驾驶)、车辆类型、车辆最高运行速度、车辆购置数、车辆修程修制、电客车司机排班派班制度等项目主要特性进行确定。K 根据线路实际的客流需求和服务水平由政府相关部门在批准的项目公司年度运营计划中予以确定。

车辆业务运营成本与车公里数相关,并随着每年行车计划约定的车公里数进行变化。对于外部条件变化可能对成本造成的影响,c_1 和 c_4 主要与社会平均工资相关,c_2 仅与电价相关,c_3 和 c_5 主要与 PMI 值和社会平均工资相关,因此,在后续运营过程中,如果出现社会平均工资上涨、电价调整、PMI 变化等情况,只需对相关参数进行同向调整即可。

(2)线路业务运营成本。其主要包括以下部分:

① 人工成本。指线路调度指挥人员、供电系统(含接触网或供电轨)、轨道及区间其他机电系统及土建结构检修人员的人工成本,人工成本与项目的线路公里数呈正比关系。

② 线路维修费。指供电、轨道及区间其他机电系统设备日常维保过程中的备件费用,与项目的线路公里数呈正比关系。

③ 线路业务管理成本。与线路业务相关的管理及技术人员的人工成本、相关检测设备的租赁及使用费用,可以按照①~②两项费用总和的一定比例进行

计提,本项费用与项目的线路公里数呈正比关系。

如轨道交通项目的线路公里总长为 L,则

$$C_{\text{线路}} = (d_1 + d_2 + d_3) \times L \qquad (9-7)$$

其中,d_1,d_2,d_3 分别为人工成本、线路维修费、线路业务管理成本的单位线路公里费用。各项成本的单位线路公里费用可以在编制 PPP 实施方案时根据该项目的线路长度、供电制式等项目主要特性进行确定。

线路业务运营成本与线路长度相关,在项目规模和外部条件不发生变化的情况下,线路运营成本基本不会发生变化。在 PPP 项目的运营过程中,如果出现社会平均工资上涨、PMI 等外部条件变化影响线路业务运营成本的情况,只需根据相关外部条件的变化对 d_1,d_2,d_3 进行同向调整即可。

(3) 车站业务运营成本。其主要包括以下部分:

① 人工成本。主要包含车站的站务人员及车站各机电系统维保人员的人工成本。其中,站务人员按照车站数进行配置,各机电系统维保人员需考虑控制中心大楼、车辆段、停车场的人员。

② 车站能耗。主要为车站、控制中心及场段机电设备运转、通风空调及照明等用电的能耗费。

③ 维修费。指车站各机电系统设备日常维保过程中的备件费用,电扶梯等特种设备的委外维护费用。若项目采用委外维保的方式进行机电系统设备的维保,则委外维保费用一并纳入维修费。

④ 安检及保安保洁费。指车站、控制中心及场段的安检费、保安费、保洁费、安全消防费等。

⑤ 车站业务管理成本。与车站业务相关的管理及技术人员的人工成本、水费、燃气费、办公费、宣传费等费用,可以按照①～④四项费用总和的一定比例进行计提。

如轨道交通项目包括控制中心及场段在内的车站总数为 S,其中,控制中心大楼(如有)按照 1 座车站计算,车辆段按照 2 座车站计算,停车场按照 1 座车站计算,则

$$C_{\text{车站}} = (e_1 + e_2 + e_3 + e_4 + e_5) \times S \qquad (9-8)$$

其中,e_1,e_2,e_3,e_4,e_5 分别为人工成本、车站能耗、维修费、安检及保安保

洁费、车站业务管理成本的单个车站费用。各项成本的单个车站费用可以在编制 PPP 实施方案时,根据该项目的城市气候、车辆编组、车站组织及维保模式等项目特性进行确定。

车站业务运营成本与车站数量相关,在项目规模、运营模式以及外部条件不发生变化的情况下,车站业务运营成本基本不会发生变化。在项目的运营期如果出现社会平均工资上涨、电价调整、PMI 和 CPI 变化等影响车站业务运营成本的情况,只需对相关参数进行同向调整即可。

由于车站业务属于劳动力密集型,与人力成本相关的成本占到了总成本的 80% 以上,随着大数据及人工智能等新技术的推广应用,车站业务的运营管理模式也会随之发生变化。在本模式下,社会资本方通过新技术应用可以进一步提升运营管理的水平和效率,从而提高项目公司在运营期的收益水平。

(4)运营成本下浮率。对业务分离的政府可行性补助模式中的运营业务,其成本主要和年度运营成本预算、社会资本方运营成本下浮率相关。年度运营成本预算原则上应参照现有国有运营企业的运营管理模式和实际运营成本,根据运营期每年的行车计划和车公里数由政府方负责进行测算。

项目运营成本下浮率是 PPP 项目在运营期也能够确保物有所值的重要指标,也是政府通过招标方式选择社会资本方的重要因素。政府方在招标前可通过设置运营成本下浮率的最低值来控制运营成本。社会资本方则应根据其测算的项目实际运营成本、合理业务利润及项目风险等关键因素确定其投标的项目运营成本下浮率。

举例,某城市轨道交通 PPP 项目初始运营年度的参考成本为 T_0,政府结合 PPP 项目运营期物有所值以及对社会资本方管理提升的要求,设置项目运营成本最低下浮率 i_1,作为 PPP 项目招标的控制指标:

$$T_{控} = T_0 \times (1 - i_1) \qquad\qquad (9-9)$$

社会资本方根据其项目运营管理经验,结合运营期新技术应用及管理提升可能对运营成本产生的变化,对该项目的预计运营成本 $T_{预}$ 进行测算。

若 $T_{预} < T_{控}$,社会资本方可根据其预期的合理运营业务利润确定投标运营成本下浮率 $i_{运}$,由于 $i_{运} > i_1$,政府通过招标的方式进一步降低了项目的运营成本。

若 $T_{预} \geqslant T_{控}$，则社会资本方在该项目的运营业务上已没有利润，而城市轨道交通 PPP 项目的运营期通常都在 20 年以上，在这种情况下，建议社会资本方慎重评估该项目的可行性，避免盲目参与项目投标，造成不必要的损失。

2. 运营收入

城市轨道交通 PPP 项目的运营期收入包括票务收入和非票务收入两部分。

（1）票务收入。城市轨道交通项目的票务收入与项目客流量及票价有关，项目的客流与城市规划布局、政府出行引导、线路走向、车站设置、城市轨道交通线网规划等因素相关，票价由地方政府通过听证方式由政府进行定价。由于社会资本方的选择对于项目运营后的客流量和票价都不会产生任何影响，因此，在本模型中，票务收入以项目实际运营过程中线网清分中心清分的票务收入为准，社会资本方不再对票务收入不足部分进行补足或者对超额票务收入进行分成。

（2）非票务收入。由于非票务收入与社会资本方对相关商业资源的经营管理水平直接相关，同时，城市轨道交通非票务收入与项目的客流呈正相关，因此，建议在 PPP 实施方案的编制过程中设置与客流量相关的约定非票务收入，即：

$$约定非票务收入＝客流量×约定单位客流非票务收入$$

由于非票务收入不再与票务收入相关，避免了政府对票价进行调整时对约定非票务收入的影响。在确定约定单位客流非票务收入时，政府应根据项目实际，对线路的广告及商铺等非票务业务资源进行评估，使得约定非票务收入更具有合理性。在项目运营过程中，实际非票务收入小于约定非票务收入的损失由社会资本方承担，实际非票务收入大于约定非票务收入的收益由社会资本方享有。

3. 运营期新增投资

运营期新增投资主要指在项目开通运营后，在工程原有概算外追加采购运营列车、增加车站出入口及服务设施的投资。运营期新增投资应按照地方政府的规定进行项目立项，并采取合法合规的程序进行采购。在运营期新增的设备设施投资可按当年实际投资金额纳入当年运营总成本。

4. 运营补贴

在明确了运营期的运营成本及运营收入后，政府每年向社会资本方支付的运营补贴计算公式如下：

$$P_{n运} = T_{n运} \times J_n + C_{n投资} - (R_n + R'_n) \tag{9-10}$$

其中,

n 为项目运营的第 n 年,$n=1,2,3,4,\cdots,n$;

$T_{n运}$ 为项目运营第 n 年支付给社会资本方的运营费用;

J_n 为运营期第 n 个年度的绩效考核结果;

$C_{n投资}$ 为项目运营第 n 年运营新增投资的实际投资金额;

$T_{n运} = T_{n预} \times (1 - i_运)$;

R_n 为项目运营第 n 年的票务收入;

R'_n 为项目运营第 n 年的约定非票务收入;

$T_{n预}$ 为项目运营第 n 年政府的运营成本预算;

$i_运$ 为中标社会资本方的运营费用下浮率。

当 $P_{n运} > 0$ 时,由政府按金额 $P_{n运}$ 向项目公司进行可行性缺口补助;当 $P_{n运} < 0$ 时,项目公司运营收入已超过了社会资本方应获得的运营期费用,因此,需要在建设成本可用性补贴 $P_{n建}$ 中按金额 $P_{n运}$ 进行扣减。

5. 运营补贴的调整

运营补贴 $P_{n运}$ 中的唯一变量为 $T_{n预}$,$T_{n预}$ 应按照前述业务分离的原则,对每年日常运营成本中的车辆业务运营成本、线路业务运营成本、车站业务运营成本,根据年度行车计划和社会平均工资等外部条件进行年度调整,以确保 PPP 项目进入运营期后,项目公司内外部条件的变化都不会损害合作方任何一方的利益,也不会改变社会资本方的预期收益率。

(三)更新改造可用性补贴

城市轨道交通 PPP 项目的更新改造通常在项目进入运营期 10 年后方开始进行。因此,可以采用多种方式确定更新改造可用性补贴,政府方也可以借助更新改造的机会,要求社会资本方引入新的技术和智能设备,并对运营业务进行管理模式的调整和成本重构,通过合同修订减少更新改造后的运营补贴。

鉴于当今社会技术和管理的快速发展和进步,为了减少将来的不确定性对项目执行可能带来的风险。建议在 PPP 实施方案中明确后期更新改造可用性补贴的支付方式,包括但不限于:

(1)直接进入运营成本方式。参照运营期新增投资的处理方式,将当年发生的更新改造工程投资按当年实际投资金额纳入当年运营成本。

（2）逐年支付可用性补贴方式。在政府确定更新改造工程的项目概算后，参照前述项目可用性补贴的方式，在更新改造工程完成后向社会资本方支付更新改造工程的可用性补贴。

（3）合同修订方式。合同修订方式主要用于当项目更新改造后，由于采用新技术大幅提升了项目的智能化、智慧化和节能水平，造成日常运营成本的构成发生显著变化，原有的运营补贴计算方式不再适用于更新改造后的项目，需要针对新技术条件下的运营组织架构、运营成本进行重新调整，重新确定新的运营补贴计算方式。合同修订不能损害社会资本方的合法权益。

具体的更新改造可用性补贴方式可在项目实施更新改造前两年，根据当时的实际情况和更新改造的工程技术方案和投资概算，由项目实施机构和社会资本方协商一致后执行。

三、业务分离的政府可行性补助下的物有所值

在业务分离的政府可行性补助模式下，政府通过在招标阶段设置不同业务的成本下浮率或控制范围，确保社会资本方的各项业务成本低于现有模式，从而从源头确保了项目的物有所值。在 PPP 项目实施过程中，通过招标竞争，社会资本方进一步提高相关成本下浮率，使得项目的物有所值金额（VFM）进一步提升。

（1）工程建设物有所值。项目工程建设的投资通过政府设定的最低工程造价下浮率 i_0 予以控制，并通过招标方式鼓励社会资本方对工程造价进一步下浮，增大物有所值。

（2）项目资本金物有所值。社会资本方向项目投入的资本金资金回报通过政府设定的最大资金利率上浮率 BP_0 予以控制，并通过招标方式鼓励社会资本方进一步降低其自有资金回报率。

（3）运营管理物有所值。运营期成本通过政府约定最低的运营成本下浮率 i_1 予以控制，并通过招标方式鼓励社会资本方对运营成本进一步下浮，增大物有所值。

四、小结

业务分离的政府可行性补助模式大大消除了城市轨道交通 PPP 项目在长期的建设及运营过程中各种不确定性可能对项目造成的风险，降低了项目的整

体风险。同时，在方案实施的源头确保了项目的物有所值，并通过市场化的招标方式进一步增大 VFM 值。

对于在现有项目中政府和社会资本方始终关注的客流风险，本模式通过将客流作为项目立项时产生的原生风险，不再带入 PPP 项目的实施过程中，政府及社会资本方均不承担其风险，从而实现了对客流风险的化解。同时，本模式通过业务分离的处理方式，使得各项成本的外部影响因素都更加简单明晰，消除了在外部影响因素变化后在对可行性缺口补助进行调整中可能出现的不平衡风险。另外，政府可以根据线路实际客流情况制定行车计划，合理增加或者减少运营车公里数，避免长期提供过剩运力带来的社会资源浪费。

本模式通过配套应用适合于城市轨道交通 PPP 项目的融资模式，在确保项目公司进入运营期后现金流持续为正的基础上，缓解了项目运营初期政府财政支付的压力，有助于项目的平稳运作。

本模式在消除相关不确定风险并明确运营成本可行性补助的方式后，有助于更多的社会资本方参与城市轨道交通 PPP 项目。社会资本方在项目运营期的主观能动性也将进一步提高，有助于其采取先进的技术及管理手段，进一步降低实际运营成本，从而提高社会资本方的收益。

第二节　项目运营期的资产证券化研究

一、PPP 资产证券化的概念

资产证券化是一种特殊的融资技术，有别于传统的股权融资与债权融资，属于产权融资的范畴。原始权益人将其持有的缺乏流动性但具有稳定现金流收入的资产打包收集起来，形成基础资产（池），并通过结构性重组方式，将其包装成资产支持证券向投资者销售，并可在规定的交易场所流通。

2014 年 11 月 19 日，证监会公布《证券公司及基金管理公司子公司资产证券化业务管理规定》（以下简称《管理规定》），企业资产证券化业务从审批制度转变为备案制度，标志着企业资产证券化业务从创新业务转为常规业务，开启了企业资产证券化融资的新篇章。《管理规定》明确的资产证券化的基础资产可以是企业应收款、租赁债权、信贷资产、信托受益权等财产权利,基础设施、商业物业等不动产财产或不动产收益权,以及中国证监会认可的其他财产或财产权利。企业资产证券化因其是资产负债表的"左侧"融资,能帮助企业盘活存量资产,同时,备案程序简单,资金来源丰富,已成为各类企业重要的融资手段之一。

PPP 资产证券化,是指证券公司、基金管理公司子公司作为管理人,通过设立资产支持专项计划开展企业资产证券化业务,以 PPP 项目收益权、PPP 项目资产、PPP 项目公司股权等为基础资产或基础资产现金流来源发行资产支持证券。

（一）PPP 项目收益权

PPP 项目收益权是在基础设施和公共服务领域开展政府和社会资本合作过程中,社会资本方(项目公司)与政府方签订 PPP 项目合同等协议,投资建设基础设施,提供相关公共产品或服务,并依据合同和有关规定享有的取得相应收益的权利,包括收费权、收益权、合同债权等。PPP 项目收益主要表现形式为使用者付费、政府付费或可行性缺口补助等。

（二）PPP 项目资产

PPP 项目资产是在基础设施和公共服务领域开展政府和社会资本合作过程中,社会资本方(项目公司)与政府方签订 PPP 项目合同等协议,并依据合同和有关规定享有所有权或用益物权的项目设施或其他资产,包括项目公司运营所需的动产(机器、设备等)、不动产(土地使用权、厂房、管道等)等。

（三）PPP 项目公司股权

PPP 项目公司股权是在基础设施和公共服务领域开展政府和社会资本合作过程中,社会资本方出资组建项目公司开展 PPP 项目的实施,并依据股东协议和项目公司章程等享有的资产收益、参与重大决策和选择管理者等权利。

二、PPP 资产证券化的发展历程

2013 年《中共中央关于全面深化改革若干问题的决定》中首次明确提出,允许社会资本通过特许经营参与城市基础设施投资和运营,PPP 模式的先声由此展开。2014 年 9 月 43 号文后,明确提出允许地方政府通过 PPP 模式进行融资。10 月,76 号文明确要求财政部门充分认识并推广 PPP 模式,PPP 模式在全国范围内推开。之后,财政部及发改委推出了一系列 PPP 运行通知与指导意见,为 PPP 模式的运行提供了切实可行的运行规则。2015 年 9 月,《关于国有企业发展混合所有制经济的意见》提出,发展混合所有制经济是深化国有企业改革的重要举措,鼓励各类资本参与国企改革,其中包括推广 PPP 模式,着力优化政府投资方式,优先支持引入社会资本的项目。

2016 年 12 月 26 日,国家发改委、证监会联合发布《关于推进传统基础设施领域政府和社会资本合作(PPP)项目资产证券化相关工作的通知》(发改投资〔2016〕2698 号),要求各省级发改委会同相关行业主管部门,重点推动符合条件的 PPP 项目在上交所、深交所开展资产证券化融资;证监系统则对发改委优选的 PPP 项目提供绿色通道,专人专岗负责,以提高产品审核、挂牌和备案的工作效率。文中明确提出了 PPP 资产证券化的 4 项要求:

(1)项目已严格履行审批、核准、备案手续和实施方案审查审批程序,并签订规范有效的 PPP 项目合同,政府、社会资本及项目各参与方合作顺畅。

(2)项目工程建设质量符合相关标准,能持续安全稳定运营,项目履约能力较强。

(3)项目已建成并正常运营 2 年以上,已建立合理的投资回报机制,并已产生持续、稳定的现金流。

(4)原始权益人信用稳健,内部控制制度健全,具有持续经营能力,最近 3 年未发生重大违约或虚假信息披露,无不良信用记录。

2017 年 6 月,财政部、人民银行、证监会联合发布了《关于规范开展政府和社会资本合作项目资产证券化有关事宜的通知》(财金〔2017〕55 号),为 PPP 项目资产证券化进一步提供了政策框架与路径支持,构建了 PPP 项目投融资与证券化的完整链条。

2017 年 10 月 19 日,上海证券交易所、深圳证券交易所、机构间私募产品报价与服务系统三部门共同发布了《政府和社会资本合作(PPP)项目资产支持证券挂牌条件确认指南和信息披露指南》。该业务指南的发布,使得 PPP 项目资产证券化业务更加规范、更具可操作性。上述指南对于三类基础资产,即 PPP 项目收益权、PPP 项目资产、PPP 项目公司股权的合格标准、发行环节信息披露、存续期间信息披露等作出详细的规定。

2019 年 6 月,中国证券投资基金业协会公布了《政府和社会资本合作(PPP)项目资产证券化业务尽职调查工作细则》等系列自律规则,对资产证券化业务的尽职调查工作进行规范和指导。

三、PPP 资产证券化的现状分析

PPP 项目由于运营时间长,很多项目周期在 10～30 年,资产流动性低,退出渠道狭窄,降低了社会资本参与 PPP 项目的积极性。因此,通过 PPP 资产证券化,为社会资本方增加了资金退出的渠道,缩短了退出时间,提高了资金周转率,可在一定程度上提升 PPP 项目对社会资本方的吸引力。

目前 PPP 资产证券化主要沿用收费收益权类资产证券化的基本思路,通过将政府付费、使用者付费以及可行性缺口补助的未来现金流进行打包,发行资产支持证券。

2017 年至 2019 年 9 月,上交所、深交所、银行间共发行 PPP 资产支持证券 12 只,规模合计 114.50 亿元,覆盖多种不同类别的 PPP 项目,具体见表 9-1。

表 9-1　PPP 资产支持证券(2017 年至 2019 年 9 月末)

项　目　名　称	发起机构/原始权益人	起　息　日	发行金额(亿元)	流通场所
平安汇通-华夏幸福武汉市新洲区问津产业新城 PPP 项目资产支持专项计划	九通基业投资有限公司	2019-06-25	21.00	上海
中信建投-京蓝沐禾 PPP 项目可持续发展资产支持专项计划	京蓝沐禾节水装备有限公司	2018-06-15	4.11	上海
国君资管山财大莱芜校区 PPP 资产支持专项计划	莱芜华瑞城投发展有限公司	2018-04-26	6.70	上海
华西证券-川投 PPP 项目资产支持专项计划	四川省投资集团有限责任公司	2017-12-29	2.50	深圳
华夏幸福固安工业园区新型城镇化 PPP 项目资产支持专项计划	九通基业投资有限公司	2017-12-19	32.00	上海
中海恒信-联储证券-仪征技师学院 PPP 项目资产支持专项计划	仪征市精诚教育发展有限公司	2017-11-28	3.80	上海
华夏幸福固安新型城镇化 PPP 项目市政物业服务 2017 年度第一期资产支持票据	幸福基业物业服务有限公司	2017-08-14	2.00	银行间

项 目 名 称	发起机构/ 原始权益人	起 息 日	发行金额 （亿元）	流通 场所
富诚海富通-浦发银行 PPP 项目资产支持专项计划	上海浦东发展银行股份有限公司	2017－08－01	15.25	上海
广发恒进-广晟东江环保虎门绿源 PPP 项目资产支持专项计划	东莞市虎门绿源水务有限公司	2017－03－15	3.20	深圳
华夏幸福固安工业园区新型城镇化 PPP 项目供热收费收益权资产支持专项计划	固安九通基业公用事业有限公司	2017－03－15	7.06	上海
中信建投-网新建投庆春路隧道 PPP 项目资产支持专项计划	杭州庆春路过江隧道有限公司	2017－03－13	11.58	上海
中信证券-首创股份污水处理 PPP 项目收费收益权资产支持专项计划	临沂首创博瑞水务有限公司	2017－03－13	5.30	上海

（一）传统 PPP 项目资产证券化案例分析

现以中信建投-网新建投庆春路隧道 PPP 项目资产支持专项计划为例进行分析，见表9-2。该产品的基础资产为：原始权益人在专项计划设立日转让给管理人的，原始权益人根据《专营权合同》的约定自专项计划设立日（含该日）享有的，在特定期间内的所有专营补贴收入对应的债权及其从权利，即《专营权合同》约定的自专项计划设立日起 15 年内支付的，每年 7 月 25 日及次年 1 月 25日合同规定的专营补贴收入的合同债权及其从权利。

表9-2 庆春路隧道 PPP 项目资产支持专项计划要素内容

证券分层	优先 A 级	优先 B 级	次 级
规模（亿元）	7.00	4.00	0.58
规模占比	60.45%	34.54%	5.01%
预期收益率	4.05%	4.15%	
信用评级	AAA	AAA	
年限	2＋2＋2＋2＋2＋2＋2 年	3＋3＋3＋3＋2 年	14 年
利率类型	固定利率	固定利率	

该项目采用了多项增信措施,其中,内部增信采用的措施有:① 优先/次级分层,通过次级提供了 5% 的信用支持;② 超额现金流覆盖,每期现金流对优先级本息覆盖倍数为 1.2 倍以上。外部增信采用的措施有:① 浙大网新提供了差额支付承诺以及回购承诺;② 浙大网新提供了项目担保。交易结构如图 9 - 1所示。

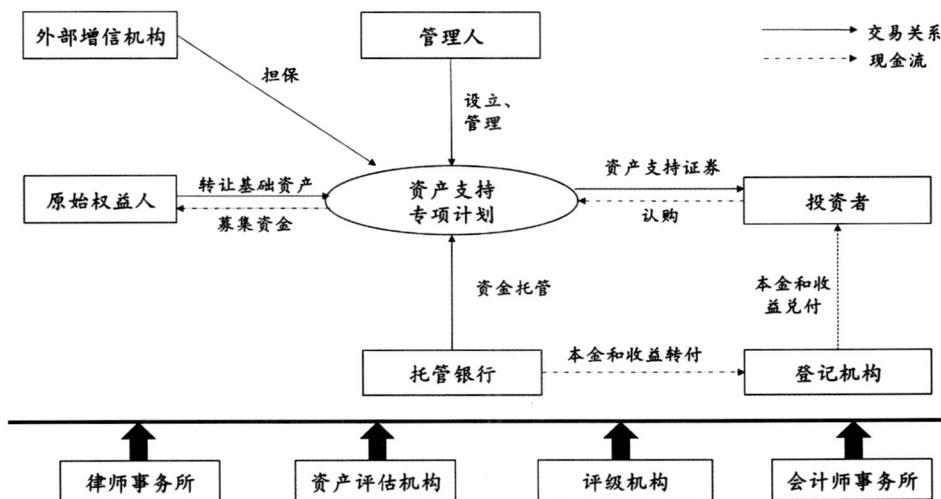

图 9 - 1　庆春路隧道 PPP 项目资产支持专项计划交易结构

（二）轨道交通项目资产证券化案例分析

轨道交通 PPP 项目具有现金流稳定、运营主体强、管理规范等特点,外部经济环境对项目运营收入的影响相对较小,资产现金流具有天然的防御性,符合资产证券化对于基础资产具有稳定现金流的要求,因此,社会资本方可将轨道交通PPP 项目进行资产证券化,以提前回笼资金。

目前进入运营期的轨道交通 PPP 项目较少,但以轨道交通票款收费权作为基础资产的资产证券化业务已相对成熟且有成功发行案例。

2019 年 6 月 18 日,北京轨道交通大兴线投资有限责任公司作为原始权益人的"开源-北京地铁票款收费权 1 号绿色资产支持专项计划"成功发行。本期产品发行规模 30 亿元,期限 18 年(3+3+3+3+3+3 年),产品评级为 AAA,底层基础资产为未来 18 年的地铁票款收费权。其交易结构如图 9 - 2 所示,计划要素内容如表 9 - 3 所示。

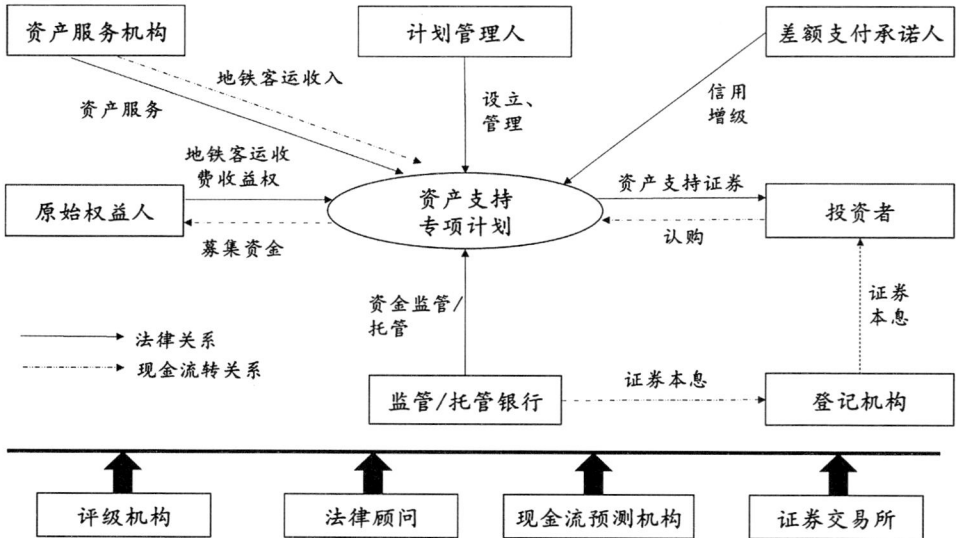

图 9-2　开源-北京地铁票款收费权 1 号绿色资产支持专项计划交易结构

表 9-3　开源-北京地铁票款收费权 1 号绿色资产支持专项计划要素内容

原始权益人/资产服务机构/差额支付承诺人	北京轨道交通大兴线投资有限责任公司	
计划管理人	开源证券股份有限公司	
法律顾问	君泽君律师事务所	
评级机构	中诚信证券评估有限公司	
现金流预测机构	中发国际	
基础资产	未来 18 年的地铁票款收费权	
证券分层	优先级	次级
规模(亿元)	28.50	1.50
规模占比	95%	5%
预期收益率	3.90%	—
信用评级	AAA	—
年限	3+3+3+3+3+3 年	3+3+3+3+3+3 年
利率类型	固定利率	

北京地铁 ABS 产品发行规模为 30 亿元,其中,优先档规模为 28.50 亿元,票面利率为 3.90%;次级档规模为 1.5 亿元,无评级。项目的原始权益人/资产服务机构/差额支付承诺人为北京轨道交通大兴线投资有限责任公司,差额支付流动性补足承诺人为北京市基础设施投资有限公司,计划管理人为开源证券,法律顾问为君泽君,评级机构为中诚信,现金流预测机构为中发国际,战略合作方为工商银行,监管银行和托管银行为农业银行。

北京地铁 ABS 产品的成功发行是基础设施公司积极参与资本市场的重大创新实践,也是贯彻绿色发展理念,积极参与绿色债券市场,为推进轨道交通建设、倡导绿色出行作出积极贡献的重要体现。

四、PPP 资产证券化的难点与展望

（一）PPP 项目资产证券化产品收益率不高

PPP 项目以准公益性项目为主,民生属性突出,受关注和监督程度较高,因此,产品定价管控严格,调价程序复杂,项目盈利但不暴利,在市场利率中枢上移的情况下,基础资产收益率高于 PPP 项目证券化产品的收益率,即存在"倒挂"的可能性,给产品发行带来困难。

解决思路:建议在 PPP 项目中,政府合理向社会资本适度让利。在项目公司组建阶段,政府（或出资代表）可考虑降低资本金收益率甚至放弃分红权,以结构化方式提高社会资本收益率;在项目建设阶段,可通过优化债务与股权比率,获取利息税等收益。通过上述手段,提高 PPP 项目的投资回报率,从而提高 PPP 证券化产品的收益率。

（二）PPP 项目周期与证券化产品期限不匹配

PPP 项目经营期多数是 10~30 年,而银行作为资产证券化产品的主要投资人,其资金配置周期以 3 年内为主,因此,在不含权设计的情况下,证券化产品期限很难满足 PPP 项目全生命周期的融资需求,但即使在证券化产品中加入开放期等含权设计,也面临未来利率上行和投资者偏好改变的风险,开发期的二次销售具有一定的不确定性。

解决思路:鼓励养老金、保险等长期资金投资 PPP 资产证券化产品,通常保险资金对投资标的的主体资质、外部评级要求较高,很多 PPP 资产证券化产品难以达到保险资金的投资要求。建议由监管部门出台相关政策,针对保险资金

投资 PPP 资产证券化产品,适度降低投资准入门槛;积极发展不动产投资信托基金(REITs),以封闭式基金为载体,将大额投资拆分为小而散的基金份额,在沪深交易所上市,向普通民众募集资金。通过封闭式基金的场内交易,使得原本无流动性、低透明度、大额的公用事业(或基础设施)项目,转化为高流动性、公开透明、小额分散的公募基金产品。同时,针对公募基金发行契约型 REITs 产品,还可出台相应税收优惠政策,增加 REITs 对投资人的吸引力。

(三)现行 PPP 资产证券化的有关规定限制了 PPP+类 REITs 模式的发展

现阶段,我国尚未推出真正意义上的公募 REITs 产品,但基于资产证券化的类 REITs 产品已有很多成熟的案例,业内有很多关于"PPP+类 REITs"产品的探讨,旨在通过类 REITs 产品找到长期稳定的资金帮助社会资本方提前收回投资。但根据财金〔2017〕55 号文的规定:"在项目建成运营 2 年后,项目公司的股东可以以能够带来现金流的股权作为基础资产,发行资产证券化产品,盘活存量股权资产,提高资产流动性。其中,控股股东发行规模不得超过股权带来现金流现值的 50%,其他股东发行规模不得超过股权带来现金流现值的 70%。"据此,如果以 PPP 项目作为类 REITs 的底层资产,社会资本方即需要折价转让其所持项目公司股权。这使得 PPP 项目的社会资本方,尤其是国有企业,其创设类 REITs 产品的动力大为降低。

解决思路:修订完善 PPP 资产证券化的相关业务规则,鼓励 PPP 项目通过发行类 REITs 产品提前回笼资金。

第三节　项目动态风险评价

目前 PPP 项目的风险评估方法主要是为项目建立一个综合的指标评价体系,通过组织专家打分的方式对项目风险进行一次全方位的量化评估。这种评估方法中的指标体系基本全面涵盖了各类潜在风险,但缺乏对项目全生命周期中风险"动态变化"的考虑,掩盖了项目各个阶段各类风险水平不断变化的事实。尤其对于轨道交通 PPP 项目,合作周期长达 25～30 年,风险因素多、变化复杂,更适宜使用动态的风险评估办法。

本章节所提出轨道交通 PPP 项目的动态风险评估方法可分为阶段性的风

险评估与突发状况下的风险评估两种。阶段性的风险评估即"全生命周期的风险评估",指将 PPP 项目全生命周期划分成各个阶段,根据每一阶段特性选择个性化的风险指标,确定指标权重并进行风险评估。突发状况下的风险评估,指重大风险事件发生时,随即对项目进行风险重评估,重新确定风险指标与权重。在本书第六章第三节第三部分已有对城市轨道交通 PPP 项目风险动态评估的机制研究,本章节主要在其基础上进行流程与方法的细化以及案例演练。

一、项目阶段划分

目前在财政部 PPP 项目库中,所有 PPP 项目均按照识别阶段、准备阶段、采购阶段、执行阶段(建设、运营)、移交阶段进行阶段性划分。第六章提出,站在工程项目管理的角度,基于城市轨道交通项目周期长、运营模式重的特性,可再将运营期分成多个阶段,若将每 3～5 年划分为一个阶段,轨道交通 PPP 项目全生命周期则可划分为 6～10 个阶段,具体划分依据具体项目的可操作性制定划分原则。第 n 阶段记为 S_n,$n=1,2,3,\cdots$,在每个阶段分别确定指标和权重。

二、风险构造

定义风险如下:

$$风险值＝风险发生概率×风险的影响$$

其中,风险发生的概率与风险的影响可在专家打分的基础上完成。参考清华大学 PPP 研究中心有关风险管理的研究(Sun,2008),相应的评分规则由李克特量表给出,如表 9-4 和表 9-5 所示。

表 9-4　风险概率表

分值	发生概率	定义	概率数值参考
1	几乎不可能发生	只会在极端特殊情况下发生的事件	<1%
2	较难发生	大多数情况下不会发生的事件	1%～20%
3	可能发生	有时会发生的事件	21%～49%
4	很可能发生	大多数情况下会发生的事件	50%～85%
5	几乎确定会发生	绝大多数情况下,肯定会发生	>85%

表 9 - 5　风 险 影 响 表

分　值	风 险 影 响	定　　　　义
1	很小	风险发生时带来的影响基本可忽略
2	小	风险发生时带来的损失较小,不影响项目的正常进行
3	中等	发生可控制、可处理的风险事件,损失在可接受范围内
4	大	风险发生时带来的损失较大,导致项目发生重大变更
5	严重	风险发生时带来的损失严重,甚至导致项目中止

若记第 k 位专家对第 j 个风险指标的风险概率与风险影响大小在项目第 n 阶段的判断分别是 $\alpha_{k,j}^n$ 与 $\beta_{k,j}^n$,则通过式(9-11)对所有专家(假设共有 e 位专家参与评分)的意见进行整合,得到第 j 个风险指标在项目第 n 阶段的风险值 R_j^n 为:

$$R_j^n = \sum_{k=1}^e \frac{\alpha_{k,j}^n \beta_{k,j}^n}{e} \tag{9-11}$$

按照"风险值 $\geqslant 3 \times 3 = 9$"的原则来挑选风险指标,剔除掉在该项目阶段发生概率低、影响不大的风险因素,得到项目第 n 阶段的风险指标集合 $\mathbb{R}_n = \{C_j \mid R_j^n \geqslant 9\}$。

三、权重确定

通过上述方法确定了项目第 n 阶段的风险指标集合 $\mathbb{R}_n$,即可重新构建属于第 n 阶段的项目风险指标架构,如图 9-3 所示。

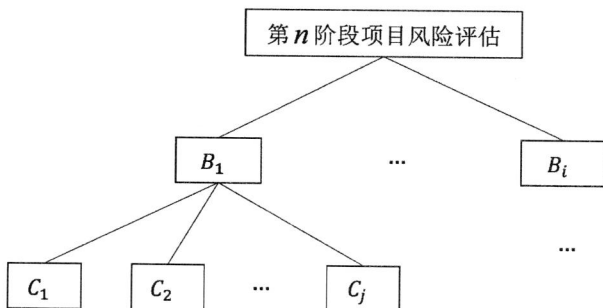

图 9 - 3　第 n 阶段项目风险指标架构

可采用层次分析法（AHP）等确定指标权重，此处介绍层次分析法的详细步骤：

（一）构造成对比较矩阵

此步的目的是得到某一个一级指标 B_i 下的所有二级指标对该一级指标的影响大小。以 B_1 为例，构造 $C_1, \cdots, C_j$ 之间的成对比较矩阵 $A = (a_{mn})_{j \times j}$，其中 a_{mn} 是第 m 个风险指标相较第 n 个指标的重要程度，$m, n \in [1, j]$，a_{mn} 的取值范围为 $1, 2, \cdots, 9$，依次代表从"影响等同"到"相较影响绝对强"的各个等级，相应地也可以取 $1/9, 1/8, \cdots, 1$，代表相反程度的影响，$a_{mn} > 0$ 且 $a_{mn} = \dfrac{1}{a_{nm}}$。

（二）一致性检验

为保持决策过程的一致，应当有 $a_{mk} = a_{mn} a_{nk}$，但通常认为评定的成对比较矩阵不能严格满足一致性，因此须做一致性检验以确保其有效性。

计算成对比较矩阵 A 的最大特征值与对应的特征向量：

$$Aw = \lambda w \tag{9-12}$$

其中 λ 为最大特征值，w 为其对应的特征向量。

定义一致性指标 CI 和随机一致性指标 RI：

$$CI = \frac{\lambda - n}{n - 1} \tag{9-13}$$

RI 是一个与矩阵阶数 j 有关的指标，其标准值如表 9-6 所示：

表 9-6　随机一致性指标标准值

j	1	2	3	4	5	6	7	8	9	10	11
RI	0	0	0.58	0.9	1.12	1.24	1.32	1.41	1.45	1.49	1.51

定义一致性指标 CR，当 $CR = \dfrac{CI}{RI} < 0.1$ 时满足一致性指标。若满足一致性指标，则可将 A 的主特征向量 w 作为 $C_1, \cdots, C_j$ 对 B_i 的权向量。

通过上述方法即可确定所有二级指标对其一级指标的权重，以及获得所有一级指标对项目风险贡献的权重。

四、综合评价

在风险构造中,已定义风险值大小 R_j^n,并将其作为专家对单个风险指标在项目第 n 阶段的赋值大小。

（一）数据预处理

采用以下方法将数据标准化：

$$\overline{R_j^n} = \frac{R_j^n - \min(R_j^n)}{\max(R_j^n) - \min(R_j^n)} \times 100 \qquad (9-14)$$

其中, $\min(R_j^n)$ 取 $1 \times 1 = 1$, $\max(R_j^n)$ 取 $5 \times 5 = 25$,则通过式(9-14)可将评估赋值转换为 $0 \sim 100$ 的分数值,分数值越高说明风险越大。

（二）项目风险综合评估

记一级指标 B_i 下的二级指标权重向量为 w_i,将其标准化得到 $\overline{w_i}$;记一级指标 B_i 下的风险值向量为 R_i, $R_i(x) = \overline{R_x^n}$, R_i 的第 x 个分量即为 B_i 下第 x 个二级指标的标准化风险值。

标准化过程为： $\overline{w_i}(x) = \dfrac{w_i(x)}{\sum\limits_{1}^{j} w_i(x)}$,即 $\overline{w_i}$ 的第 x 个分量等于 w_i 的第 x 个分量与所有分量(w_i 有 j 个分量)之和的比值。

记所有的一级指标对项目风险贡献的权重向量为 W, W 的分量个数为 p,亦即这一阶段一级指标个数为 p。 经过标准化后的权重向量为 $\overline{W}$。

最终对项目第 n 阶段的风险值评估为：

$$R^n = \sum_{x=1}^{p} \overline{W}(x)(R_i^T \cdot \overline{w_i}) \qquad (9-15)$$

五、突发状况下的风险评估

（一）指标关联性打分

二级风险指标之间可能存在关联性,尤其是在突发状况下(特别是在小概率风险事件已经发生的情形下),需根据指标间的关联性进行风险再评估。例如,政府违约事件(征地拆迁未按时完成)会直接导致工期延误,工期延误又可能会间接导致材料费用的上涨。在政府违约的情形下,工期延误与材料费用上涨的概率都发生变化,称之为条件概率。

风险发生的条件概率可由第六章介绍的贝叶斯网络以及风险数据库的统计数据得到,若无法直接得到风险发生的条件概率,可通过专家评议的方式确定指标关联矩阵,如图 9-4 所示。

$$
\begin{array}{c|ccccc}
 & C_1 & C_2 & C_3 & \cdots & C_i \\
\hline
C_1 & r_{11} & r_{12} & r_{13} & \cdots & r_{1i} \\
C_2 & r_{21} & r_{22} & & & \\
C_3 & r_{31} & & & & \\
\cdots & \cdots & & & & \\
C_i & r_{i1} & & & &
\end{array}
$$

图 9-4　指标关联矩阵

关联矩阵为一个方阵,第 k 位专家在矩阵中对第 i 个二级风险指标对第 j 个二级风险指标的关联度 r_{ij} 进行打分,得到观点 r_{ijk},打分标准如表 9-7 所示。

表 9-7　关联度 r_{ij} 的打分标准

分　值	定　　义	概率参考
9	事件 i 的发生会直接导致事件 j 的发生	90%
8		80%
7	事件 i 的发生会大概率导致事件 j 的发生	70%
6		60%
5	事件 i 的发生可能会导致事件 j 的发生	50%
4		40%
3	事件 i 的发生小概率会导致事件 j 的发生	30%
2		20%
1	事件 i 的发生几乎不会导致事件 j 的发生	<10%

汇总每一位专家的观点,取平均数得到 r_{ij},填充关联矩阵,取 $\dfrac{r_{ij}}{10}$ 作为 i 事件发生条件下, j 事件发生的条件概率。

(二)风险发生概率更新

突发状况下的风险再评估只需更新某些风险指标的发生概率等级,具体步骤如下：

（1）得到风险指标关联矩阵后，剔除矩阵中 $r_{ij} < 5$ 的值，替换为 0，不是 0 的值代表 i，j 存在显著的因果关系。

（2）根据保留的因果关系，绘制指标因果关系网络图，图 9-5 所示为网络图一部分的示意图。网络图中的节点代表风险指标（风险事件），有向箭头代表节点之间的因果关系，其值为条件概率值。将此时发生的突发风险事件节点作为输入，取值为 1，意义为 100% 发生。例如若风险事件 A 和 B 均发生了，则节点 C 取值为：$1 \times r_{BC}$，节点 D 的取值为：$\max(r_{BC} \times r_{CD}, r_{AD})$。按照这一规则更新网络中所有节点（风险事件）的概率。

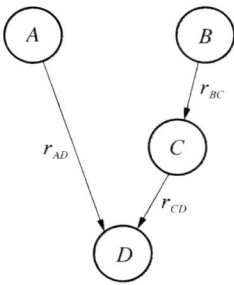

图 9-5 指标关联网络示意图

（3）根据步骤（2）中得到的所有节点（风险事件）的概率值，依据表 9-4 更新 α_j^n，作为此时指标 C_j 新的风险发生概率。

（4）更新所有的风险发生概率后再采用风险评估流程进行项目风险再评估。

六、风险定量评估结果分析与风险化解方案的制定

由上述评估方法可以得到项目各个阶段的综合风险评价值，以及各项风险因素的风险发生概率水平与风险影响大小。

通过项目各个阶段的综合风险值评价，项目管理者可以掌握项目整体的风险大小，按照本书第六章中的介绍，通常按照评分习惯将综合评价值设置为 $[0,100]$ 的数值，

风险综合评价的分值为满分 100 分，分值越高代表风险越小，当综合分值小于 20 分时，即说明从项目整体平均来看，风险发生概率为极有可能发生或大概率发生，且风险事件的影响程度为损失严重，所对应的单项风险评价值为 $\geqslant 4 \times 5 = 20$（对应前文表 9-4 和表 9-5），若项目综合评价出现峰值小于 20 分的情况，则建议考虑风险回避的手段，及时止损。

当多个阶段（$\geqslant 2$ 个阶段）的风险综合评价分值出现低于 37 分的情况，对应平均单项风险评价值为 $\geqslant 4 \times 4 = 16$，则说明项目整体风险偏高，建议通过风险转移的手段降低项目参与者的风险。

当风险综合评价分值高于 67 分，对应平均单项风险评价值 $\leqslant 3 \times 3 = 9$，此时

项目整体风险较小,进展情况良好。

此外,突发事件后更新风险概率,可能出现某项风险的发生概率突升的情况。若风险影响大小在可控范围(风险影响等级≤3)内,则及时采取风险抑制的措施;若风险影响较大(风险影响等级>3),则考虑对该项风险的风险分担方案进行再谈判,秉持双方共担的原则,尽量降低项目整体风险。

七、案例分析

这里以一个简单的案例介绍本章节提出的动态风险评价方法。

A市有某个城市轨道交通 PPP 项目,经过专家与项目参与者的前期研究,共识别出了八大主要风险因素:政府规划变动风险、客流风险、票价风险、成本风险、技术风险、金融风险、项目公司风险、政策风险。

政府规划变动主要是指竞争性项目的出现,如重合线路或平行线路的出现;客流风险指线路客流量不达预期造成收益不足的现象;票价风险指非市场化下的政府票价控制或市场化下的票价波动;成本风险包括建设、运营期的材料、人工、用水、用电等费用的上涨;技术风险指新技术的出现所导致的成本变化;金融风险指融资成本、汇率、通货膨胀率等因素的变动;项目公司风险指项目公司内部组织架构变动、管理经营不善等因素所带来的风险;政策风险是指国家或地方性政策出台对项目产生影响的风险。

将项目全生命周期简单划分为 5 个阶段:准备阶段、建设阶段、运营前期、运营后期、移交阶段。经过专家评议、数据处理等过程得到风险指标的分阶段权重矩阵,如表 9－8 所示。

表 9－8　分阶段权重矩阵

风 险 因 素	准备阶段	建设阶段	运营前期	运营后期	移交阶段
规划变动	0	0	0.1	0.2	0
客　流	0	0	0.2	0.1	0
票　价	0	0	0.1	0.2	0
成　本	0	0.3	0.2	0.1	0
技　术	0	0.2	0.1	0.1	0
金　融	0.3	0.3	0.1	0	0

（续表）

风险因素	准备阶段	建设阶段	运营前期	运营后期	移交阶段
项目公司	0.5	0.1	0.1	0.2	0.5
政 策	0.2	0.1	0.1	0.1	0.5

根据项目的实际运营数据以及专家评定的结果，此项目各类风险的综合得分（见表 9 - 9）为：

表 9 - 9　各类风险因素综合得分

风险因素	规划变动	客流	票价	成本	技术	金融	项目公司	政策
风险发生概率	3	2	2	4	1	3	2	2
风险影响大小	4	4	3	3	2	3	3	4
标准化分值	46	30	20	46	4	33	20	30

根据以上结果获得各阶段的单项风险与项目风险综合评价（如图 9 - 6 所示）。

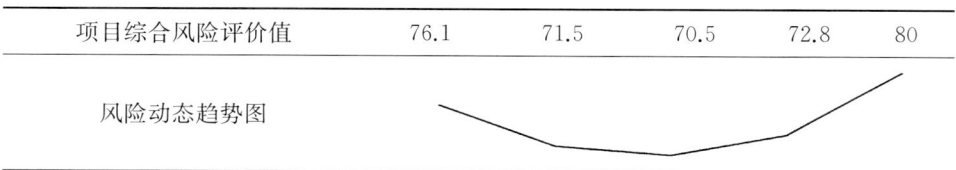

项目综合风险评价值	76.1	71.5	70.5	72.8	80
风险动态趋势图					

图 9 - 6　项目风险综合评价趋势

根据评价结果可知，由于项目运营期风险因素多，且对项目影响较为显著，在项目运营期综合风险评价值出现低点，但项目整体进展顺利，风险较小。

假如在项目运营期前期突发政府规划变动的情况，例如竞争性的项目进入运营期等，则找到直接与政府规划变动直接相关的因素：客流不足风险和市场化下的票价风险，根据这两个因果关系按照条件概率重新评估客流风险和票价风险，如图 9 - 7 所示。

政府规划变动事件发生后，将客流风险与票价风险的风险发生概率等级分别变更为：5 级和 4 级，标准化分值分别变更为：79 和 46。从运营前期开始往后做重评估，得到评估结果如图 9 - 8 所示。

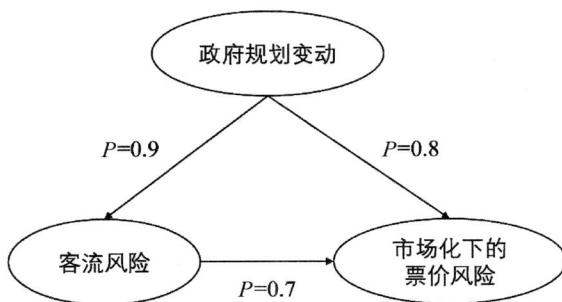

图 9-7　相关因素以及评估后的条件概率

项目综合风险评价值	580.1	62.7	80
风险动态趋势图			

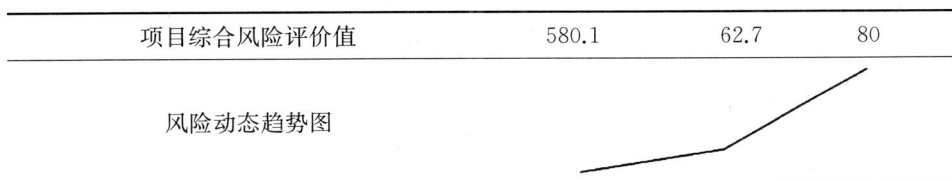

图 9-8　项目运营期重评估综合评价趋势

　　由重评估结果可知,突发事件下,项目运营期风险增加,运营期可适当采取风险减轻的措施调整项目运营情况。

八、小结

　　本章在第六章第二节动态风险管理的基础上,以层次分析法为例对风险评价部分进行了详细的计算描述。对于风险因素权重的确定采用了分阶段评价的模式,充分考虑了轨道交通 PPP 项目合作周期长、风险因素呈阶段性动态变化的特征;此外还考虑了突发风险事件下,与其具有因果关系的风险因素发生概率调整,从而实现动态的、迭代的风险评价。

第十章
城市轨道交通 PPP 项目实施实务

　　本章通过一个具体的城市轨道交通项目案例,介绍了城市轨道交通 PPP 项目"两评一案"及财务模型的具体操作流程和计算方式,有助于读者更好地理解 PPP 项目的实施过程及过程中相关计算的方法。本案例参照了当前城市轨道交通 PPP 项目的一些普遍做法,因此,本案例也存在一些问题,不能作为一般范例参考。对于本案例存在的问题,在本章末进行了分析,希望能作为实际项目实施过程中的有益参考。

第一节　项　目　概　述

一、项目背景简介

　　某市城市轨道交通南北线是该市首个采用 PPP 模式实施的城市轨道交通项目。随着某市城市轨道交通线网的不断发展,城市轨道交通建设成本不断攀升,运营期间的成本补贴缺口不断加大,政府财政支出压力巨大。为解决建设成本及运营成本缺口居高不下的问题,有效缓解政府财政压力,促进该市城市轨道交通的健康可持续发展,政府积极组织开展 PPP 模式的必要性及可行性研究工作,于 2016 年确定轨道交通南北线采用 PPP 模式实施。

二、项目概况

　　某市轨道交通南北线线路全长约 20.4 公里,全部采用地下敷设方式,全线共设车站 15 座,均为地下站,平均站间距约 1.36 公里。全线设车辆段 1 座,主变电所 2 座,控制中心与该市轨道交通线网共用。线路采用 B 型车 6 辆编组,列车设计最高运行速度为 80 公里/小时,采用 DC1500 V 接触网受电。项目投资总额约 1 391 487.25 万元,实际总投资以政府实际批复的概算为准,技术经济指标为 68 210.16 万元/正线公里。

根据本项目《客流预测报告》,项目建成初期全日客流量约为 20.69 万人次/日;随着轨道线网的日益完善及城市发展,近期全日客运总量增至 29.11 万人次/日;远期全日总运量达到 41.06 万人次/日。初期高峰小客流断面为 1.56 万人次/小时,近期高峰小时客流断面为 2.41 万人次/小时,远期高峰小时客流断面为 3.07 万人次/小时。

第二节 项目识别及可行性评估

为有效防范和控制 PPP 项目的财政风险,根据财政部《关于印发〈政府和社会资本合作项目财政承受能力论证指引〉的通知》(财金〔2015〕21 号)、《关于印发〈PPP 物有所值评价指引(试行)的通知》(财金〔2015〕167 号),分别规范了 PPP 项目财政承受能力论证及物有所值评价工作。

一、实施方案

(一)项目实施范围

本项目的实施范围为本项目的投融资、设计、建设、运营管理及项目范围内非票务资源的经营管理。

(二)项目工期及特许经营期

根据本项目《工程可行性研究报告》及相关批复文件,本项目建设计划工期为 2016 年 11 月—2020 年 11 月,建设总工期为 4 年;计划于 2020 年 12 月投入载客运营。

本项目设计的特许经营期为 24 年,其中建设期为 4 年,运营期为 20 年。

(三)运作模式

本项目采用 BOT(build-operate-transfer)投融资模式,由中标的社会资本方负责出资建设,由股东共同组建的项目公司负责统一运营 20 年。在本项目特许运营期内,由项目公司承担日常运营成本、全线追加车辆投资和设备设施更新改造的费用,在特许经营期届满时,项目公司将本项目整体资产完整无偿地移交给市政府,并确保所有设备设施功能正常化。

在本项目运营期内,项目公司执行政府定价的城市轨道交通线网票价,政府给予项目公司一定数额的补贴,具体模式如图 10-1 所示。

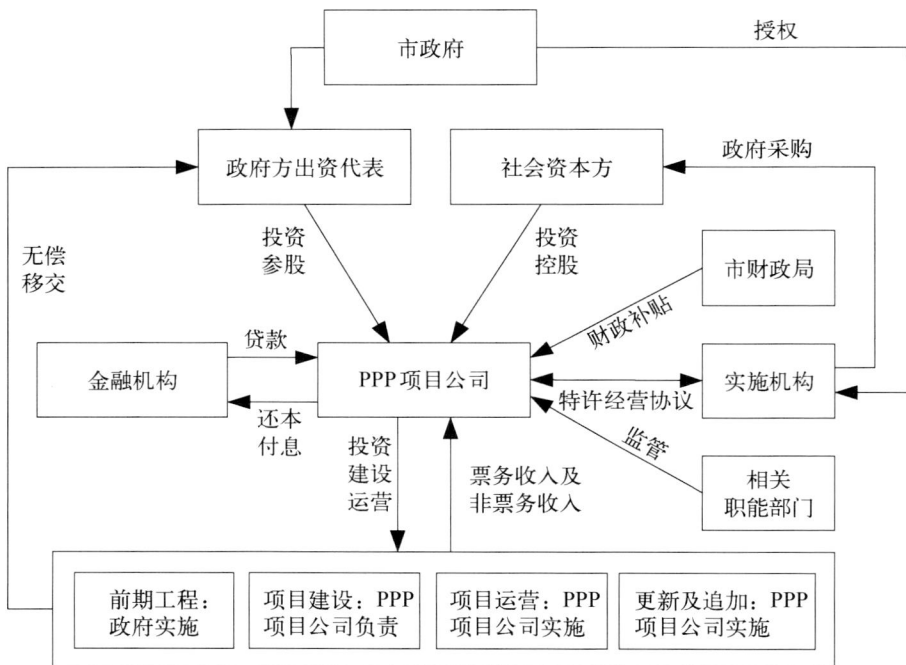

图 10-1 运作模式图

（四）操作流程

（1）项目由市政府发起,市政府授权负责城市轨道交通项目管理的机构作为项目实施机构。

（2）项目实施机构组织编制本项目 PPP 实施方案。

（3）市政府对项目 PPP 实施方案进行审批。

（4）市政府指定政府出资代表代行出资。

（5）项目实施机构通过公开招标方式选择社会资本方。

（6）项目实施机构与中标的社会资本方签订《PPP 项目合同》。

（7）中标的社会资本方与政府出资代表签订《PPP 项目股东协议》。

（8）政府出资代表与社会资本方共同注资组建项目公司。

（9）项目实施机构与项目公司签订《PPP 特许经营协议》。

（10）项目公司负责项目的投融资、设计和建设工作，并获得政府授予的本项目特许经营权，在特许经营期满后，项目公司将本项目无偿移交给市政府或其指定单位。

（11）项目公司对使用者进行收费，获得票务收入和非票务收入。市政府和财政局对项目公司提供政府可行性缺口补助。

（12）根据特许经营协议约定，运营期内的超额分成收入（含客运收入和非客运收入）由政府和项目公司共同享有，其中，政府方的超额分成收入将直接用于抵减政府的补贴。

（13）合作期内，政府方出资代表（项目公司股东方）根据持股比例参与项目公司分红；按权责一致原则，共同承担弥补利润亏损和现金流缺口的责任。

（五）项目资本金比例

根据《国务院关于调整和完善固定资产投资项目资本金制度的通知》（国发〔2015〕51 号），轨道交通等其他项目的最低资本金比例为 20%，本项目资本金为项目总投资的 30%（约为人民币 40.43 亿元），剩余 70% 的资金通过银行贷款、公司债券等多元化融资渠道进行筹集。项目实际总投资超过估算总投资额的，超额部分的资金应由项目公司负责依法筹集。若超额部分由政府方引起，则相应调整车公里服务价格，项目公司获得政府可行性缺口补助；若超额部分由项目公司造成，则不予调整。

（六）项目股权结构

为充分利用社会资本方的资金优势，缓解政府财政支出压力，本项目设计的政府方与社会资本方的持股比例为 2∶8，其中政府方持股 20%，社会资本方持股 80%。项目公司中各股东实行同股同权。

（七）回报机制

1. 项目收益水平控制

社会资本方对项目投资回报水平的预期与当期利率有关，根据央行公布的 5 年期以上长期贷款基准利率（4.9%），为满足物有所值及社会资本方投资诉求，本项目全投资内部收益率按照不高于 6.00% 进行控制。

2. 项目公司收入

项目公司通过票务收入（含票务收入超额收入分成）、非票务收入（含非票务收入超额收入分成)、政府可行性缺口补助获得投资回收及回报。本项目政府可行性缺口补助采用车公里补贴模式。

(1)票务收入。约定项目实际客流最低水平,即政府兜底客流为预测客流的 85％,项目公司在运营期最大承担预测客流 15％的客流损失风险。当实际客流不足预测客流的 85％时,政府方就不足预测客流 85％部分的票务收入进行补偿。当项目实际客流超过预测客流,对于超出部分,政府方与项目公司按照约定分成比例进行分成。

(2)非票务收入。约定本项目每年的非票务收入为票务收入的 10％作为基准非票务收入,每年非票务收入的损失全部由项目公司承担;当实际非票务收入超过基准非票务收入时,政府方与项目公司按照约定的分成比例对超出的非票务收入部分进行分成。

(3)政府可行性缺口补助。为解决客流预测准确性不高的问题,降低项目补贴风险,提高项目投资收益率,本项目采用车公里补贴模式。政府方根据约定的年度运营车公里数及车公里服务费单价,向项目公司支付可行性缺口补助,以满足项目公司基本的收益诉求。

可行性缺口补助=约定车公里服务费单价×约定车公里数-使用者付费

$$(10-1)$$

(八)调价机制

为应对本项目特许经营期内价格水平变化风险,稳定项目预期收益水平,根据《政府和社会资本合作项目财政承受能力论证指引》(财金〔2015〕21 号)要求,设置本项目车公里服务费价格调整机制。

(1)调价周期。本项目车公里服务费价格调整周期为 3 年。本项目投入运营前 3 年采用项目投标报价的初始车公里服务费价格,运营 3 年后启动调价机制,每 3 年调整一次。

(2)调价因素。本项目价格调整考虑的因素主要包括运营成本中人工成本水平变化、电价水平变化、物价水平变化,以及与资产更新和追加投资密切相关的投资价格指数变化等因素。其中,人工成本水平变化参照当地职工平均工资变化幅度进行调整,电价水平参照当地电价水平变化幅度进行调整,物价水平参照当地城镇居民消费价格指数和全国工器具购置价格指数的变化幅度进行调整。

（3）调价公式。

$$车公里服务费价格＝初始车公里服务费价格×调价系数 \quad (10-2)$$

$$k_i=[(A_1B_1+A_2B_2+A_3B_3+A_4B_4)×Q+1] \quad (10-3)$$

其中：

A_1 为上一调价周期内人工成本累计增长率，A_2 为上一调价周期内电费累计增长率，A_3 为上一周期内的其他成本累计增长率，A_4 为上一周期内的更新改造及追加投资成本累计增长率；

B_1、B_2、B_3、B_4 为人工成本、电费成本、其他成本、更新改造及追加投资费占运营期总成本的比例：$B_1=35\%$，$B_2=15\%$，$B_3=30\%$，$B_4=20\%$，B_1、B_2、B_3、B_4 在项目特许经营期内不做调整；

Q 为调价系数，$Q=0.4$，Q 值在项目特许经营期内不再调整。

二、物有所值论证

物有所值评价是判断政府和社会资本合作模式与政府传统模式相比，在提供基础设施及公共服务上是否可以获得更高的效率和效果的一种方法，根据《PPP 物有所值评价指引（试行）》（财金〔2015〕167 号）、《政府和社会资本合作项目财政承受能力论证指引》（财金〔2015〕21 号）文件要求，物有所值评价包括定性评价和定量评价。

（一）定性评价

物有所值定性评价采用专家评分法，根据 PPP 专家定性分析评价的结果，作出物有所值定性评价结论。

（1）定性评价指标。根据《PPP 物有所值评价指引（试行）》（财金〔2015〕167 号）规定，PPP 项目定性评价指标分为基本指标及补充指标两个部分：基本指标为全生命周期整合潜力（15 分）、风险识别与分配（15 分）、绩效与鼓励创新（15 分）、潜在竞争程度（15 分）、政府机构能力（10 分），以及可融资性（10 分）；补充指标项目为项目规模大小（1 分）、预期使用寿命长短（2 分）、全生命周期成本测算准确性（3 分）、客流增长潜力（4 分）、非票务收入增长潜力（1 分）、可行性补助波动大小（4 分）、行业示范性（2 分），以及社会效益（3 分）。

（2）定性评价结果。为确保项目定性评价的专业性、科学性及合理性，本项目分别邀请了金融、法律、财务、工程技术、项目管理等领域的 7 名专家，分别独立、公正、客观地对项目进行打分，最终评分结果为 86.23 分，通过物有所值定性评价。

（二）定量评价

物有所值定量评价是在假定采用 PPP 模式与政府传统投资方式产出绩效相同的前提下，通过对 PPP 项目全生命周期内政府方净成本的现值（PPP 值）与公共部门比较值（PSC 值）进行比较，判断 PPP 模式能否降低项目全生命周期成本。即当 PPP 值小于 PSC 值的，认定为通过定量评价；PPP 值大于 PSC 值的，认定为未通过定量评价。

判断 PPP 模式能否降低项目全生命周期成本物有所值定量分析的主要步骤包括：根据参照项目计算 PSC 值；根据车公里服务费报价和实际成本计算 PPP 值；比较 PSC 值和 PPP 值，计算物有所值量值或指数；得出项目物有所值定量分析结论。

1. 前提条件和假设

（1）项目总投资及资本结构。本项目政府资本和社会资本的建设成本、资本性收益、维护管理成本、第三方收入、其他成本等计算，应按照出资比例计算，本项目采用 PPP 模式建设，可相应降低项目在建设期内的支付责任。本项目资本金比例为 30%，传统模式下全部资本金由政府承担，PPP 模式下政府出资为资本金的 20%。

（2）项目投资回报水平。PPP 模式按项目资本金财务内部收益率（税后）指标为 8.0%进行测算。

（3）项目风险。根据项目的实际情况，本报告采用概率法计算风险承担支出。在 PPP 模式运作中，部分风险由政府转移至投资人，此部分风险称为政府可转移风险；部分风险无论采用 PPP 模式运作与否，都应由政府承担，此类风险称为政府自留风险。

传统模式下，项目风险都由政府承担，风险成本为 216 225.68 万元；在 PPP 模式下，政府承担自留风险和共担风险成本为 46 245.81 万元。

2. PPP 值计算

PPP 值可等同于 PPP 项目全生命周期内财政支出责任的净现值，根据测算,结合 PPP 模式带来的竞争优化,在项目资本金财务内部收益率为 8% 的情况下,对项目的 PPP 值进行测算。

(1) 股权出资责任。项目资本金共计 404 320.1 万元,占总投资的 30%,政府方持股比例为 20%,项目初期政府方股权出资责任为 80 864.02 万元。

(2) 运营支出责任。本项目运营期间的补贴支出为 3 002 189.89 万元。

(3) 风险支出。在 PPP 模式下,政府承担自留风险和共担风险成本 46 245.81 万元。

经测算,当车公里服务费单价为 92.96 元/车公里时,本项目 PPP 值为 3 129 299.72 万元,按照最低 3.15% 的折现率进行折现,本项目 PPP 现值为 2 045 890.69 万元。

3. PSC 值分析及测算

PSC 值是 PPP 项目物有所值定量分析的基础,假设前提是采用政府传统采购模式与 PPP 模式的产出绩效相同。

$$PSC = 初始\ PSC\ 值 + 竞争性中立调整 + 可转移风险承担成本$$
$$+ 自留风险承担成本 \qquad (10-4)$$

(1) 初始 PSC 值。初始 PSC 值主要包含建设成本及运营成本。建设成本主要包括参照项目设计、建造等方面投入的现金以及固定资产、土地使用权等实物和无形资产的价值,并扣除参照项目全生命周期内产生的转让、租赁或处置资产所获的收益。运营维护净成本主要包括参照项目全生命周期内运营维护所需的原材料、设备、人工等成本,以及管理费用、销售费用和运营期财务费用等,并扣除假设参照项目与 PPP 项目付费机制相同情况下能够获得的使用者付费收入等。

$$初始\ PSC\ 值 = 建设成本 - 资本性收益 + 运营成本$$
$$- 使用者付费 + 其他成本建设成本 \qquad (10-5)$$

初期总投资:1 401 487.25 万元。

运营成本:传统模式下政府负责本项目的运营维护,运营成本包括简单运营成本、更新改造及追加投资费。其中,20 年特许运营期内简单运营成本(含车辆架大修)共计 760 769.52 万元,设备更新改造及追加投资费共计 220 928.89 万元。

使用者付费：本项目 20 年运营取得使用者付费共计 713 433.23 万元。

（2）风险分担成本。项目全部风险成本包括可转移给社会资本方的风险承担成本和政府自留的风险承担成本。参照《政府和社会资本合作项目财政承受能力论证指引》（财金〔2015〕21 号）第 21 条及有关规定，测算政府自留风险承担成本等同于 PPP 值中的全生命周期风险承担支出责任，两者在 PSC 值与 PPP 值比较时可对等扣除。

本项目风险在传统模式下全部由政府自行承担，传统模式下的风险分担成本为 216 225.68 万元。

（3）竞争性中立调整值。竞争性中立调整值主要是采用政府传统投资方式比采用 PPP 模式实施项目少支出的费用，通常包括少支出的土地费用、行政审批费用、有关税费等。竞争性中立调整值主要为营业税金和所得税。采用 PPP 模式，项目公司取得收入应按照税法规定缴纳增值税及附加，产生利润要缴纳所得税，本项目竞争性中立值调整为 266 050.39 万元。

根据估算，本项目的 PSC 值为 2 644 532.84 万元，按照最低 3.15% 的折现率进行折现，本项目 PSC 现值为 2 325 043.7 万元。

（三）物有所值定量评价结果

根据本项目准备阶段测算的 PSC 现值和 PPP 现值结果，本项目物有所值量值为 279 153.01 万元，物有所值指数为 12.01%。根据物有所值评价要求，当物有所值评价量值和指数为正时，说明项目适宜采用 PPP 模式，否则不宜采用 PPP 模式。本项目物有所值定量评价结果为适宜采用 PPP 模式。

三、地方财政能力论证

财政承受能力论证是指识别、测算 PPP 项目的各项财政支出责任，科学评估项目实施对当前及今后年度财政支出的影响，为 PPP 项目财政管理提供依据。开展 PPP 项目财政承受能力论证，是政府履行合同义务的重要保障，有利于规范 PPP 项目财政支出管理，有序推进项目实施，有效防范和控制财政风险，实现 PPP 项目的可持续发展。

根据财政部印发《政府和社会资本合作项目财政承受能力论证指引》（财金〔2015〕21 号）的相关要求，PPP 项目的财政承受能力论证主要是以政府方上限支付数额为基础进行评估论证。

（一）政府财政支出责任

在城市轨道交通 PPP 项目全生命周期内,政府财政支出责任主要有股权投资、运营补贴、风险承担、配套投入等。

1. 股权投资支出责任

本项目考虑下浮后的总投资共计 1 347 733.66 万元,项目资本金为 404 320.10 万元,占总投资的 30%,其中政府方出资公司代表占项目公司股比为 20%,社会资本方占项目公司股比为 80%,则政府的股权投资支出责任为 80 864.02 万元的出资对应的有限责任。

2. 运营补贴支出责任

运营补贴支出责任是指在项目运营期间,政府承担的直接付费责任。本项目为轨道交通类基础设施项目,项目公司通过收取票款和非票款收入(广告、商铺租赁、通信等)获得一定数量的、较为稳定的经营收入。对在经营期内的收费收入不能覆盖社会资本方投资及获取合理的利润,政府需要对缺口部分进行财政补贴,故本项目采用"使用者付费＋政府可行性缺口补助"的混合模式。

同时,本项目制定了项目的运营绩效考核标准,将政府支付的可行性缺口补助与项目公司的运营服务绩效表现挂钩。

（1）全部建设成本：包括初期投资,初期建设投资约 1 347 733.66 万元。

（2）合理利润率：根据相关政策要求,合理利润率应以商业银行中长期贷款利率为基准,充分考虑可用性付费、使用量付费、绩效付费的不同情景,结合风险等因素确定。当前五年期以上贷款基准利率为 4.9%,考虑到项目的运作有通货膨胀、不可抗力等风险因素,并参考类似案例经验,结合本项目实际情况,将项目资本金财务内部收益率设定为 8%。

（3）财政运营补贴周期：自建设完成后即进入运营期,政府开始支付可行性缺口补助,财政运营补贴周期为 20 年。

（4）运营收入：当年使用者付费数额即本项目当年的票务收入及非票务收入,根据本项目可行性研究报告客流预测结果,本项目在 20 年特许运营期内可以获得票务收入及非票务收入总额约为 713 433 万元。

（5）运营成本：主要包含简单运营成本、更新改造及追加投资费。其中,简单运营成本主要包括日常运营生产组织及管理过程中发生的人工成本、维护费、电费、管理费、运营费等；更新改造及追加投资指为确保各专业系统设备安全、可靠、高效运转所产生的更新改造费，同时还包含由于项目客流增长所需追加采购车辆的费用。本项目在 20 年特许运营期内项目运营总成本为 900 215.71 万元。

（6）根据实施方案设计模式，本项目在 20 年特许运营期内运营补贴支出总额为 3 002 189.89 万元。

3. 风险支出责任

本项目涉及的各类潜在风险，按照风险分配优化、风险收益对等和风险可控等原则，应由风险的责任方承担风险，最有能力消除、控制或降低风险的一方协助处理风险。根据本项目实施方案研究阶段的风险分配原则，项目审批手续办理、地方政策及规范等风险由政府承担；客流损失风险、国家法律法规变更、不可抗力等风险由政府和社会资本方合理共担。

根据本项目物有所值报告，本项目 PPP 值中政府方风险支出总额约为 46 245.81 万元。

4. 配套投入支出责任

项目配套投入支出责任主要指政府提供的项目配套工程等其他投入责任，通常包括土地征收和整理、建设部分项目配套措施、完成项目与现有相关基础设施和公用事业的对接、投资补助、贷款贴息等。本项目总投资已包含前期相关费用（包括但不限于可行性研究报告、相关专项报告、征地拆迁、初步设计、施工图设计、监理、试验检测的费用），本项目配套投入支出责任为 0 万元。

（二）政府财政承受能力评估

该市 2011—2015 年市级财政一般公共预算支出情况具体如表 10 - 1 所示。

表 10 - 1　2011—2015 年市级财政一般公共预算支出

年　　份	2011	2012	2013	2014	2015
一般公共预算支出（万元）	2 855 775	3 086 435	3 562 795	3 964 568	4 010 651
增长率		8.08%	15.43%	11.28%	1.16%

通过以上数据可知,2011—2015 年该市级财政一般公共预算支出情况,若以 2015 年市级财政一般公共预算支出为基数,按照年平均增长率 8.99% 测算本项目特许经营期内市级财政一般公共预算支出,在 PPP 模式下(项目资本金 IRR=8%)时,市本级财政支出责任占预估的市级财政一般公共预算比例如表 10 - 2 所示。

表 10 - 2　补贴额占市级财政一般公共预算支出比例

年份	补贴额占比	年份	补贴额占比	年份	补贴额占比	年份	补贴额占比	年份	补贴额占比
2017	0.65%	2022	1.975%	2027	1.63%	2032	1.305%	2037	1.025%
2018	0.92%	2023	1.895%	2028	1.64%	2033	1.24%	2038	0.96%
2019	0.865%	2024	1.785%	2029	1.54%	2034	1.2%	2039	0.95%
2020	0.535%	2025	1.685%	2030	1.455%	2035	1.15%	2040	0.89%
2021	2.05%	2026	1.71%	2031	1.37%	2036	1.09%		

由表 10 - 2 可知,该项目市本级财政支出责任控制在"不超过一般公共预算支出 10%"的红线范围内,且为其他 PPP 项目留足了空间,该项目财政承受能力论证的结论为通过。

第三节　项目财务模型说明

一、投资估算与资金使用计划

（一）投资估算

本项目的工程建设总投资及分年投资计划根据本项目的初步设计概算及工程建设进度计划确定,本项目概算总投资为 1 401 487.25 万元。根据本项目 PPP 实施方案设计,项目控制的总投资下浮率不得低于 3.5%,故在进行项目财务测算的建设总投资为 1 347 733.66 万元,是基于概算的建设投资扣除征地拆迁及用地补偿费和铺底流动资金后下浮 3.5% 所得。建设投资分年度投资估算详见表 10 - 3。

表 10 - 3　建设投资分年度投资估算表

序号	项目名称	建　设　期				
		合计	第 1 年	第 2 年	第 3 年	第 4 年
一	工程费用（万元）	878 825.50	175 765.10	263 647.65	263 647.65	175 765.10
	投资比例		20.00%	30.00%	30.00%	20.00%
二	工程建设其他费用（万元）	243 516.13	48 703.23	73 054.84	73 054.84	48 703.23
	建设征地及拆迁（万元）	129 263.59	25 852.72	38 779.08	38 779.08	25 852.72
	投资比例		20.00%	30.00%	30.00%	20.00%
	其他工程建设其他费用（万元）	114 252.53	22 850.51	34 275.76	34 275.76	22 850.51
	投资比例		20.00%	30.00%	30.00%	20.00%
三	预备费（万元）	57 957.90	11 591.58	17 387.37	17 387.37	11 591.58
	投资比例		20.00%	30.00%	30.00%	20.00%
四	专项费用（不含利息、铺底）（万元）	77 489.50	7 748.95	7 748.95	30 995.80	30 995.80
	投资比例		10%	10%	40%	40%
五	建设投资（万元）	1 257 789.03	243 808.86	361 838.81	385 085.66	267 055.71
	建设期利息（万元）	86 944.63	4 092.41	14 431.70	27 823.09	40 597.43
	铺底流动资金（万元）	3 000.00				3 000.00
	总投资（万元）	1 347 733.66	247 901.27	376 270.51	412 908.74	310 653.14

（二）工程建设投资

本项目基于概算金额下浮 3.5% 后的工程建设投资共 1 257 789.03 万元。

（三）建设期利息

根据城市轨道交通概算编制要求，一般在建设期发生的利息均作为建设期利息计入项目总投资，并在发生的当期进行支付。本项目借款总额为943 413.56 万元，根据资金使用计划，建设期每年的贷款利息如表 10 - 4所示。

表 10 - 4　建设期利息估算表　　　　　　（单位：万元）

序号	项　目	合　计	第一年	第二年	第三年	第四年
1	中长期借款	4.90%				
1.1	建设期利息	86 944.63	4 092.41	14 431.70	27 823.09	40 597.43
1.1.1	期初借款余额			167 037.24	422 011.73	713 624.45
1.1.2	当期借款	943 413.56	167 037.24	254 974.48	291 612.72	229 789.11
1.1.3	当期应计利息		4 092.41	14 431.70	27 823.09	40 597.43
1.1.4	期末借款余额		167 037.24	422 011.73	713 624.45	943 413.56

（四）铺底流动资金

本项目初步设计概算考虑的铺底流动资金为 3 000 万元，一般在项目开通运营前到位，确保项目正常运营的资金需求。

二、资金筹措与筹措计划

（一）资金安排

本项目资本金共计 404 320.10 万元，占项目总投资的 30%，资本金由项目股东方按照约定的出资计划，以现金的方式准备到位；剩余 70% 的资金，共计943 413.56 万元，由本项目社会资本方通过银行贷款等方式负责筹措。

（二）资金筹措表

（1）项目资本金。本项目资本金共计 404 320.10 万元，政府方与社会资本方按照 20% 和 80% 的比例出资，其中政府方出资 80 864.02 万元，社会资本方出资 323 456.08 万元。

（2）银行贷款金额。本项目资金筹措总额为 943 413.56 万元，建设期利息共计 86 944.63 万元。本项目资金筹措方案及建设期利息支出见表 10 - 5。

表 10 - 5　总投资及资金筹措表

序号	项目名称	合计(万元)	建 设 期				比 例
			第一年(万元)	第二年(万元)	第三年(万元)	第四年(万元)	
一	总投资	1 347 733.66	247 901.27	376 270.51	412 908.74	310 653.14	100.00%
1	建设投资	1 257 789.03	243 808.86	361 838.81	385 085.66	267 055.71	93.33%
2	建设期利息	86 944.63	4 092.41	14 431.70	27 823.09	40 597.43	6.45%
3	流动资金	3 000.00				3 000.00	0.22%
二	资金筹措	1 347 733.66	247 901.27	376 270.51	412 908.74	310 653.14	100.00%
1	项目资本金	404 320.10	80 864.02	121 296.02	121 296.02	80 864.02	30.00%
	政府	80 864.02	16 172.80	24 259.20	24 259.20	16 172.80	6.00%
	社会资本方	323 456.08	64 691.22	97 036.82	97 036.82	64 691.22	24.00%
2	银行贷款	943 413.56	167 037.24	254 974.48	291 612.72	229 789.11	70.00%

三、项目收入

本项目收入主要包含运营期间的票务收入、非票务收入及政府可行性缺口补助,运营收入考虑运营期运营收入、可行性缺口补助及项目理财收入。

(一)票务收入

根据本项目初设阶段的客流预测关键参数,票务收入计算公式如下:

$$票务收入＝约定年度客运量×平均票价 \qquad (10-6)$$

本项目在 20 年特许运营期内,票务收入共计 648 575.64 万元。

(二)非票务收入

根据本项目实施方案设计,非票务收入按照票务收入的 10% 进行估算,本项目在 20 年特许运营期内,非票务收入共计 64 857.56 万元。

(三)政府可行性缺口补助

本项目可行性缺口补助为车公里补贴模式,实施方案约定的每年运营车公里数见表 10 - 6。

表 10-6　约定车公里数表　　　　　　　　　　　　　　　单位：万车公里

年份	约定车公里数	年份	约定车公里数	年份	约定车公里数	年份	约定车公里数
2021	1 339.40	2026	1 657.39	2031	2 052.47	2036	2 389.73
2022	1 368.31	2027	1 734.48	2032	2 119.92	2037	2 457.18
2023	1 426.13	2028	1 811.57	2033	2 187.37	2038	2 543.90
2024	1 503.22	2029	1 888.66	2034	2 254.82	2039	2 630.63
2025	1 580.30	2030	1 985.02	2035	2 322.28	2040	2 717.35

本项目车公里服务费单价的控制价为 92.96 元/公里，政府每年支付的可行性缺口补助金额为扣除使用者付费部分后的金额：

$$可行性缺口补助=约定车公里数×车公里服务费单价$$
$$-票务收入-非票务收入　　　　　　　（10-7）$$

本项目在 20 年特许运营期内，可行性缺口补助总额共计 3 002 189.89 万元。每年票务收入、非票务收入、可行性缺口补助详见表 10-7。

表 10-7　项目收入测算表　　　　　　　　　　　　　　　单位：万元

年份	票务收入	非票务收入	可行性缺口补助	项目收入	年份	票务收入	非票务收入	可行性缺口补助	项目收入
2021	17 794	1 779	104 938	124 511	2031	35 190	3 519	152 089	190 797
2022	18 328	1 833	107 038	127 198	2032	36 421	3 642	157 004	197 068
2023	18 877	1 888	111 808	132 573	2033	37 696	3 770	161 872	203 338
2024	22 200	2 220	115 319	139 739	2034	39 016	3 902	166 691	209 608
2025	23 310	2 331	121 264	146 905	2035	40 381	4 038	171 460	215 879
2026	24 475	2 448	127 148	154 071	2036	41 794	4 179	176 175	222 149
2027	25 699	2 570	132 968	161 237	2037	43 257	4 326	180 836	228 419
2028	26 984	2 698	138 721	168 403	2038	44 771	4 477	187 233	236 481
2029	28 333	2 833	144 403	175 569	2039	46 338	4 634	193 571	244 543
2030	29 750	2 975	151 802	184 527	2040	47 960	4 796	199 849	252 605

四、运营成本

项目总成本包含运营成本、折旧摊销及利息支出，其中利息支出主要为运营期的贷款利息。本项目运营期内总成本费用估算详见表 10 - 8。

表 10 - 8　项目总成本估算表　　　　单位：万元

年份	简单运营成本	更新改造及追加投资	折旧费	摊销费	利息支出	总成本费用
2021 年	29 293	0	67 237	0	46 227	142 757
2022 年	29 384	0	67 237	0	44 814	141 435
2023 年	29 566	0	67 237	0	43 332	140 135
2024 年	30 482	0	67 237	0	41 778	139 497
2025 年	30 724	0	67 237	0	40 147	138 108
2026 年	30 966	0	67 237	0	38 436	136 639
2027 年	31 263	6 000	67 237	0	36 641	141 141
2028 年	31 560	6 000	67 237	0	34 759	139 555
2029 年	31 856	6 000	67 237	0	32 784	137 877
2030 年	32 159	0	67 237	0	30 712	130 108
2031 年	32 371	4 562	67 237	0	28 539	132 709
2032 年	32 582	6 843	67 237	0	26 259	132 921
2033 年	32 794	32 562	67 237	0	23 868	156 461
2034 年	33 088	57 842	67 237	0	21 360	179 527
2035 年	33 354	6 000	67 237	0	18 728	125 319
2036 年	33 621	17 969	67 237	0	15 968	134 795
2037 年	33 832	17 954	67 237	0	13 072	132 095
2038 年	34 105	5 591	67 237	0	10 035	116 968
2039 年	34 377	8 386	67 237	0	6 849	116 849
2040 年	34 649	51 220	67 237	0	3 506	156 612

（一）运营成本

本项目运营成本包括项目简单运营成本和更新改造及追加投资两部分，其中,简单运营成本主要包含日常运营发生的人工成本、能耗费、维修费、运营及管理费等,本项目运营期简单运营成本合计为 673 286.82 万元。

更新改造及追加投资费包含本项目特许运营期内各专业设备(除车辆外)更新改造费及由于运能需求增加导致的追加采购车辆费,本项目更新改造及追加投资费共计 226 928.89 万元。

（二）折旧摊销费

本项目折旧摊销按照项目固定资产投资在项目运营期内按照平均年限法折旧摊销完毕,每年折旧额为 67 236.68 万元。

（三）利息支出

本项目运营期内按照等额本息的方式偿还贷款,还款年限为运营期第 1～20 年,利率为 4.9%,每年偿还本息 75 061.4 万元,20 年合计偿还利息共计 557 814.35 万元。

五、税金

本项目财务模型中涉及的税金主要有增值税、增值税附加税及企业所得税。

（一）增值税

运营阶段销项增值税主要为票务收入和非票务收入,其中票务收入的增值税率按 9% 计算,非票务收入增值税率按 6% 计算。

运营阶段的进项增值税主要为运营期间设备维修、材料购置费、委外维保费及其他第三方服务项目,其中设备维修、材料购置费税率按 13% 计算,委外维保费及其他第三方服务项目税率按 6% 计算。

在计算增值税销项与进项抵扣时,考虑建设期间的设备安装及采购、咨询评估等产生的进项增值税。建设阶段涉及的建筑工程费、安装工程费及预备费按照交通运输行业服务税率 9% 计算,各专业设备及工器具购置费、车辆购置费按照材料采购税率 13% 计算,其他费用按照现代服务税率 6% 计算,建设期进项税留抵税额共计 95 021.74 万元。

（二）增值税附加税

在考虑建设期进项税留抵税额后,项目公司在运营期间无须缴纳增值税,故增值税附加税为 0 万元。本项目特许经营期涉及的增值税及增值税附加税详见表 10 - 9。

表 10-9 项目增值税及增值税附加税估算表

单位：万元

序号	年份	2021	2022	2023	2024	2025	2026	2027	2028	2029	2030
1	经营收入	124 899	127 595	132 986	140 175	147 363	154 552	161 740	168 929	176 117	185 103
1.1	客运收入	17 794	18 328	18 877	22 200	23 310	24 475	25 699	26 984	28 333	29 750
	销项税额（9%）	1 469	1 513	1 559	1 833	1 925	2 021	2 122	2 228	2 339	2 456
1.2	非客运收入	1 779	1 833	1 888	2 220	2 331	2 448	2 570	2 698	2 833	2 975
	销项税额（6%）	101	104	107	126	132	139	145	153	160	168
1.3	缺口补贴	105 326	107 435	112 221	115 755	121 723	127 629	133 471	139 246	144 951	152 378
2	利息收入	0	0	0	0	0	0	0	0	0	0
3	税金与附加	0	0	0	0	0	0	0	0	0	0
3.1	城市维护建设税	0	0	0	0	0	0	0	0	0	0
3.2	教育费附加	0	0	0	0	0	0	0	0	0	0
3.3	地方教育费附加	0	0	0	0	0	0	0	0	0	0
4	增值税	0	0	0	0	0	0	0	0	0	0
4.1	销项税额	1 570	1 617	1 666	1 959	2 057	2 159	2 267	2 381	2 500	2 625
4.2	进项税留抵税额	95 022	94 302	93 539	92 735	91 648	90 475	89 209	87 850	86 395	84 836
4.3	进项税额	850	854	862	872	883	893	909	925	941	954

（续表）

序号	年　　份	2031	2032	2033	2034	2035	2036	2037	2038	2039	2040
1	经营收入	191 393	197 683	203 972	210 262	216 552	222 842	229 132	237 219	245 306	253 393
1.1	客运收入	35 190	36 421	37 696	39 016	40 381	41 794	43 257	44 771	46 338	47 960
	销项税额（9%）	2 906	3 007	3 113	3 221	3 334	3 451	3 572	3 697	3 826	3 960
1.2	非客运收入	3 519	3 642	3 770	3 902	4 038	4 179	4 326	4 477	4 634	4 796
	销项税额（6%）	199	206	213	221	229	237	245	253	262	271
1.3	缺口补贴	152 684	157 619	162 507	167 345	172 133	176 868	181 549	187 971	194 334	200 637
2	利息收入	0	0	0	0	0	0	0	0	0	0
3	税金与附加	0	0	0	0	0	0	0	0	0	0
3.1	城市维护建设税	0	0	0	0	0	0	0	0	0	0
3.2	教育费附加	0	0	0	0	0	0	0	0	0	0
3.3	地方教育费附加	0	0	0	0	0	0	0	0	0	0
4	增值税	0	0	0	0	0	0	0	0	0	0
4.1	销项税额	3 105	3 213	3 326	3 442	3 563	3 687	3 817	3 950	4 088	4 231
4.2	进项税留抵税额	83 165	81 023	78 782	76 438	73 995	71 445	68 785	66 006	63 105	60 077
4.3	进项税额	963	972	982	999	1 013	1 028	1 037	1 049	1 061	1 073

六、利润

（一）利润总额与净利润

按照会计核算规定，由各类收入总和减去成本费用总和后的差额为利润总额，由利润总额减去所得税后的差额为净利润，即净利润＝利润总额－所得税。

（二）项目公司利润分配

（1）计算可控分配的利润。将本年净利润（或亏损）与年初未分配利润（或亏损）合并计算当年可供分配利润。若可供分配利润为负数，则当年为亏损状态，不能进行利润分配；如果可供分配利润为正数，则当年为盈利状态，项目公司股东方按照约定可以进行利润分配。

（2）提取法定盈余公积金。法定盈余公积金按照税后净利润的 10% 提取，当法定盈余公积金达到注册资本的 50% 时，不再提取。

（3）提取任意盈余公积金。一般任意盈余公积金的计提比例由项目公司股东大会进行确定，本项目财务模型中未考虑。

特许运营期内，项目公司的利润与利润分配情况详见表 10－10。

七、项目收益

PPP 项目一般采用项目资本金财务内部收益率、项目全投资财务内部收益率来评估项目投资的收益及可行性。根据本项目实施方案设计的运作方式，在总投资下浮率为 3.5%、贷款利率为 4.9%、车公里服务费单价为 92.96 元/车公里时，项目资本金财务内部收益率为 8%，对应的项目总投资财务内部收益率为 5.65%，项目资本金现金流量情况详见表 10－11。

表 10-10　项目利润及利润分配表

单位：万元

序号	年份	2021	2022	2023	2024	2025	2026	2027	2028	2029	2030
1	营业收入	122 941	125 581	130 907	137 780	144 848	151 912	158 970	166 023	173 070	181 902
2	投资返还金额	0	0	0	0	0	0	0	0	0	0
3	税金及附加	0	0	0	0	0	0	0	0	0	0
4	总成本费用	141 907	140 581	139 273	138 624	137 225	135 746	140 232	138 630	136 936	129 154
5	补贴收入										
6	利润总额（1－2－3－4＋5）	−18 966	−15 000	−8 366	−844	7 624	16 166	18 738	27 393	36 134	52 749
7	弥补以前年度亏损	0	−18 966	−33 967	−42 332	−43 176	−35 553	−19 386	−648	0	0
8	应纳税所得额	0	0	0	0	0	0	0	26 744	36 134	52 749
9	所得税	0	0	0	0	0	0	0	6 686	9 033	13 187
10	净利润（6－9）	−18 966	−15 000	−8 366	−844	7 624	16 166	18 738	20 707	27 100	39 561
11	期初未分配利润	0	−18 966	−33 967	−42 332	−43 176	−35 553	−19 386	−648	18 052	40 637
12	可供分配的利润（10＋11）	−18 966	−33 967	−42 332	−43 176	−35 553	−19 386	−648	20 058	45 153	80 199
13	提取法定盈余公积金	0	0	0	0	0	0	0	2 006	4 515	8 020
14	可供投资者分配的利润（12－13）	−18 966	−33 967	−42 332	−43 176	−35 553	−19 386	−648	18 052	40 637	72 179
15	提取任意盈余公积金	0	0	0	0	0	0	0	0	0	0
16	未分配利润（累计）	−18 966	−33 967	−42 332	−43 176	−35 553	−19 386	−648	18 052	40 637	72 179

（续表）

序号	年份	2031	2032	2033	2034	2035	2036	2037	2038	2039	2040
1	营业收入	187 693	193 854	200 012	206 166	212 316	218 462	224 603	232 531	240 455	248 374
2	投资返还金额	0	0	0	0	0	0	0	0	0	0
3	税金及附加	0	0	0	0	0	0	0	0	0	0
4	总成本费用	131 745	131 949	155 479	178 528	124 306	133 766	131 058	115 918	115 788	155 539
5	补贴收入										
6	利润总额（1−2−3−4+5）	55 947	61 905	44 533	27 639	88 010	84 695	93 545	116 613	124 667	92 834
7	弥补以前年度亏损	0	0	0	0	0	0	0	0	0	0
8	应纳税所得额	55 947	61 905	44 533	27 639	88 010	84 695	93 545	116 613	124 667	92 834
9	所得税	13 987	15 476	11 133	6 910	22 003	21 174	23 386	29 153	31 167	23 209
10	净利润（6−9）	41 961	46 429	33 400	20 729	66 008	63 521	70 159	87 460	93 500	69 626
11	期初未分配利润	72 179	102 726	134 239	150 875	154 444	198 406	235 735	275 304	326 488	377 989
12	可供分配的利润（10＋11）	114 140	149 154	167 639	171 604	220 451	261 927	305 893	362 764	419 988	447 615
13	提取法定盈余公积金	11 414	14 915	16 764	17 160	22 045	26 193	30 589	36 276	41 999	44 761
14	可供投资者分配的利润（12−13）	102 726	134 239	150 875	154 444	198 406	235 735	275 304	326 488	377 989	402 853
15	提取任意盈余公积金	0	0	0	0	0	0	0	0	0	0
16	未分配利润（累计）	102 726	134 239	150 875	154 444	198 406	235 735	275 304	326 488	377 989	402 853

表 10－11　项目资本金现金流量表

单位：万元

序号	年份	2017	2018	2019	2020	2021	2022	2023	2024	2025	2026	2027	2028
1	现金流入					124 511	127 198	132 573	139 739	146 905	154 071	161 237	168 403
1.1	票务收入					17 794	18 328	18 877	22 200	23 310	24 475	25 699	26 984
1.2	非票务收入					1 779	1 833	1 888	2 220	2 331	2 448	2 570	2 698
1.3	可行性缺口补助					104 938	107 038	111 808	115 319	121 264	127 148	132 968	138 721
1.4	更新改造补偿												
2	现金流出	80 864	121 296	121 296	80 864	105 555	105 646	105 827	106 744	106 986	107 228	113 644	120 747
2.1	资本金	80 864	121 296	121 296	80 864								
2.2	经营成本					30 493	30 584	30 766	31 682	31 924	32 166	32 583	33 000
2.3	维持运营投资					0	0	0	0	0	0	6 000	6 000
2.4	增值税					0	0	0	0	0	0	0	0
2.5	税金及附加					0	0	0	0	0	0	0	0
2.6	借款本金偿还					28 834	30 247	31 729	33 284	34 915	36 626	38 420	40 303
2.7	借款利息支付					46 227	44 814	43 332	41 778	40 147	38 436	36 641	34 759
2.8	所得税					0	0	0	0	0	0	0	6 686
2.9	初始投资差额返还					0	0	0	0	0	0	0	0
3	净现金流量（1－2）	－80 864	－121 296	－121 296	－80 864	18 956	21 553	26 746	32 995	39 919	46 843	47 593	47 656
4	累积净现金流量	－80 864	－202 160	－323 456	－404 320	－385 364	－363 811	－337 065	－304 070	－264 151	－217 308	－169 715	－122 059

（续表）

序号	年份	2029	2030	2031	2032	2033	2034	2035	2036	2037	2038	2039	2040
1	现金流入	175 569	184 527	190 797	197 068	203 338	209 608	215 879	222 149	228 419	236 481	244 543	252 605
1.1	票务收入	28 333	29 750	35 190	36 421	37 696	39 016	40 381	41 794	43 257	44 771	46 338	47 960
1.2	非票务收入	2 833	2 975	3 519	3 642	3 770	3 902	4 038	4 179	4 326	4 477	4 634	4 796
1.3	可行性缺口补助	144 403	151 802	152 089	157 004	161 872	166 691	171 460	176 175	180 836	187 233	193 571	199 849
1.4	更新改造补偿												
2	现金流出	123 511	121 967	127 541	131 523	153 110	174 641	138 278	149 805	152 213	145 890	150 971	186 119
2.1	资本金												
2.2	经营成本	33 416	33 719	33 931	34 142	34 354	34 828	35 214	35 601	35 812	36 085	36 357	36 629
2.3	维持运营投资	6 000	0	4 562	6 843	32 562	57 842	6 000	17 969	17 954	5 591	8 386	51 220
2.4	增值税	0	0	0	0	0	0	0	0	0	0	0	0
2.5	税金及附加	0	0	0	0	0	0	0	0	0	0	0	0
2.6	借款本金偿还	42 278	44 349	46 522	48 802	51 193	53 702	56 333	59 093	61 989	65 026	68 213	71 555
2.7	借款利息支付	32 784	30 712	28 539	26 259	23 868	21 360	18 728	15 968	13 072	10 035	6 849	3 506
2.8	所得税	9 033	13 187	13 987	15 476	11 133	6 910	22 003	21 174	23 386	29 153	31 167	23 209
2.9	初始投资差额返还	0	0	0	0	0	0	0	0	0	0	0	0
3	净现金流量(1-2)	52 058	62 560	63 256	65 545	50 228	34 967	77 601	72 344	76 206	90 591	93 572	66 486
4	累积净现金流量	-70 000	-7 441	55 816	121 360	171 588	206 555	284 156	356 500	432 706	523 298	616 870	683 355

第四节　实例中的主要问题及建议

一、实施边界条件及相关取值有待商榷

本书第三章详细介绍了城市轨道交通 PPP 项目成本及收入的影响因素。该项目实施方案及招标文件边界不清晰的主要问题如下：

（一）运营模式及方案要求不明确

在项目的实施方案及招标文件中，并未明控制价对应的运营成本下所采用的运营模式、服务水平（高、平、低峰行车间隔）、运营方案（开行对数等）、运营范围等，导致社会资本方无法准确测算运营成本，对识别项目风险、判断项目可行性造成较大困扰，也为项目后续实施埋下较大的风险隐患。

（二）运营成本结构及范围模糊

在项目的实施方案及招标文件中，关于运营成本结构部分定义较为笼统，未明确维修费（如是否包含车辆架修费）、运营费用（是否包含安检/保安/保洁等费用）的具体范围，可能由于成本测算漏项导致财务模型及收益指标计算产生较大偏差。

（三）运营非票务收入不确定性较大

本项目约定每年的非票务收入为票务收入的 10% 作为基准非票务收入，每年非票务收入的损失全部由项目公司承担。非票务收入和沿线车站商业开发关联度较大，10% 基本为目前国内城市轨道交通非票务收入占票务收入的上限区间，对项目公司来说完成该指标存在一定困难。如果后期政府对票价向上进行调整，非票务收入不能伴随着票价的上涨而增加，反而可能出现非票务收入减少的情况，在这种情况下项目公司承担的损失会进一步加大。

（四）部分参数取值明显偏低

本项目车辆架修费按照年计提比例 2% 进行计提，根据城市轨道交通车辆架大修实际发生情况，实施方案给出的年计提比例偏低，无法满足车辆架大修的成本，可能导致运营期车辆架大修费用不足的问题。

为确保城市轨道交通 PPP 项目在全周期内的健康可持续性发展，政府方在

项目实施方案设计阶段应清楚界定影响项目成本及收益的边界条件及范围,并根据各项成本实际单价及范围设定招标控制价格,避免在项目招标采购或实施阶段出现较大漏洞,影响项目执行或增加后期管理成本。

社会资本方在项目招标采购阶段,应准确识别项目运营边界条件及范围,对运营成本进行准确估算,以降低或控制项目实施阶段的损失及风险。

二、关于可行性缺口补助税务问题

在该项目物有所值定量分析文件中,并未考虑政府可行性缺口补助的增值税,在实施方案及招标文件中也并未清楚交代可行性缺口补助涉税问题处置原则。

城市轨道交通 PPP 项目政府支付的可行性缺口补助是按照提供的服务和绩效向企业支付的费用,是企业提供服务取得的对价回报,对于项目公司来说收入性质与使用者付费相同,同属于经营性收入,应该缴纳增值税。由于城市轨道交通 PPP 项目投资体量大、特许经营期长、缺口补贴金额高,可行性缺口补助部分需要缴纳的增值税额较大,对项目收益率及报价影响较大。

建议政府方在项目实施方案及招标文件中明确约定政府可行性缺口补助税务问题处理机制,若明确可行性缺口补助为含税价且相关税费由社会资本方承担,则建议政府方明确可行性缺口补助税率。

社会资本方在项目招标采购阶段应重点关注可行性缺口补助涉税问题,在项目招标文件未明确的情况下,应积极对接项目实施单位进行确认。

三、关于调价机制合理性验证问题

PPP 项目设置调价机制的目的是为了应对较长特许经营期内物价水平波动、通货膨胀、银行贷款利率等变化导致项目成本及收益偏离预期的风险,调价机制应遵循 PPP 项目目标及国家相关文件精神,应根据成本波动因素建立动态的调价机制,从而实现据实弥补由于价格因素导致的成本支出增加或收益减少部分,同时也能实现成本结余或收益超出部分合理扣回功能,有效规避社会资本方长期亏损导致项目经营困难或政府过度补贴的情况。

结合该项目实施方案给出的调价公式,对该项目调价机制合理性验证的结果如下:

（1）假设特许运营期内每年职工工资平均增长幅度为 3％，在其他价格指数不变的情况下，在 20 年的特许运营期内，政府支付的可行性缺口补助共计增加了 164 969.88 万元，运营成本（含简单运营成本、更新改造及追加投资费）共计增加了 111 583.06 万元；根据测算可知，由于职工工资变化导致政府在特许运营期内多向项目公司支付了 53 386.82 万元的缺口补贴，且每年平均工资涨幅越大，政府多支付的可行性缺口补助总额越大，政府过度补贴的问题越明显。

（2）假设特许运营期内每年全国设备、工器具购置价格指数平均增长幅度为 1％，在其他价格指数不变的情况下，在 20 年的特许运营期内，政府支付的可行性缺口补助共计增加了 59 212.89 万元，运营成本（含简单运营成本、更新改造及追加投资费）共计增加了 80 892.32 万元；根据测算可知，由于设备、工器具购置价格指数变化导致新增的可行性缺口补助无法覆盖运营成本增长部分，且随着每年设备、工器具购置价格指数涨幅的增大，实际运营成本增加部分的缺口越来越大，导致项目可能无法达到预期收益。

本书第三章第五节对不同补贴模式下调价机制影响因素进行了全面分析，从该项目调价公式验证结果可知，调价公式的合理性与补贴模式、运营成本结构直接相关。由于该项目采用的是车公里补贴模式，车公里补贴单价中包含了项目总投资回收及合理利润、运营期间成本缺口及合理利润的补贴，由于价格调整增加的政府可行性缺口补助的计算基数为每年约定的运营车公里数，受每年约定车公里数的影响，将放大单价调整部分的影响。

另外，该项目设计的更新改造及追加投资费部分的比例为 20％，与实际成本支出比例相比偏低，导致当设备、工器具购置价格指数增长时，政府增加的缺口补贴无法覆盖成本增长部分。

综上分析，建议政府方在项目准备阶段合理设计可行性缺口补助模式及对应的调价机制，以据实补贴作为调价机制的设计原则，避免由于调价机制不合理导致的政府过度补贴、过度回收、缺口补贴不足等问题，保障政府方与社会资本方的利益；社会资本方在项目招标采购阶段应对项目调价机制进行充分验证，识别由于调价机制不合理带来的项目执行及收益风险。

四、关于项目公司闲置资金的管理

根据该项目利润及利润分配表、项目资本金现金流量表可知，随着运营时间的推移,通过资产折旧等方式沉积在项目公司的净现金流将越来越大,如果社会资本方可以动用并较好地运作项目公司的闲置资金,将会大大提高项目的收益率。建议社会资本方在计算投资收益时,可适当考虑项目公司闲置资金的运作方案及收益,从而提高项目收益率及抗风险能力。

参考文献

［1］财政部办公厅.财政部办公厅关于征求对《政府和社会资本合作(PPP)项目绩效管理操作指引(征求意见稿)》意见的函［EB/OL］.(2019－04－26)［2019－10－09］.http：//www.szxqhb.com/html/647028857.html.

［2］财政部办公厅.财政部办公厅关于征求《政府和社会资本合作模式操作指南(修订稿)》意见的函［EB/OL］.(2019－11－01)［2019－12－05］.http：//www.zgppp.cn/hyzx/zcfg/8182.html.

［3］财政部.财政部关于推广运用政府和社会资本合作模式有关问题的通知［EB/OL］.(2014－09－23)［2019－10－12］.http://www.gov.cn/xinwen/2014－09/26/content_2756601.htm.

［4］财政部.财政部关于印发《政府和社会资本合作项目财政承受能力论证指引》的通知［EB/OL］.(2015－04－07)［2019－12－01］.http://jrs.mof.gov.cn/zhengwuxinxi/zhengcefabu/201504/t20150414_1216615.html.

［5］财政部.关于进一步做好政府和社会资本合作项目示范工作的通知［EB/OL］.(2015－06－25)［2019－12－01］.http://www.gov.cn/zhengce/2016－05/25/content_5076555.htm.

［6］财政部.关于推进政府和社会资本合作规范发展的实施意见［EB/OL］.(2019－03－07)［2019－11－05］.http://nmg.mof.gov.cn/lanmudaohang/zhengcefagui/201903/t20190311_3187119.html.

［7］财政部.关于印发《PPP物有所值评价指引(试行)》的通知［EB/OL］.(2015－12－18)［2019－10－12］.http://jrs.mof.gov.cn/zhengwuxinxi/zhengcefabu/201512/t20151228_1634669.html.

［8］财政部.关于印发《政府和社会资本合作项目财政管理暂行办法》的通知

[EB/OL].（2016－09－24）［2019－10－19］. http：//jrs. mof. gov. cn/zhengwuxinxi/zhengcefabu/201610/t20161020_2439665.html.

[9] 财政部.关于印发《政府和社会资本合作项目政府采购管理办法》的通知［EB/OL］.（2014－12－31）［2019－12－05］. http：//nb. mof. gov. cn/lanmudaohang/zhengcefagui/201507/t20150721_1332964.htm.

[10] 财政部.关于在公共服务领域深入推进政府和社会资本合作工作的通知［EB/OL］.（2016－10－11）［2019－10－11］. http：//jrs. mof. gov. cn/zhengwuxinxi/zhengcefabu/201610/t20161012_2433695.html.

[11] 财政部,国家发展改革委.财政部 发展改革委《关于进一步共同做好政府和社会资本合作（PPP)有关工作的通知》［EB/OL］.（2016－06－01）［2019－10－09］. http：//jrs. mof. gov. cn/zhengwuxinxi/zhengcefabu/201605/t20160530_2059156.html.

[12] 财政部金融司.关于规范政府和社会资本合作合同管理工作的通知［EB/OL］.（2015－12－30）［2019－12－01］. http：//jrs. mof. gov. cn/ppp/zcfbppp/201501/t20150119_1181760.html.

[13] 财政部,民政部,工商总局.关于印发《政府购买服务管理办法（暂行)》的通知［EB/OL］.（2014－12－15）［2019－12－02］.http：//www. mof. gov. cn/mofhome/zonghesi/zhengwuxinxi/zhengcefabu/201501/t20150104 _ 1175300.html.

[14] 财政部,住房城乡建设部.财政部 住房和城乡建设部关于市政公用领域开展政府和社会资本合作项目推介工作的通知［EB/OL］.（2015－02－13）［2019－12－01］. http：//www. china. com. cn/guoqing/2017－08/24/content_41466715.htm.

[15] 陈桂生,侯培硕.城市轨道交通设施 PPP 模式研究［J］.财政监督,2017(2)：96－100.

[16] 陈红刚.PPP 项目的全生命周期动态风险管理研究［J］.砖瓦世界,2019(4)：96.

[17] 傅梦萍.PPP 模式下城市轨道交通项目融资风险评价研究［J］.建筑工程技术与设计,2018(24)：2963.

[18] 国家发展改革委.国家发展改革委关于开展政府和社会资本合作的指导意

见[EB/OL].(2014-12-02)[2019-09-05].https：//www.ndrc.gov.cn/xxgk/zcfb/tz/201412/t20141204_963681.html.

[19] 国家发展改革委.国家发展改革委关于依法依规加强 PPP 项目投资和建设管理的通知[EB/OL].(2019-07-01)[2019-10-11].http：//www.gov.cn/xinwen/2019-07/01/content_5404847.htm.

[20] 国家发展和改革委员会,财政部,住房和城乡建设部,等.基础设施和公用事业特许经营管理办法[EB/OL].（2015-04-25)[2019-11-12].https：//www.ndrc.gov.cn/xwdt/ztzl/xxczhjs/ghzc/201605/t20160518_971951.html.

[21] 国务院办公厅.国务院办公厅关于促进开发区改革和创新发展的若干意见[EB/OL].(2017-02-06)[2019-10-10].http：//www.gov.cn/zhengce/content/2017-02/06/content_5165788.htm.

[22] 国务院办公厅.国务院办公厅关于进一步加强城市轨道交通规划建设管理的意见[EB/OL].(2018-07-13)[2019-10-27].http：//www.gov.cn/zhengce/content/2018-07/13/content_5306202.htm.

[23] 国务院办公厅.国务院办公厅转发财政部发展改革委人民银行关于在公共服务领域推广政府和社会资本合作模式指导意见的通知[EB/OL].（2015-05-22)[2019-12-01].http：//www.gov.cn/zhengce/content/2015-05/22/content_9797.htm.

[24] 何丽霞.刍议城市轨道交通 PPP 项目风险管理[J].科学与财富,2018(21)：123.

[25] 交通运输部办公厅.《城市轨道交通服务质量评价管理办法》政策解读[EB/OL].（2019-04-16)[2019-10-17].http：//www.mot.gov.cn/zhengcejiedu/chengshigdjtfwzlpjgl/.

[26] 柯永建.中国 PPP 项目风险公平分担[D].清华大学,2010.

[27] 吕汉阳,徐静冉.PPP 项目操作流程与运作要点之项目移交篇[J].中国政府采购,2016(3)：30-32.

[28] 孟惊雷,修国义.PPP 模式下项目移交的会计核算研究[J].会计之友,2018(1)：92-95.

[29] 彭龙镖.城市轨道交通 PPP 项目风险管理研究[D].青岛理工大学,2017.

[30] 史丽娜.基于社会网络分析法的轨道交通 PPP 项目运营风险研究[D].广西

大学,2018.

[31] 王栋.基础设施 PPP 项目的全生命周期动态风险管理探析[J].管理研究,
2016(14):89-90.

[32] 王建波,刘芳梦,有维宝,等.城市轨道交通 PPP 项目全生命周期绩效评价
[J].土木工程与管理学报,2018,35(6):27-33.

[33] 王守清,刘婷.PPP 项目监管:国内外经验和政策建议[J].地方财政研究,
2014(9):7-12.

[34] 王唯,杜军功.PPP 项目移交阶段的风险应对[J].中国经贸导刊,2016(35):
59-61.

[35] 夏浩.城市轨道交通 PPP 模式下财务管理的机遇与挑战研究[J].纳税,
2019,13(4):174.

[36] 熊毅.轨道交通 PPP 项目运营模式及规制研究[D].江西财经大学,2018.

[37] 杨宝昆.PPP 项目全过程绩效管理思考[J].新理财(政府理财),2018,304
(11):54-57.

[38] 姚明来,王艳伟,刘秦南,等.基于全生命周期理论的公共基础设施 PPP 项
目风险动态评价[J].工程管理学报,2017,31(4):65-70.

[39] 赵国华,李颖.环卫一体化 PPP 项目绩效评价体系构建与实践[J].项目管
理评论,2019,26(5):68-71.

[40] 赵国华,吴善金.为有源头活水来生态水环境治理 PPP 项目的分析与思考
[J].项目管理评论,2018,20(5):52-55.

[41] 赵蔓.城市轨道交通 PPP 项目风险分担研究[D].西安理工大学,2018.

[42] 赵宪博,许巧祥.城市轨道交通项目全生命周期设计理念研究[J].城市轨道
交通研究,2009,12(7):9-12.

[43] 郑瑶.城市轨道交通 PPP 项目风险分担研究[J].工程技术,2017(2):48-50.

[44] 周晓冬.PFI 项目风险预警系统研究[D].东北林业大学,2008.

[45] 祝迪飞,方东平,王守清,等.2008 奥运场馆建设风险管理工具——风险表
的建立[J].土木工程学报,2006(12):119-123.

[46] FANG D,ZHU D,WANG S Q,et al. Risk assessment model for 2008
Olympic venues construction [J].Iabse symposium report,2005,90(3):
107-113.